Peter Anders

Ferdinand Kösters

Peter Anders

Biographie eines Tenors

Mit 89 Abbildungen

Verlag J. B. Metzler
Stuttgart · Weimar

Der ganz besondere Dank des Verfassers gilt Frau Sylvia Anders, die mit ihrem Engagement und ihrer Unterstützung die Herausgabe dieser Biographie ermöglicht hat.

Zu danken ist insbesondere auch der Stiftung zur Förderung der Hamburgischen Staatsoper für ihre großzügige finanzielle Unterstützung.

Besonders zu würdigen sind an dieser Stelle die großen Verdienste von Herrn Klaus Laubrunn, Quickborn, um die Veröffentlichung zahlloser Aufnahmen aus den Schallplatten- und Rundfunkarchiven, womit er wesentlich dazu beigetragen hat, daß die Erinnerung an Peter Anders lebendig geblieben ist.

Die Deutsche Bibliothek – CIP-Einheitsaufnahme
Kösters, Ferdinand: Peter Anders : Biographie eines Tenors / Ferdinand Kösters. –
Stuttgart ; Weimar : Metzler, 1995
ISBN 3-476-01294-8

Gedruckt auf säure- und chlorfreiem, alterungsbeständigem Papier

ISBN 3-476-01294-8

© 1995 J. B. Metzlersche Verlagsbuchhandlung
und Carl Ernst Poeschel Verlag GmbH in Stuttgart
Satz: Gisela Fischer, Weimar
Druck: Franz Spiegel Buch GmbH, Ulm
Printed in Germany

J. B. Metzler Verlag Stuttgart · Weimar

EIN BUCH DER   *SPEKTRUM FACHVERLAGE GMBH*

INHALT

VORWORT

»Dem Mimen flicht die Nachwelt keine Kränze! – Des Sängers Ruhm jedoch ist dauerhafter.«

Das schrieb die Deutsche Grammophon-Gesellschaft Ende 1954 in einem Sonder-Werbeprospekt über ihren Star-Sänger Peter Anders, der wenige Wochen zuvor, am 10. September, den schweren Verletzungen erlegen war, die er sich bei einem Autounfall zugezogen hatte.

Die Gesellschaft begründete ihre Aussage mit der Technik, die es ermögliche, die Kunst eines Sängers mittels Tonband und Schallplatte auch dann noch fortleben zu lassen, wenn sein Mund schon längst verstummt ist. Der Schreiber dieser Zeilen konnte damals nicht ahnen, daß seine Prophezeihung im Falle Peter Anders spektakulär in Erfüllung gehen und auch noch vier Jahrzehnte nach seinem Tod Gültigkeit haben würde.

Alle Schwüre der Treue, des Nievergessens, die damals an der Bahre des Sängers abgelegt wurden, gelten ungebrochen fort. Wie nur ganz wenige Große des Musiktheaters, die durch herausragende künstlerische Leistungen Maßstäbe gesetzt und durch ihr menschliches Wesen und ihre Gesamtpersönlichkeit ein Millionenpublikum – sicherlich mit Hilfe der Technik – gewonnen und beglückt haben, gehört Peter Anders zu den »Unvergeßlichen«. Von den deutschsprachigen Sängerpersönlichkeiten sind neben ihm beispielhaft zu nennen: Maria Cebotari, Heinrich Schlusnus, Joseph Schmidt und Richard Tauber.

Durch Rundfunk und Schallplatte war Peter Anders einem Millionenpublikum ein Begriff. Er war eine Berühmtheit; wenn man Anfang der fünfziger Jahre in Deutschland von »Tenor« sprach, meinte man Peter Anders. Seine Popularität war für einen »ernsten« Sänger, einen Opern- und Konzertsänger, unvorstellbar groß: selbst in den Kreuzworträtseln lautete die Antwort auf die Frage nach einem berühmten deutschen Sänger: »Anders«.

Gewiß, diese Popularität beruhte nicht allein auf seiner Tätigkeit als Opern- oder Konzertsänger, sondern ganz überwiegend auf den von ihm gesungenen Operettentiteln, die täglich über alle deutschen Rundfunksender gingen. Wer heute eine Programmzeitschrift von beispielsweise 1953 aufschlägt, findet den Namen Peter Anders mehrmals täglich in den Programmankündigungen. Als Interpret des Schlagers »Granada« hörte man seine Stimme aus den Musikboxen unzähliger deutscher Gaststätten und Wirtschaften erklingen

Da mußte zwangsläufig sein Autounfall am 5. September 1954 und sein Tod fünf Tage später die Menschen in Deutschland bewegen. Diese Ereignisse und die Meldungen aus dem Krankenhaus waren damals Tagesgespräch.

In den ersten Jahren nach seinem Tod hielt die Treue seiner Verehrer, ja sie steigerte sich sogar noch. 1961 berichtete »Bild am Sonntag« von Umfragen, bei denen Peter-Anders-Schallplatten der Verkaufs-Hit Nr. 1 waren, noch vor den damals sonst die Schlager- oder Hitparaden beherrschenden Schlagersängern in Deutschland.

Der Intendant der Hamburgischen Staatsoper, Dr. Günther Rennert, sprach in der Trauerfeier für den Künstler vom »Geheimnis des Außergewöhnlichen«. Peter Anders war in der Tat eine außergewöhnliche Persönlichkeit.

Wer ihn nicht kannte, horchte am Radio auf, wenn seine Stimme erklang. Es war, als ob die Sonne aufging. Auf seinen vielen Aufnahmen, die er hinterlassen hat, ist dieses Faszinierende an seiner Stimme, diese Strahlkraft, die den Zuhörer betörte und fesselte, auch heute noch zu spüren.

Ich selbst habe Peter Anders als Schüler etwa um 1952 herum erstmals bewußt im Rundfunk gehört. Seitdem hat mich diese Stimme, hat mich aber auch der Mensch Peter Anders nie mehr losgelassen, obwohl ich ihn nie auf der Bühne oder auf dem Konzertpodium erlebt habe. Noch heute bin ich betrübt, daß ich als Sechzehnjähriger nicht die Mittel hatte, mir eine Konzertkarte zu kaufen, als Peter Anders 1953 in Bad Godesberg, heute Stadtteil meiner Vaterstadt Bonn, auftrat. So bleibt als »lebendes Bild« von Peter Anders in mir nur eine Fernsehsendung erinnerlich, die Ende April 1954 ausgestrahlt wurde, und in der junge Nachwuchssänger vorgestellt wurden. Die Mutter eines Schulfreundes mußte ich damals bitten, mir am frühen Abend im Gästesaal der von ihr betriebenen Wirtschaft den Fernsehapparat eigens für mich und meinen Freund anzustellen, weil wir zu Hause ein solches Gerät nicht besaßen.

Später kam zu diesen Bildern noch ein Auszug aus dem Film »Befreite Musik« hinzu, der eine Szene mit Peter Anders beim ersten Nachkriegskonzert der Berliner Staatsoper 1945 zeigt: einen Ausschnitt mit der Arie »Wohin seid ihr entschwunden?«.

Als ich 1976 den »Peter-Anders-Freundeskreis« gründete und danach die Bekanntschaft mit Frau Professor Susanne Anders und ihrer Tochter Sylvia machte, erlebte ich eine weitere verblüffende Überraschung: Mehr als zwei Drittel der Mitglieder waren jüngere Menschen, die Peter Anders nie auf der Bühne erlebt hatten und ihn nur von Schallplatten kannten. Und das mehr als zwanzig Jahre nach seinem Tode!

Gibt es einen besseren Beweis für die Faszination, die von diesem Sänger ausging, für die Kostbarkeit seines künstlerischen Vermächtnisses, das er unauslöschlich hinterlassen hat?

Der bereits früher aufgekommene Gedanke, die Laufbahn des Sängers Peter Anders nachzuzeichnen, ließ sich durch den Tod von Frau Anders 1979 nicht verwirklichen. Er ist jetzt erneut aufgegriffen worden.

Das vorliegende Buch will dem Musikfreund die Persönlichkeit des Menschen Peter Anders näherbringen, die Stationen seiner Laufbahn aufzeichnen und seine künstlerischen Leistungen würdigen. Es soll das Geschehen jener Jahre schildern, das politische und künstlerische Umfeld, die Umwälzungen durch Krieg und

Nachkriegszeit, und auch auf die Künstler eingehen, die mit Peter Anders gemeinsam aufgetreten sind.

Peter Anders hat mit seiner kostbaren Stimme Millionen Menschen beglückt, hat ihnen ungezählte Stunden der Freude und der Besinnlichkeit geschenkt. Doch trotz aller Erfolge blieb er immer fröhlich, sympathisch und vor allem bescheiden, ohne die sonst Tenören oft nachgesagten Allüren. Allen Beifall, alle manchmal enthusiastischen Sympathie-Bekundungen hat er stets bescheiden lächelnd abgewehrt. Es schien, als wolle er, wie Herbert Grenzebach es einmal geschildert hat, sagen: »Ach laßt doch, es macht mir ja selbst soviel Freude!«.

EINLEITUNG

Der klingende Atem Gottes - Die letzte Premiere

»Man sagt, die singende Menschenstimme sei der klingende Atem Gottes. So vermag sie alles irdisch Gebundene zu verwandeln, vermag die Umwelt zu beglücken, zu trösten, zu verzaubern. Und wenn diese Stimme einem Menschen gegeben wird, der diesem ihrem innersten Auftrag entspricht, also einem Menschen, dem die Musik Element seines Wesens ist, zu ihm gehörig als ein Geschenk der Natur, einem Menschen, der offen ist und hell, der Welt zugewandt und für sie bereit, so vollzieht sich hier etwas Seltenes und Kostbares: das Zusammentreffen von Geschenk und Auftrag.

Geschenk und Auftrag! Das war Dein Künstlertum, lieber Peter Anders, und davon zu sprechen, ist mir ein zwingendes persönliches Anliegen. Wie diese kostbare Stimme zum erlesenen Instrument wurde, um Mozarts, Verdis, Wagners unsterbliche Gestalten, deren Schicksale Gleichnisse für unser aller Schicksale sind, wie dieser Künstler es vermochte, diese Gestalten mit blutvollem Leben zu erfüllen, das durfte ich in engster, beglückender Zusammenarbeit mit ihm in den letzten Jahren oft erfahren.

In Peter Anders lebte eine intuitive Kraft, wie sie so unmittelbar nur bei wenigen großen Persönlichkeiten des Theaters zu finden ist. Diese intuitive Kraft - jenseits des Erlernbaren - war sein Geheimnis und sein künstlerisches Gesetz. Diesem Gesetz ordnete er in bewußter Selbstbeherrschung alles unter: sein Talent, seine meisterhaft geschulte Stimme, seine darstellerische Begabung und sein vielfältiges Ausdrucksvermögen. Peter Anders war vom Wesen her ein impulsiver Künstler, voller Vitalität und Temperament, der den komödiantischen Instinkt für Lachen und Weinen, Freude und Leid - die ganze Spannweite des menschlichen Daseins - in beglückender Weise besaß. In dieser Synthese von elementarer Kraft und intuitiv sicherer künstlerischer Bewußtheit lag das Geheimnis des Außergewöhnlichen bei Peter Anders, des Nichterlernbaren, des spontan Überzeugenden. Hier liegt auch der Grund für seinen Welterfolg als Künstler, über alle Grenzen und Sprachen hinweg.

Ich glaube, jeder, der den Menschen Peter Anders kannte, war von seinem offenen, freundlichen, weltzugewandten Wesen bestrickt. Es war eine Neugier in ihm auf das Leben, eine Freude an allem, was auf ihn zukam. Er war ein wunderbarer Freund, ein prächtiger Kumpan, der zu dem, wozu er sich bekannte, treu und ohne Einschränkung stand.

Er hatte nach einer Reihe bedeutender künstlerischer Stationen sich zu Hamburg bekannt, hatte bei uns ein Heim und eine Wirkungsstätte gefunden. Und

1

unser tiefer Dank gilt seiner Treue zu Hamburg, womit Peter Anders jedem Einzelnen von uns ein unwiederbringliches Geschenk gemacht hat.

Dem Künstler Peter Anders, diesem kostbaren Instrument jenes klingenden Atems Gottes, gilt unsere tiefe Bewunderung, dem Menschen unsere ganze Liebe. Wir nehmen Abschied von einem Freund, der uns unersetzlich ist.«

Dr. Günther Rennert, Intendant der Hamburgischen Staatsoper, sprach diese Worte am 16. September 1954 in der Großen St. Michaelis-Kirche in Hamburg an der Bahre des Sängers Peter Anders, der wenige Tage zuvor, am 10. September 1954 im Alter von 46 Jahren an den Folgen eines Autounfalls gestorben war.

Wohl nie vorher und nachher sind die künstlerische Persönlichkeit und das menschliche Wesen von Peter Anders treffender beschrieben worden als in dieser Trauerrede.

»Das Geheimnis des Außergewöhnlichen!« Die außergewöhnlichen künstlerischen Leistungen dieses Sängers hatten die Hamburger Opernfreunde genau drei Monate zuvor bei der Premiere des als »Revolutionsoper« berühmt gewordenen Werkes »André Chenier« von Umberto Giordano in der Staatsoper miterleben können. Es war die letzte Premiere in Hamburg im alten Haus und die letzte Premiere des Tenors Peter Anders.

Der Italiener Umberto Giordano (1867–1948), ein Zeitgenosse Puccinis, komponierte zwischen 1892 und 1926 elf Opern, von denen sich nur »André Chenier« weltweit durchgesetzt hat. Das 1896 erstmals in Mailand aufgeführte Werk hatte bereits 1897 in Hamburg unter Gustav Mahler seine Erstaufführung. Giordano hat dieses Musikdrama als typischer Vertreter des Verismus mit effektvoller Melodik ausgestattet. Ihren Erfolg verdankt die Oper vor allem den großen hinreißenden Tenor-Arien, die von Caruso und Gigli auf Schallplatten aufgenommen und somit weltweit populär wurden.

Die Hamburger Aufführung, die zuvor in der Presse groß angekündigt und die mit Spannung erwartet worden war, stand unter der Spielleitung von Wolf Völker, der die Oper zwar konventionell, aber als Schauspiel entwickelte, das voller Spannung ablief und in den Revolutionsszenen von harter Realistik war. Das Bühnenbild besorgte Alfred Siercke. Die musikalische Leitung hatte der Oldenburger Generalmusikdirektor Hans Georg Ratjen, dem eine sichere und durchsichtige Leitung bescheinigt wurde.

Peter Anders sang die Titelpartie, den Dichter André Chenier. Mit ihm standen auf der Bühne: Helene Werth als Madeleine, Mathieu Ahlersmeyer als Gerard, Gusta Hammer, Toni Blankenheim, Kurt Marschner, Hedy Gura, Oda Balsborg, Johannes Drath und Hermann Prey. Der junge Nachwuchssänger Hermann Prey hatte eine kleine Rolle übernommen, er sang und spielte den Roucher, Cheniers Freund. Bei den intensiven Probenarbeiten fiel dieser junge Bariton dem großen Star der Oper, Peter Anders, besonders auf. Anders, wegen seines fröhlichen und kameradschaftlichen Verhaltens überall bei den Kollegen beliebt, hatte immer auch ein besonderes Auge für die Nachwuchssänger, denen er mit Rat und vielen wertvollen Tips beistand. Schon bald hatte er bemerkt, daß Hermann Prey über eine Stimme verfügte, die ihm eine große Zukunft eröffnen würde.

Hermann Prey erinnerte sich: »Ich sang mit ihm damals André Chenier und hatte darin eine kleine Rolle zu spielen. Ich entsinne mich noch genau an die ersten Bühnenproben, als er den jungen, unbekannten Hermann Prey erst mal so testete und versuchte, herauszubekommen, was mit mir denn los ist. Aber ich muß sagen, wir haben uns beide sehr schnell gut verstanden, wir hatten ja auf der Bühne viel zusammen zu tun – er meistens schönsingenderweise und ich meistens zuhörenderweise – weil es eben eine kleine Rolle war. Damals fiel mir schon auf, was ich auch schon vorher kannte von seinen Platten: diese wunderbare Aussprache, die Peter Anders hatte, eine Aussprache, die ich nie wieder so schön gehört habe. Wenn ich an die Arie denke ›Gleich einem Frühlingsabend‹, das wird mir unvergeßlich bleiben.«

Eines Tages, während der Proben, nahm Peter Anders den jungen Hermann Prey zur Seite und lud ihn in die Kantine ein. Dort bestellte er zwei Schnäpse, gab das eine Glas davon dem verdutzten jungen Kollegen in die Hand und stieß mit ihm an: »Mein Name ist Peter!«.

Hermann Prey hat über diese Szene später gesagt: »Das war zum ersten Mal, daß mir ein Sänger von diesem Format, ein so berühmter Mann, das ›Du‹ anbot. Diesen Moment werde ich in meinem Leben nie vergessen, es war nämlich so eine Art ›Gesellenstück‹, was ich da machte. Peter Anders wird mir als Vorbild und Kollege immer unvergeßlich bleiben.«

Die Premiere fand am 15. Juni 1954 statt. Sie wurde zu einem Triumph für Peter Anders. Solche meisterhaften belcantistischen Töne hatte man in Hamburgs Opernhaus lange nicht mehr gehört.

Anders sang den Chenier nicht nach der Art einiger italienischer Tenöre mit gewaltigem Stimmeinsatz und äußeren Effekten an der Rampe, sondern in einer verinnerlichten Intimität und mit verhaltener Dramatik, unterstützt durch eine hervorragende schauspielerische Leistung. Er hatte Teile dieser Partie bereits im November 1949 in Berlin beim RIAS aufgenommen. Die erhalten gebliebenen Aufnahmen, später als Schallplatten veröffentlicht, machen deutlich, wie Peter Anders diesen André Chenier gestaltet hat.

Die Kritik stimmte in die allgemeine Begeisterung über diese Aufführung ein: »Hinreißend im Glanz seines strahlenden Tenors Peter Anders als Chenier« (Norddeutsche Nachrichten). Im Hamburger Abendblatt hieß es: »Caruso und Gigli zählten die Titelpartie zu ihren Lieblingsrollen. Peter Anders wird dies gewiß auch für sich bestätigen. Seine ausdrucksvolle Belcantokunst feierte an diesem Abend wahre Triumphe (Szenenbeifall!)«.

»Beifall über Beifall; eine Glanzpartie für den Titelhelden Peter Anders, der mit seinem italienischen Timbre die Szene überleuchtet«, schrieb der Hamburger Anzeiger und fuhr fort: »Man sollte nicht vergessen, daß der Chenier einmal zu Carusos Lieblingspartien gehört hat und zu seinen ersten. Wenn diesmal Peter Anders des öfteren Sonderbeifall auf offener Szene erntete, so schienen alte Zeiten sich zu einem neuen Opernrausch verjüngt zu haben«.

Da war endlich das ausgesprochen, was alle Tenöre dieser Welt seit einem halben Jahrhundert als die höchste aller Kritiken ansahen und anstrebten, der Vergleich mit Enrico Caruso, dem König aller Tenöre. Kein Zweifel: Peter Anders stand in jenen Sommertagen des Jahres 1954 auf dem Höhepunkt seiner Laufbahn.

DAS LEBEN

Kinder- und Jugendjahre

Die Eltern von Peter Anders stammten aus der damals zum Deutschen Reich gehörenden preußischen Provinz Posen.

Die Provinz Posen mit der gleichnamigen Hauptstadt gehörte zur altpolnischen Kernlandschaft Großpolen, in die durch die Kolonisation deutsche Siedler ins Land kamen. 1793 fiel Großpolen nach der zweiten Teilung Polens an Preußen. 1815 wurde Posen preußische Provinz. Von den rund 2,1 Millionen Einwohnern waren etwa ein Drittel Deutsche.

Der Vater von Peter Anders, Emil Anders, wurde 1883 in Hopfenfeld im Kreis Krotoschin (heute Krotoszyn), etwa 100 Kilometer südöstlich von Posen und nur

Die Eltern Marie und Emil Anders

5

Kinderbild 1908

rund 75 Kilometer nördlich von Breslau, geboren. Seine Mutter Marie kam 1888 in Lagiewki, Kreis Wreschen (heute Wrzesnia), rund 50 Kilometer östlich von Posen, zur Welt.

Beide Elternteile kamen aus sehr bescheidenen Verhältnissen. Vater Emil war zunächst Werftheizer und wurde dann Arbeiter bei der Deutschen Reichsbahn. Kurz nach der Eheschließung wurde er zunächst nach Kiel, und dann an das andere Ende des Deutschen Reiches, in die Rheinprovinz, und zwar nach Essen, versetzt. Hier in Essen erblickte Peter Anders am 1. Juli 1908 das Licht der Welt. Er wurde auf den Namen Emil Ernst getauft. Den Vornamen Peter legte er sich erst 1932 in Berlin zu. Er war das einzige Kind der Familie.

So war Peter Anders zwar von Geburt Rheinländer, aber von der Herkunft stimmte dies nicht so ganz. Vielleicht hat das rheinische Taufwasser aber dazu beigetragen, daß er ein so fröhlicher und lustiger Mensch wurde (auch, wenn Essen ein gehöriges Stück vom Rhein entfernt liegt). Als Rheinländer aufwachsen konnte Peter Anders auch nicht, denn sein Vater wurde nach einiger Zeit erneut versetzt, diesmal nach Posen, der Hauptstadt seiner Heimatprovinz.

In dieser Stadt, die bis zum 13. Jahrhundert teilweise Hauptstadt Polens gewesen war und danach von deutschen Kolonisten am linken Ufer der Warthe neugegründet worden war, verbrachte Peter Anders seine Kindheit.

Schulfoto 1914 in Posen

Um die Osterzeit 1914, kurz vor Ausbruch des 1. Weltkrieges, begann für Peter Anders der »Ernst des Lebens«: er wurde eingeschult. Schon als Kind interessierten ihn Musik und Gesang, er hatte eine schöne Knabenstimme. Im Fach Gesang hatte er meist die Note »sehr gut«. Nur einmal verpaßte ihm ein Lehrer auf dem Zeugnis ein deftiges »Mangelhaft«.

Der 1. Weltkrieg endete am 9. November 1918. Deutschland hatte den Krieg verloren, und dies sollte gravierende Folgen für das Land und seine Menschen, vor allem im Osten, haben. Auch die Familie Anders blieb davon nicht verschont.

Denn aufgrund des am 28. Juni 1919 unterschriebenen Vertrages von Versailles, bei dem die Sieger den Deutschen ihre Bedingungen für den Frieden diktiert hatten, wurde die Provinz Posen ohne Abstimmung unter der Bevölkerung, wie etwa in Oberschlesien oder in Teilen Ost- und Westpreußens, polnisch. Das bedeutete für die Familie Anders die Zwangsumsiedlung ins Deutsche Reich und den Verlust der Heimat.

Vater Emil Anders fand bei der Deutschen Reichsbahn eine Anstellung in Berlin, und so kam die Familie in die Reichshauptstadt. Hier bezog sie zunächst eine Wohnung in der Gerhardtstraße in Moabit, ganz in der Nähe des Lehrter Bahnhofs, der Arbeitsstelle des Vaters. Später zog die Familie nach Alt Moabit, bis sie schließlich eine schöne Wohnung in der Thomasiusstraße 25 fand, in der Nähe der Spree. Nicht weit entfernt befanden sich das berühmte Kriminal-

Jugendfoto mit Mutter nach dem
Umzug von Posen nach Berlin

gericht Moabit, das Poststadion und auf der anderen Spreeseite der Park des Schlosses Bellevue. Die nahegelegenen S- und U-Bahn-Stationen boten eine günstige verkehrsmäßige Anbindung in die Innenstadt und die anderen Bezirke.

In dieser Umgebung wächst Peter Anders, inzwischen 11 Jahre alt, auf. Er besucht die Volksschule in Moabit. Sein Wunsch zu singen und seine Freude am Gesang werden immer größer. Mit 12 Jahren tritt er 1920 dem Kirchenchor der Reformationskirche in der Beusselstraße bei. Am 3. März 1922 wird Peter Anders in der St. Johanneskirche konfirmiert, nachdem er seit Ostern 1921 am Konfirmationsunterricht teilgenommen hat.

Bei dem Organisten der Reformationskirche nimmt er Geigenunterricht, er musiziert und singt viel, und der Organist, dem die schöne Stimme des Heranwachsenden auffällt, betraut ihn schon bald mit Solopartien. Bei der sogenannten Doxologie in der Vertonung von Dimitri Stepanowitsch Bortnjanski, des »Ehre sei Gott in der Höhe, wir loben dich, wir beten dich an ...«, singt er stets ein Solo. So keimt in Peter Anders heimlich der Wunsch auf, Sänger zu werden.

Aber die bürgerlich denkenden Eltern erlauben ihm nach Abschluß der Volksschulzeit nicht den Besuch eines Konservatoriums, sie haben auch gar kein Geld dafür. Der Vater hält nichts von einem Künstlerberuf, zumal in diesen unsicheren und wirren Zeiten nach dem Kriege. Sein Sohn soll erst einmal einen »anständigen«

_____ 31 _____ . Gemeindeschule.

Die Schule umfaßt 8 aufsteigende Klassen (VII bis I und Oberklasse).

Berlin, den _31. März_ 1920.

Zeugnis

für _Emil Anders_ , geb. _1. 7 1908_ ,

Schüler _____ der _VII._ Klasse im _Winter_ = Halbjahr 191 9/20 .

Betragen: _gut_

Aufmerksamkeit: _gut_ . Häuslicher Fleiß: _gut_

Leistungen:

Religion: _gut_	Naturlehre: _genügend_
Deutsch: _gut_	Erdkunde: _gut_
Heimatkundliche Anschauung: —	Zeichnen: _gut_
Schreiben: _ziemlich gut_	Gesang: _mangelhaft_
Geschichte: _gut_	Turnen: _gut_
Rechnen: _gut_	Handfertigkeit:
Raumlehre: _gut_	Handarbeit:
Naturgeschichte: _ziemlich gut_	Hauswirtschaft:

Versäumte _30_ Stunden, kam ___ mal zu spät, wurde ___ mal gelobt,
wurde ___ mal getadelt, mußte ___ mal nachbleiben. Wird in die ___ Klasse versetzt.

Weise , _Eickhoff_
Rektor. Lehrer .

Unterschrift des Vaters (oder des zur Erziehung Verpflichteten):

_____

Anmerkung: Die Leistungen werden beurteilt als: sehr gut, gut, genügend, mangelhaft, ungenügend.

Beruf erlernen, etwas Bodenständiges, damit er eine solide Grundlage für sein späteres Leben hat.

So besucht Peter Anders zunächst noch die Kaufmännische Fachschule der Handelskammer zu Berlin. Hier erhält er die Grundlagen für seinen künftigen

*Der sportbegeisterte
junge Peter Anders*

Beruf. Dann geht er 1923, mit 15 Jahren, bei einem Steuerprüfer in die Lehre und lernt Bücherrevisor. Peter Anders aber ist nicht sehr glücklich mit diesem Geschick, und rückblickend hat er sich dazu geäußert:

»In Berlin trat ich in meiner frühen Sangesfreudigkeit in einen Kirchenchor ein. Zunächst sang ich nur im Chor, bald aber vertraute man mir Solopartien an, und seitdem keimte der heiße Wunsch in mir, der mich nie wieder verließ, Gesang zu studieren. Der Organist, mit dem ich oft privat musizierte, bestärkte mich nur dabei. Immer weniger befriedigte mich der von meinem Vater bestimmte Beruf, denn ich war immer ein Mensch, der mitten im Leben stehen wollte und nichts im Sinn hatte mit toten Zahlen und Buchstaben, wie ich sie jedenfalls empfand.«

In seiner Freizeit ist Peter Anders ein begeisterter Sportler, der in den nahegelegenen Sportanlagen in Moabit vor allem Leichtathletik betreibt. Er übt sich nicht nur im Laufen, sondern auch in technischen Disziplinen, so auch im Speerwerfen. Außerdem schwimmt er sehr gerne.

Aber seine ganz große Liebe gehört dem Gesang, und so entschließt er sich, seine Stimme von einem Fachmann ausbilden zu lassen.

Studienzeit und erste Auftritte

Berlin 1928. Die pulsierende Weltstadt ist nicht nur Deutschlands, sondern auch Europas Kulturmetropole.

Hier wirken an der Staatsoper Max von Schillings, Heinz Tietjen und Erich Kleiber. Tietjen ist auch an der Städtischen Oper in Charlottenburg tätig, die ursprünglich als Deutsches Opernhaus gegründet wurde und 1933 diese Bezeichnung wieder erhält. Bruno Walter dirigiert in diesem Hause bis 1929.

Otto Klemperer ist Leiter der am Königsplatz gelegenen Kroll-Oper, die während des Umbaus auch Spielstätte der Staatsoper ist. In Berlin agiert Max Reinhardt als genialer Schauspiel- und Opernregisseur, gewissermaßen eine Institution, zuständig für Theater-Rausch, ein Regisseur mit spürbarer Macht über das Publikum.

Die großen Tenöre jener Zeit – sieben Jahre nach dem Tode des bereits legendären Enrico Caruso – sind Beniamino Gigli, Giacomo Lauri-Volpi und der von Peter Anders wegen seiner weichen Belcanto-Stimme, der feinen Ausdrucks-Nuancierung und der Mühelosigkeit des Singens besonders geschätzte Tito Schipa.

Im deutschsprachigen Raum beherrschen Leo Slezak, Lauritz Melchior, Alfred Piccaver und Richard Tauber die Tenorszene. Bald kommen Louis Graveure und Helge Roswaenge hinzu. Viele dieser Sterne am Opernhimmel treten in Berlin auf, wo Fritz Soot an der Staatsoper und Hans Fidesser an der Krolloper zu den ersten Tenören zählen.

Peter Anders gewinnt über Schallplatten und Rundfunksendungen Eindrücke von diesen herrlichen Stimmen. So singen können wie Tauber oder Schipa – das ist sein geheimer Wunsch. Oftmals schleicht er um die Staatsoper herum, liest die Besetzungszettel, schaut sich die Szenenfotos in den Schaukästen an und träumt davon, selber einmal auf den Brettern dieser weltberühmten Opernbühne zu stehen.

Am 28. April 1928 öffnet das Haus unter den Linden nach zweijährigem Umbau mit Mozarts »Zauberflöte« wieder seine Pforten. Gespannt lauscht Peter Anders am Radio der Direktübertragung aus der Staatsoper, hört den Tamino von Fritz Soot anstelle des erkrankten Richard Tauber.

So oft er kann, kratzt er seine Groschen zusammen, um ein Billet für eines der Berliner Opernhäuser zu ergattern, um den damals schönsten Stimmen in Deutschland lauschen zu können. Dabei läßt ihn der Gedanke nicht los, ob er es vielleicht selber einmal schaffen könnte, hier zu singen.

Zu Hause und mit einem musikbesessenen Freund schmettert er Opernarien oder singt Lieder, besonders gerne Brahms, aber auch Schubert und Schumann, selbst Hugo Wolf. Sein Wunsch, Sänger zu werden, wird immer stärker, schließlich war dieser Drang nicht mehr aufzuhalten.

Nach Abschluß seiner Berufsausbildung als Bücherrevisor verfügte Peter Anders nun über Geldmittel, bescheiden zwar, aber es reichte, um einen Gesangsunterricht finanzieren zu können. Er mußte dies zunächst heimlich tun, da seine Eltern immer noch nichts von einer Berufslaufbahn als Sänger wissen wollten und man zu dieser Zeit erst mit 21 Jahren volljährig wurde.

Der erste Lehrer, dem er vorsang, hielt ihn für einen Bariton. Peter Anders hat den Namen dieses Lehrers nie genannt, auch später nicht, vor allem nach einem Interview 1942, als er diese Episode erzählte und er auf ungläubiges Staunen über diese »Fehldiagnose« stieß.

Die Veranlagung seiner Stimme entdeckte aber sofort der Musikpädagoge Ernst Grenzebach, dem er nach diesem ersten mißglückten Versuch vorsingen durfte. Er war sofort bereit, Anders als Tenor auszubilden.

Ernst Grenzebach wohnte in der Nassauischen Straße in Berlin-Wilmersdorf und war Hauptlehrer für Oper- und Konzertgesang am Klindworth-Scharwenka-Konservatorium in Berlin. 1928 wurde er Professor an der Staatlichen Hochschule für Musik. Er galt in jenen Jahren als *der* Gesangspädagoge in Berlin. Max Lorenz, Paul Schöffler, Alexander Kipnis und Lauritz Melchior waren seine bekanntesten Eleven.

Peter Anders nahm nach anfänglichen Privatstunden 1929 ein regelrechtes Studium auf. Tagsüber arbeitete er weiter im Büro, um sich das Geld für das Studium zu verdienen, und abends übte er Tonleitern, lernte Atem- und Vortragstechnik und das Geheimnis der Stimmbildung. Diese Doppelfunktion, Beruf und Studium, waren nicht nur eine große Herausforderung, sondern auch eine ebenso große Belastung.

Er hat dazu selber einmal gesagt: »Was es für einen lebenslustigen jungen Mann bedeutet, nach achtstündiger Bürozeit Abend für Abend Gesang zu studieren, kann ein Laie überhaupt nicht ermessen! Auf alles verzichten, woran man in jungen Jahren Freude hat, hieß das für mich – früh schlafen gehen, keinen Alkohol trinken, nicht rauchen! Nie das Ziel aus den Augen verlieren, daß es gelingen *muß*, daß man daheim beweisen möchte, daß man etwas kann und genügend Begabung besitzt, sich eines Tages auch als Sänger durchzusetzen. Dazu gehörte viel Selbstzucht, eiserne Energie und ein unerschütterlicher Glaube an sich selber und an seine Berufung! Deshalb sage ich auch immer im Scherz, ich hätte mich selber entdeckt, schon in meiner frühesten Jugend«.

Nach zwei Jahren Studium bei Professor Grenzebach trat er 1931 in die Opernklasse der Staatlichen Musikhochschule ein. Daneben belegte er auch das Konzertfach. Er hatte solche auffallenden Fortschritte gemacht, daß jetzt auch die Eltern einsahen, daß aus ihrem Sohn etwas werden könnte. So willigten sie schließlich ein, daß Peter Anders seinen Beruf aufgab, um an der Musikhochschule ganztags studieren zu können. Er lebte weiter bei seinen Eltern und von seinen Ersparnissen und versuchte, daneben bei kleinen, privaten Konzerten zusammen mit seinem Freund ein paar Mark zu verdienen. Und das alles in einer Zeit, als infolge der Weltwirtschaftskrise die Arbeitslosenzahlen in Deutschland in ungeahnte Höhen stiegen. Ende 1930 waren mehr als 4 Millionen Menschen arbeitslos, 1932 gar über 6 Millionen.

Peter Anders aber verfolgte unbeirrt das angestrebte Ziel, Sänger zu werden. In der Opernklasse traf er Schülerinnen und Schüler, die später einmal berühmt werden sollten: Lore Hoffmann, Julius Katona, Elisabeth Höngen und Maria Cebotari. Hier lernte Peter Anders aber auch Susi Gmeiner, die Tochter der an der

Lula Mysz-Gmeiner

Musikhochschule tätigen Professorin Lula Mysz-Gmeiner, kennen. Susi, die ebenfalls Sängerin werden wollte, studierte hier bereits seit 1928. Zwei Jahre später
wurde sie sogar Assistentin ihrer berühmten Mutter.

Lula Mysz-Gmeiner, 1876 in Kronstadt in Siebenbürgen geboren, war eine der
bedeutendsten Liedersängerinnen ihrer Zeit. Sie stammte aus einer Musikerfami-
lie. Ihre Großmutter war als Sängerin von einem Freund Franz Schuberts ausgebildet worden. Auch Lulas Geschwister, die Schwestern Ella und Luise und ihr
Bruder Rudolf, waren musikalisch hochbegabt.

Lula Mysz-Gmeiner verfügte über eine wunderschöne Alt-Stimme, die sie in
Wien von Gustav Walter ausbilden ließ. Hier lernte sie bei einem Hauskonzert Johannes Brahms kennen, der ihr zu weiteren Studien in Berlin riet. So siedelte sie
nach Berlin über und studierte dort bei Emilie Herzog und Lilli Lehmann. Sie musizierte mit Hugo Wolf und Max Reger, der ihr sogar einige Lieder widmete.

Mit ihrer ausdrucksvollen Stimme und ihrer hervorragenden Gesangstechnik
feierte sie bei ihren Auftritten in Europa und in den Vereinigten Staaten von Amerika großartige Erfolge. Einen aufsehenerregenden Auftritt hatte sie 1898 beim
5. Schwäbischen Musikfest in Stuttgart, wo sie trotz der »Nebenbuhlerschaft«
der berühmten Marcella Sembrich sensationell gefeiert wurde. Später war sie nochmals Schülerin von Raimund von zur Mühlen. Bei ihren Konzerten musizierte sie
mit den Größen jener Zeit: Eduard Behm, Michael Raucheisen, Richard Strauss,
Wilhelm Furtwängler, Bruno Walter, Artur Nikisch und Leopold Stokowski.

Im Jahre 1900 heiratete sie den österreichischen Marineoffizier Ernst Mysz.
1907 wurde ihre Tochter Dora geboren, 1909 folgte Tochter Susanne. Seit 1920

arbeitete sie als Professorin an der Musikhochschule in Berlin, der sie bis März 1944 angehörte. Zu ihren bekanntesten Schülerinnen und Schülern zählten Maria Müller, Carla Spletter und Peter Anders. Nach dem Kriege wirkte sie bis zu ihrem Tode 1948 am Konservatorium in Schwerin.

Ihre Schwester Ella, ebenfalls Altistin, wurde Opernsängerin. Nach ihrem Engagement am Hoftheater in Weimar wirkte sie 1907 bei den Wagnerfestspielen in München mit und wurde anschließend an das Hoftheater in München verpflichtet. Unter Richard Strauss sang sie die Klytämnestra in »Elektra« und die Herodias in »Salome«.

Ihre Schwester Luise machte sich als Pianistin einen Namen. Sie gab Konzerte in allen bedeutenden Musikzentren und trat 1941 bei einem Hauskonzert in Berlin gemeinsam mit Peter Anders auf. Bruder Rudolf war Bariton und wurde später Gesangspädagoge.

Frau Anders hat über die Zeit an der Berliner Musikhochschule einmal erzählt: »Ich lernte meinen Mann in Berlin kennen, auf der Berliner Musikhochschule. Ich war da selbst schon einige Jahre als Studentin. Mein Mann hatte es endlich geschafft und war auch auf der Hochschule. Er war in der Opernklasse und hat dann dieses eine Jahr nur Gesang und Rollen gelernt und sich auf seinen Beruf vorbereitet.

Eines Tages hieß es: Ein neuer Tenor ist in der Opernklasse! Wir waren alle sehr neugierig, denn Tenöre waren schon damals Mangelware oder sehr selten. Wir kamen herauf, es war Ensemblestunde, und mein Mann stand am Flügel und sang. Und wir horchten und beguckten ihn uns. Er war braungebrannt, sehr fröhlich, sehr strahlend. Wir haben dann immer sehr viel zusammengearbeitet, gesungen, waren alle voller Freude, zu arbeiten, zu lernen, uns vorzubereiten auf diesen Beruf. Es war eine schöne, eine unbeschwerte Zeit, es lag alles noch vor einem.

Ich entsinne mich, daß er wesentlich weniger schnoddrig war als viele Sänger, die glaubten, ihre Karriere schon in der Tasche zu haben. Und er war eigentlich nicht von vornherein überzeugt, daß er groß werden würde. Er war nur von dem Wunsch beseelt, zu singen, gut zu singen und etwas zu lernen.

Er hatte damals eine noch sehr auf das Lyrische hinweisende, aber doch noch ins Buffofach gehörende Stimme. Sein erstes Engagement in Heidelberg war ja dann auch eine Verpflichtung als Buffosänger.

Wir hatten an der Hochschule Gelegenheit, Studioaufnahmen zu machen. Davon haben wir auch reichlich Gebrauch gemacht. Wir waren alle sehr aufgeregt, ich habe ihn auch selbst am Klavier begleitet. Eine Aufnahme ist durch alle Wirren des Krieges erhalten geblieben, eine Arie aus La Bohème: »Wie eiskalt ist dies Händchen«.

Peter Anders fuhr zu der Zeit ein Motorrad; damit waren wir sehr viel in Berlin unterwegs, zum Wannsee, zur Havel. Aber das Motorradfahren hat er dann später gelassen. Das war ja nichts für einen Sänger, für den das Singen Beruf ist.

Meine Mutter, Lula Mysz-Gmeiner, war ja auch als Professorin an der Hochschule tätig. Wir wohnten damals in Charlottenburg am Reichskanzler-Platz (heute: Theodor-Heuß-Platz) neben der berühmten Maria Ivogün.

Lula Mysz-Gmeiner
mit Tochter Susanne (Susi)
1928

Ich glaube, ich habe ihn dann auch einmal mit nach Hause gebracht. Sie kannte ihn ja von der Hochschule her, wo mein Mann bei Professor Grenzebach war, der ihn vorher schon in der Ausbildung hatte und ihn auch an die Musikhochschule gebracht hat. Mein Mann hat dann später sehr viel mit meiner Mutter gearbeitet.«

Max Reinhardt inszenierte im Juni 1931 in seinem Kurfürstendamm-Theater Offenbachs Operette »Die schöne Helena«. Die musikalische Leitung der Aufführung hatte Erich Wolfgang Korngold. Jarmila Novotna als »schöne Helena«, die Tänzerin La Jana als (noch schönere) Venus und der Tenor Gerd Niemar als Paris waren die Hauptprotagonisten. Für das Komiker-Quartett hatte Reinhardt Hans Moser (Menelaus), Otto Wallburg (Calchas), Hubert von Meyerinck (Ajax I) und Theo Lingen (Ajax II) verpflichtet. Seinen Chor besetzte er mit Gesangsschülern von der Berliner Musikhochschule; unter diesen war auch Peter Anders. Bei den Proben und bei der Premiere am 16. Juni 1931 fiel dem großen Theatermann Reinhardt der Gesangschüler Anders durch Stimme und Bewegung besonders auf.

Da Reinhardt bestrebt war, jede Rolle doppelt besetzen zu können, machte er Anders zum Vertreter von Theo Lingen und ließ ihn in einigen der folgenden Auf-

15

Phantastische Oper von Jaques Offenbach
Musikalische Bearbeitung: Leo Blech
Neugestaltung des Textes: Egon Friedell und Hanns Sassmann
(13 Bilder)
Regie: Max Reinhardt
Dekorationen: Prof. Dr. Oscar Strnad
Musikalische Leitung: { Generalmusikdirektor Leo Blech
{ Generalmusikdirektor Manfred Gurlitt
Choreographie: Bronislawa Nijinskaja und Anton Dolin
Kostüme: Prof. Paul Scheurich
Technische Einrichtung: Franz Dworsky

═ P R O G R A M M ═

1. Bild: Bühneneingang des Berliner Opernhauses

E.T.A. Hoffmann { Hans Fidesser	Ein Mann in Schwarz	Wladimir Sokoloff
{ Carl Hauss	Andreas, Theaterdiener	Paul Graetz
{ Adolf Fischer	Droschkenkutscher	Hans Wassmann
Niklaus, sein Freund Hermann Thimig	Nathanael, ein altes	
Stella Formica	Semester	Josef Danegger
Opernsängerin . . Friedel Schuster	Der Inspizient . . . Klaus Pohl	
Stadtrat Lindorf . . Georges Baklanoff		

Laternenanzünder, Schornsteinfeger, Theaterbesucher

2. Bild: Im Weinkeller von Lutter und Wegner

Herrmann) (Raul Lange		(Hans Fidesser
Nathanael } Stu- { Josef Danegger	E.T.A. Hoffmann { Carl Hauss
Eberhard (denten) Emil Anders		(Adolf Fischer
Walter . .) (Hans v. Stenglin	Stadtrat Lindorf . . Georges Baklanoff	
Der Wirt . . . . . Herbert Paulmüller	Der Mann in Schwarz Wladimir Sokoloff	
Küfer . . . . Erik Frey	Andreas . . . . Paul Graetz	
Niklaus . . . . . . Hermann Thimig	Schankmädchen . . Lisa Fixson	

Studenten, Gäste, Küfer
Chor des Großen Schauspielhauses

*Die großen Gesangspartien werden von verschiedenen Künstlern abwechselnd dargestellt,
heutige Besetzung ist aus der Beilage zu ersehen*

═ P R O G R A M M ═

7. Bild: Spielsaal im Palazzo der Giulietta

Giulietta . . . . . Göta Ljungberg	Niklaus . . . . Hermann Thimig	
Dapertutto . . . . Georges Baklanoff	Pitichinaccio . . . . Paul Graetz	
E.T.A. Hoffmann { Hans Fidesser	Schlemihl . . . . . Wladimir Sokoloff	
{ Carl Hauss	Ein Kavalier . . . . Karl Fädnitz	
{ Adolf Fischer	Hoffmanns Spiegelbild Emil Anders	

Kavaliere und Kurtisanen — Chor und Ballett des Großen Schauspielhauses
Spiegeltanz: Ballett
Tanz der Masken: Anton Dolin, Maria Solveg, Nini Theilade, Kira Niyinska,
Kira Blank, Alexander v. Swaine.
Arlekina: **Tamara Desni** und Ballett des Großen Schauspielhauses
Bacchanal: Tanzsolisten und Ballett

Die Königin des Festes: La Jana — **Der Verliebte: Anton Dolin**
Choreographie: Dolin

8. Bild: Der Zweikampf

Giulietta . . . . . Göta Ljungberg		(Hans Fidesser
Dapertutto . . . . Georges Baklanoff	E.T.A. Hoffmann { Carl Hauss
Schlemihl . . . . . Wladimir Sokoloff		(Adolf Fischer
Pitichinaccio . . . . Paul Graetz		

Gondolieri, Wache der Republik Venedig
Ende der zweiten Erzählung
— G R O S S E P A U S E —

*Die großen Gesangspartien werden von verschiedenen Künstlern abwechselnd dargestellt,
heutige Besetzung ist aus der Beilage zu ersehen*

führungen als Ajax II auftreten. Dies sollte für Peter Anders nicht ohne weitere Folgen bleiben.

Am 27. November 1931 setzte Reinhardt im Großen Schauspielhaus Offenbachs Oper »Hoffmanns Erzählungen« in Szene.

Diese Festpremiere, vom Verein Berliner Presse veranstaltet, war *das* Berliner Theaterereignis des Jahres 1931! Die Besetzung war glanzvoll. Unter der musikalischen Leitung von Leo Blech sangen und spielten u. a. Hans Fidesser, Hermann Thimig, Friedel Schuster, Georges Baklanoff, Wladimir Sokoloff, Paul Graetz, Göta Ljungberg, La Jana und Anton Dolin. Und wiederum Jarmila Novotna.

Reinhardt hatte sich bei den Vorbereitungen auf diese Oper an seinen jungen Ersatz-Ajax, an den Gesangschüler Peter Anders, erinnert. Er holte ihn nun für seine Hoffmann-Aufführung und ließ eigens für ihn die Rolle des Spiegelbildes im 7. Bild auskomponieren. Außerdem setzte er ihn im zweiten Bild als Student Eberhard ein. Auf dem Programmzettel erschien Anders noch mit seinem ersten Geburtsnamen Emil. Erst danach wählte er den Namen Peter zum Ruf- und Künstlernamen.

Die Aufführung wurde ein rauschender Erfolg; sie hat ihren legendären Ruf bis heute erhalten. Nach der Premiere fand zu Ehren von Max Reinhardt ein Festessen statt, bei dem Jarmila Novotna die Tischdame Reinhardts war. Alle Mitwirkenden waren eingeladen, darunter auch Peter Anders, dem Reinhardt große schauspielerische Begabung bescheinigte, und der ihm Mut machte, die eingeschlagene Sängerlaufbahn weiter zu verfolgen.

Peter Anders arbeitete nach diesen Auftritten und den Ermunterungen durch einen so berühmten Theatermann mit großem Eifer an der weiteren Ausbildung seiner Stimme. Er sah nun auch ein, daß Motorradfahren für einen Sänger keine gute Basis war, da die Gefahren für die Stimme doch zu groß waren. Das Studium neigte sich nun dem Ende zu, und da mußte er sich schon wie ein Berufssänger verhalten. Schweren Herzens trennte er sich von seiner Motorradleidenschaft und benutzte nun die U-Bahn oder S-Bahn.

An der Musikhochschule wurden auch Eigeninszenierungen von Musikwerken mit den Schülern aufgeführt. Bei einer Opernaufführung von Mozarts »Cosi fan tutte« im Mai 1932 standen Peter Anders und Susi Gmeiner gemeinsam auf der Bühne.

Peter Anders hatte während seiner Studienzeit einige Tenorpartien vorstudiert, darunter den Faust aus »Margarete«, den Hoffmann aus »Hoffmanns Erzählungen« und den Max im »Freischütz«. Für die Partie des Hoffmann hatte ihn sicherlich die Mitwirkung in Reinhardts Inszenierung sensibilisiert; leider konnte er diese Rolle nach der Machtübernahme der Nationalsozialisten nicht auch im Engagement singen.

Für den Jägerburschen Max war die Stimme von Peter Anders noch zu weich und zu klein. Er sang diese Partie aber bei einer Hochschulaufführung, bei der die Studienkollegen ihm einen kleinen Streich spielten.

Nach der Arie »Durch die Wälder, durch die Auen« sollte ein Adler, mit Blattschuß getroffen, aus der Luft herabfallen. Aber statt des Adlers fiel ein ausge-

Peter Anders nach Abschluß
des Hochschulstudiums

stopfter, dicker, alter Hund herab, den einer der Missetäter bei der alten Dame, bei der er wohnte, entwendet hatte.

»Mir blieb die Stimme weg, als ich den alten Hundebalg vor mir liegen sah. Mein Rollenpartner, der dem Adler die Feder herauszureißen hatte, wand sich in Verlegenheit. Als er das Vieh mit dem Fuß in die Kulisse hineinschob, und mit einer imaginären Adlerfeder auf mich zukam, da verloren auch die Zuschauer ihre bis dahin mühsam bewahrte Haltung und brachen in schallendes Gelächter aus.« Peter Anders hat Jahre später diese Anekdote den Lesern einer Münchener Zeitung geschildert.

Ende Juni 1932 führte die Musikhochschule aus Anlaß des Haydn-Jahres die Oper »Die Welt auf dem Monde« auf. Es sollte für Peter Anders eine Art Abschlußprüfung seines Studiums werden.

Die Aufführung war von Ernst Legal, dem späteren Intendanten der Staatsoper, inszeniert worden. »Voll drastischer Mimik und Jungens-Charme der Hans-Wurst Peter Anders, ein gesanglich Hochbegabter«, schrieb ein Kritiker.

Nach Abschluß dieses Semesters fuhr Peter Anders zu einem Urlaub nach Amrum. Susi Gmeiner sandte ihm eine Postkarte mit der Kritik der Allgemeinen Musikzeitung vom 8. Juli 1932 über die Hochschulaufführung nach. Darin stand: »Es wäre angesichts der Hingabe, die alle zeigten, Unrecht, die Leistungen einzelner gegeneinander auszuspielen. Wir machen nur zugunsten des köstlich nai-

18

ven Hans-Wurst (Peter Anders) eine Ausnahme, die der Charakter der musikalischen Posse rechtfertigen mag.«

Susi Gmeiner fügte dieser Kritik auf ihrer Karte hinzu:

Sag mal unter Brüdern, wieviel Dich das gekostet hat, so in jeder Kritik entweder als einziger genannt oder sonst stark hervorgehoben zu werden?? – Verzeih die Schrift, ich muß fluchtartig das Haus verlassen. Hab' Stunde.
Geht's Dir weiter gut, mein Peterchen?

Liebe Grüße von
Deiner Susi.

Stationen

Das erste Engagement in Heidelberg

Nach den Rollen bei Max Reinhardt und in der Opernklasse der Musikhochschule begann für Peter Anders im Sommer 1932 seine hauptberufliche Tätigkeit als Opernsänger. Er trat in Heidelberg sein erstes Engagement an einer Opernbühne an. Arbeitsbeginn war der 26. September 1932. Sein Vertrag war bis Ende April 1933 befristet. Die Monatsgage betrug 330 Mark und war damit für einen Anfänger ungewöhnlich hoch. In der Gehaltsskala der für Oper und Operette engagierten Kräfte in Heidelberg lag er mit diesem Betrag in der Spitzengruppe. Der Durchschnitt der Gagen betrug etwa 200 bis 250 Mark. Bei der Festsetzung der Gage war für Peter Anders seine hochqualifizierte Ausbildung an der Staatlichen Hochschule für Musik ausschlaggebend gewesen.

In Heidelberg hatte es um die Zukunft der Städtischen Bühnen einigen Wirbel gegeben. Das Stadttheater, eine Drei-Sparten-Bühne mit Schauspiel, Oper und Operette, hatte im Sommer 1930 den Opernbetrieb eingestellt. Lange war, auch in der Öffentlichkeit, vor allem in der örtlichen Presse, darüber diskutiert worden, ob sich die Stadt eine Oper leisten sollte, da doch in der Umgebung mit Stuttgart, Karlsruhe, Mannheim und Darmstadt hervorragende Opernhäuser vorhanden waren. Nach zwei Jahren Abstinenz entschloß man sich, ab der Spielzeit 1932/33 auch in Heidelberg wieder Opern mit eigenem Ensemble aufzuführen.

Als musikalischen Oberleiter gewann die Stadtverwaltung den jungen Dirigenten Kurt Overhoff. Angesichts eines doch sehr beschränkten Etats hatte man auf die Verpflichtung »großer Kräfte« verzichten müssen. Neben einigen von früheren Jahren bekannten und bewährten Gesangeskräften, etwa der Sopranistin Nuscha Krumhaar-Külüs, die in Darmstadt wohnte, hatte man Künstler anderer kleiner Bühnen, wie die junge Irma Poppe vom Altonaer Stadttheater oder den Bariton Hasso Henning aus Göttingen, engagiert. Vor allem aber Nachwuchskräfte; darunter Peter Anders, der als Tenor-Buffo eingesetzt werden sollte. Neben Peter Anders begann in Heidelberg auch der Dirigent und Komponist Norbert Schultze seine Laufbahn.

In Heidelberg fand Peter Anders ein Zimmer in der Kronprinzenstraße (heute: Dantestraße); später zog er dann in die Hauptstraße 93, von wo aus das Stadttheater zu Fuß erreichen konnte.

Als erste Oper stand Mozarts »Die Entführung aus dem Serail« auf dem Programm. Intensive Proben fanden abwechselnd im Theater und in den Räumen im unteren Stockwerk des Hauses in der Friedrichstraße 7 statt. Da auch das Schauspiel seit April pausiert hatte, mußten alle neuen Werke gewissermaßen gleichzeitig einstudiert werden.

Premiere war am Samstag, dem 15. Oktober 1932. Unter der Spielleitung von Klaus Gurr und der musikalischen Leitung von Kurt Overhoff standen auf der Bühne:

Man hatte dieser Opernpremiere mit außergewöhnlicher Spannung entgegengesehen, ebenso auch dem Personal, das dem Publikum neue Opernerlebnisse vermitteln sollte. Und man wurde nicht enttäuscht, nach Meinung vieler Besucher wurden die Erwartungen teilweise übertroffen. Diese Aufführung war ein Festakt für das Heidelberger Theater, und ihre Bedeutung unterstrich auch die Anwesenheit des Oberbürgermeisters.

Die Kritik sparte nicht mit Lob für die Mitwirkenden. Dem musikalischen Leiter Kurt Overhoff wurde das Verdienst zuerkannt, diese erste Opernaufführung in schöner musikalischer Sicherheit herausgebracht zu haben »Man hatte stets das Gefühl, daß alles ›saß‹.« Die Neue Badische Landeszeitung schrieb am 20. Oktober 1932: »Das Solistenensemble ist von erstaunlicher Güte.«

Peter Anders als Pedrillo wirkte in Spiel und Gesang sympathisch und frisch, wobei ihm wohl anzumerken war, daß er noch über keine allzu große Bühnenerfahrung verfügte. Das Heidelberger Tageblatt bezeichnete den Debütanten »am gelockertsten im Spiel, lausbübisch frech, mit empfehlenswert aussichtsreichem Organ.« Und die Heidelberger Neuesten Nachrichten schrieben: »Sympathisch im Spiel und Gesang wirkte Peter Anders als Pedrillo. Er wußte den liebenswürdigen Hasenfuß, namentlich auch in seiner Arie ›Frisch zum Kampf‹, sehr drollig zur Geltung zu bringen.«

Wenige Tage später, Ende Oktober 1932, brachte das Stadttheater die Operette »Die Puppe« mit der Musik von Edmond Audran zur Aufführung. Peter Anders sang den Lancelot und gefiel durch seine gut geschulte Stimme, die er gerade in dieser Operettenrolle geschmackvoll einzusetzen wußte. Mit dieser Partie gewann er die Sympathien des Publikums. »Er ist vielleicht auf dem Wege der Beliebtheit«. Wenig später trat er in dieser Rolle als Gast in einer Aufführung der Volksbühne in Pforzheim auf.

Bei der Diskussion um die Wiedereröffnung eines Heidelberger Opernspielbetriebes war darüber debattiert worden, welche Art von Oper sich eine kleine Bühne wie Heidelberg leisten könne. Allgemeiner Tenor der Überlegungen war, nicht größeren Opernhäusern nachzueifern, sondern dem Haus gemäße eigene Aufgaben zu lösen, also Spielopern oder Kammeropern aufzuführen.

Völlig entgegengesetzt zu diesen Gedanken stand das nächste Werk, das in Heidelberg in Szene gesetzt wurde: »Fidelio«, eines der schwersten Werke der Opernliteratur. Premiere war am 2. Dezember 1932. Unter der Regie von Gustav Witt und der wiederum ausgezeichneten musikalischen Leitung von Kurt Overhoff boten die Solisten durchweg schöne Leistungen. Peter Anders sang den Jaquino. Die Kritik über seinen Auftritt war gespalten.

Ein Kritiker meinte, er teile das Schicksal seiner Partnerin Nuscha Krumhaar, er »sei hier nicht am richtigen Platze, unabhängig davon aber aufs beste bemüht.« Ganz positiv das Heidelberger Tageblatt am 11. Dezember 1932: »Peter Anders'

Als Pedrillo mit Nuscha Krumhaar als Blondchen

Die Darsteller der »Fidelio«-Aufführung in Heidelberg:
vorne Spielleiter Gustav Witt, dahinter von links Wolfgang Etterer,
Nuscha Krumhaar, Wilhelm Hilgrey, Ludwig Waldmann, Margarete Eclas-Schurr,
Peter Anders, stehend oben: Hasso Henning

Jaquino war ein lieber Kerl von treuherziger Schüchternheit. Seine hübsche Tenorstimme entwickelt sich erfreulicherweise immer mehr zu einem bemerkens-
werten Faktor unseres Opern-Ensembles«.

Peter Anders, 24 Jahre alt, lebte in Heidelberg in einer Studentenstadt. Da blieb
der Kontakt zu den vielen jungen Menschen nicht aus. Als Sänger, der streng auf
seine Stimme achten mußte und darüber hinaus den ganzen Tag mit aufreibenden
Probenarbeiten beschäftigt war, an manchen Abenden dann Vorstellung hatte,
mußte er die Teilhabe am lustigen Leben der jungen Studiosi zeitlich sehr be-
schränken. Es gab viele Kontakte zu den Kollegen; der Theaterhof war das Kom-
munikationszentrum, eine Art Börse. Hier verbrachte man seine Pausen während
der Probenarbeiten, vertiefte die Beziehungen mit den Kollegen, diskutierte über
die zu erarbeitenden Rollen und tauschte Erfahrungen aus. Man traf sich im Thea-
ter-Restaurant, wo es ein Essen bereits ab 80 Pfennig gab, oder im vornehmen Café
Roesler in der Hauptstraße. Häufig verkehrte Peter Anders auch in der Wohnung
des Städtischen Musikdirektors Paul Radig neben dem Gymnasium am Neckar.

Im Ensemble war Peter Anders schon bald ein sehr geschätzter Partner. Seine
frühere Kollegin, die Soubrette Friedel Grosse, beschrieb ihn: »Er war ein sehr

netter, liebenswerter Kollege, immer humorvoll und kameradschaftlich. Er hatte eine herrliche Stimme.«

Schon am 13. Dezember 1932 gab es die nächste Premiere. Nach dem Ausflug ins Heroische mit Beethovens Fidelio sah der Spielplan diesmal wieder eine komische Oper vor: »Der Waffenschmidt« von Albert Lortzing. Peter Anders sang den Knappen Georg gewohnt lebendig und frisch. Seine Partie wurde als echte Lortzingfigur gefeiert. In der Neuen Mannheimer Zeitung lobte der Kritiker den »charmanten Knappen Georg (Peter Anders), frisch und unmittelbar witzig, lebendig im Spiel, ausgesprochen musikalisch, tonrein und tonschön, mit prägnanter Aussprache. Eine höchst erfreuliche Leistung!«.

Nach dieser Aufführung mußte sich Peter Anders mit einer Grippe krank melden. Vielleicht war er auch etwas überarbeitet, denn er hatte in kurzer Zeit drei Opern- und zwei Operettenpartien völlig neu einstudieren und im Emsemble in harter Probenarbeit einspielen müssen. Wenn der Körper gestreßt ist, dann fängt man sich im oftmals naßkalten Herbstwetter sehr leicht eine Erkältung ein.

Am 1. Weihnachtstag 1932, einem Sonntag, sang Peter Anders – wieder voll genesen – unter der musikalischen Leitung von Ernst J. Topitz den »Orpheus« in Jacques Offenbachs »Orpheus in der Unterwelt«. Es war seine erste Titelrolle auf der Bühne. »Er geht mit Stimme und Geste in festtäglich sicherer Weise um«, bemerkte ein Kritiker.

In diesen Tagen machte sich Peter Anders Gedanken um seine weitere berufliche Laufbahn. Sein Vertrag in Heidelberg war nur bis zum 30. April 1933 befristet, und wie es dort weitergehen sollte, wußte er nicht. So bemühte er sich um andere Bühnen. Eine Gelegenheit bot sich ihm in Basel, wo er vorsingen sollte. Über den Bühnennachweis Berlin nahm er Kontakte zum Hessischen Landestheater Darmstadt auf. Am 17. Dezember 1932 schrieb er an den Generalintendanten Hartung:

Sehr geehrter Herr Generalintendant!
Durch Herrn Kulis erfuhr ich heute telefonisch, daß Sie bereit sind, mich für die nächste Saison zu engagieren und evtl. sogar für das darauf folgende Jahr. Ich bin hierüber natürlich sehr glücklich, an einem künstlerisch so hochstehenden Theater wie Darmstadt arbeiten zu können. Herr Kulis nannte mir nun die Gage, die für meinen Posten ausgesetzt ist, und zwar 250 Mark. So gerne wie ich in Darmstadt arbeiten möchte, so ist es mir jedoch für diese Gage unmöglich. Ich habe mit einer Gage von mindestens 300 Mark gerechnet, da ich von der nächsten Saison ab größeren Verpflichtungen nachkommen muß. Herr Intendant, halten Sie mich dieserhalb nicht für größenwahnsinnig, es sind leider unumstößliche Dinge, denen ich nachzukommen habe, und ich wäre Ihnen für eine Einigung auf dieser Basis außerordentlich dankbar.
Einer baldigen Nachricht entgegensehend, bin ich

in vorzüglicher Hochachtung
Ihr sehr ergebener
Peter Anders.

Seiner Forderung nach einer Gage von 300 Reichsmark wurde entsprochen. Den Vertrag für sein Engagement in Darmstadt vom 21. August 1933 bis 20. August 1934 unterschrieb er am 27. Dezember 1932.

Tatsächlich betrug seine Gage 371 Mark und lag damit über dem Betrag, den er in Heidelberg erhalten hatte. Aufgrund der sogenannten Brüning'schen Notverordnung war sie jedoch – wie alle Bezüge der im öffentlichen Dienst Beschäftigten – um 20 % gekürzt worden.

Sylvester 1932 veranstaltete das Heidelberger Stadttheater eine große Revue mit dem Titel »Heut gets uns gut«. Ein fast schon makaber wirkender Ausspruch angesichts der Zeitenläufe, der durch die große Arbeitslosigkeit verursachten Notlage vieler Menschen und im Angesicht der politischen Situation in Deutschland, die sich dramatisch zuspitzte.

Peter Anders, »dessen Tenorstimme täglich schöner wird« (Heidelberger Neueste Nachrichten), sang in dieser Revue das Lied vom Klein-Zack aus »Hoffmanns Erzählungen« von Jacques Offenbach. Er konnte nicht ahnen, daß wenige Wochen später die Werke Offenbachs für lange Zeit von den deutschen Bühnen verschwinden sollten.

Ende Januar 1933 feierte die Universität Heidelberg ihr Rektorratsfest. Der Rektor der Universität, Professor Andreas, hatte sich dazu etwas ganz besonderes ausgedacht. Er mietete die gesamte Oper. Die Premiere der komischen Oper »Der Barbier von Bagdad« von Peter Cornelius fand am Samstag, dem 28. Januar 1933, als geschlossene Vorstellung für die geladenen Gäste der Universität statt. Es war zum ersten Male, daß das Theater für eine gesellschaftliche Repräsentation im Ganzen gemietet wurde, eine Art von modernem Sponsoring. Die zahlreichen Gäste, Dozenten, Vertreter der Studentenschaft, der Behörden, darunter der Unterrichts- und Finanzminister, des literarischen, politischen und wirtschaftlichen Lebens füllten das Haus bis auf den letzten Platz. »Die Aufführung fand stürmischen Beifall« (Heidelberger Tageblatt).

Für Peter Anders, den als Tenorbuffo verpflichteten Sänger, hatte diese Aufführung eine besondere Bedeutung: Er sang als Nureddin erstmals eine rein lyrische Tenorpartie.

»Peter Anders sang den Nureddin mit dem ganzen Schmelz seines weichen Organs. Unglaublich, wie sich dieser Sänger entwickelt hat, darstellerisch und stimmlich. Aus dem netten lustigen Pedrillo ist in ganz kurzer Zeit ein bezaubernder lyrischer Tenor geworden«, schrieb Anna Müller im Heidelberger Tageblatt. Und in der Neuen Mannheimer Zeitung berichtete der Rezensent über diese Heidelberger Aufführung: »Die Überraschung des Abends war der Nureddin von Peter Anders, der schon in der Buffopartie des Pedrillo aufhorchen ließ und nun hier eine lyrische Partie mit wirklichem Glanz der Stimme, mit erfreulicher Musikalität und gelockertem Spiel ausstattete. Als Einzelleistung ließ Anders alle anderen weit hinter sich zurück.«

Nach der Vorstellung schloß sich in der Aula der Neuen Universität ein Empfang an, zu dem auch das Ensemble geladen war. In den Gesprächen bewegte die meisten Gäste allerdings weniger die großartige Leistung der Heidelberger Künstler als vielmehr die bange Frage: Was wird aus Deutschland?

Im Laufe des Tages war der Reichskanzler, General Kurt von Schleicher, zurückgetreten. Reichspräsident von Hindenburg hatte ihm die erbetenen diktatorischen Vollmachten verweigert und auch Schleichers Bitte um Auflösung des Reichstages und Ausrufung des Staatsnotstandes abgelehnt. Viele Menschen in Deutschland befürchteten nun, daß der Reichspräsident dem Drängen des Barons von Papen nachgeben und Adolf Hitler zum Reichskanzler ernennen würde. Am 26. Januar 1933 hatte von Hindenburg noch erklärt, daß er »diesen österreichischen Gefreiten« nicht zum Reichskanzler machen werde. Aber jetzt hatte von Papen den greisen Reichspräsidenten offenbar doch umgestimmt.

Daß auch den Heidelbergern in diesen Tagen die Sorge um ihre Zukunft näher stand als die hohe Kunst, hatte sich bei der zweiten Aufführung des »Barbiers von Bagdad« am nächsten Tage, Sonntag, den 29. Januar 1933, gezeigt. Der Besuch war mehr als dürftig. Zu sehr lastete die Angst auf den Menschen.

Und was die meisten befürchtet hatten, trat ein: Reichspräsident von Hindenburg ernannte am 30. Januar 1933 Adolf Hitler zum Reichkanzler. Baron von Papen frohlockte: »Wir haben uns Herrn Hitler engagiert. In zwei Monaten haben wir Hitler in die Ecke gedrückt, daß er quietscht.«

Wie der Mann sich täuschen sollte ... Am Abend des 30. Januar zogen 15.000 SA-Männer in einem Fackelzug durch das Brandenburger Tor, vorbei an der nahen Reichskanzlei. Und Hitler versprach, daß ihn lebendig niemand mehr aus dieser Reichskanzlei herausbringen würde.

Für die Künstler in Heidelberg änderte sich zunächst nicht viel. Programmgemäß kam es am 19. Februar 1933 zur Premiere der Wagner-Oper »Der fliegende Holländer« mit Peter Anders als Steuermann. Norbert Schultze hatte die Chöre einstudiert. Anders sang das Steuermannslied in der von ihm schon gewohnten Frische. Von ihm war eine so treffliche Leistung, »waren so opernunmittelbare, um ihrer selbst willen singende Töne erwartet worden«, wie ein Kritiker bemerkte.

Am 3. März 1933 sang Peter Anders in R. Dellingers Operette »Don Cesar« die Partie des Königs mit seiner prächtig klingenden Tenorstimme, »dessen Singen einen sich steigernden Genuß bedeutet« (Heidelberger Neueste Nachrichten).

Dann erhielt Peter Anders von der Schallplattenfirma Telefunken eine Einladung zu Aufnahmen in Berlin. Während seines Studiums bei Prof. Grenzebach hatte er dessen Neffen, Herbert Grenzebach, kennengelernt, der Aufnahmeleiter bei Telefunken war. Schon während der Studienzeit hatte Peter Anders Grenzebach zu einer Schallplattenprobe aufgesucht und damals das Lied »Du bist nicht die Erste« gesungen. Die Aufnahme ist in Privatbesitz erhalten geblieben. Herbert Grenzebach sagte über diese Probeaufnahme: »Schon damals konnte die Feststellung getroffen werden, daß seine stimmlichen Qualitäten zu den höchsten Hoffnungen berechtigten.«

Sicherlich trug auch die politische Entwicklung in Deutschland dazu bei, daß sich die Firma Telefunken für den Nachwuchssänger Peter Anders interessierte. Berühmte Tenöre wie Richard Tauber oder Joseph Schmidt mußten aus politi-

König in »Don Cesar«

schen Gründen das Land verlassen und standen für Schallplattenaufnahmen nicht mehr zur Verfügung. So wollte man sich rechtzeitig nach Ersatz umsehen.

Im März 1933 nahm Peter Anders in den Räumen der Singakademie in Berlin, wo Telefunken das Aufnahmestudio installiert hatte, seine ersten Schallplatten auf. Er sang die beiden Puccini-Arien »Lasset sie glauben« aus »Das Mädchen aus dem goldenen Westen« und »Wo lebte wohl ein Wesen« aus »Manon Lescaut«. Begleitet wurde er von den Berliner Philharmonikern unter Wilhelm Franz Reuß.

Anschließend folgte die Aufnahme eines Querschnitts durch die Johann-Strauß-Operette »Die Fledermaus«, mit Erna Berger, Elisabeth Friedrich, Anni Friend und Eugen Fuchs sowie dem Chor des Deutschen Opernhauses Berlin. Begleitet wurde dieses Ensemble ebenfalls von den Berliner Philharmonikern, wiederum unter Reuß.

Nach Heidelberg zurückgekehrt, fand Peter Anders eine Einladung des Südwestfunks vor, der damals seinen Sitz in Frankfurt/M. hatte. Anders sollte an zwei »Bunten Abenden« im damals so genannten »Saargebiet« singen. Samstags gastierte der Rundfunk im Flottensaal in Dillingen, sonntags im Saalbau in Saarlouis. Die Töne waren schon andere geworden. In seiner Begrüßung wies der Redner, ein Saarländer, auf den innigen Konnex zwischen »uns und dem deut-

*Peter Anders beim Vorsingen
im Aufnahmestudio
von Telefunken in Berlin 1933*

schen Rundfunk hin« und sah in ihm den Mittler mit »unserem Mutterlande und über den Äther als Künder von Wahrheit und deutschen Volkstums«.

Peter Anders sang – davon unberührt – das Wolgalied aus »Zarewitsch« und »entfachte tosende Beifallstürme« (Dillinger Anzeiger). Eine seiner Partnerinnen war Erna Sack vom Stadttheater in Wiesbaden, die über ein Jahresengagement in Breslau 1935 zur Dresdener Staatsoper ging und später als die »deutsche Nachtigall« berühmt werden sollte.

Nach den März-Wahlen 1933, bei denen die Nationalsozialisten angesichts einer schon nicht mehr vorhandenen Opposition einen dennoch schmeichelhaften Wahlsieg errungen hatten, verfestigte sich die Macht der neuen Herren in Deutschland. Auch die Bühnen wurden von nicht in die Parteilinie passenden Personen »gesäubert«. Nachdem in Darmstadt Generalintendant Hartung abgelöst worden war, schrieb Peter Anders am 24. März 1933 aufgeregt nach Darmstadt, ob denn sein bereits abgeschlossener Vertrag noch Gültigkeit habe. Postwendend kam die Antwort aus Darmstadt:

Sehr geehrter Herr Anders!
Auf Ihr Schreiben vom 24. 3. teile ich Ihnen mit, daß der mit Generalintendant Hartung für die Spielzeit 1933/34 abgeschlossene Vertrag natürlich auch unter den ver-

*änderten Verhältnissen seine Rechtsgültigkeit bewahren wird. Wir freuen uns sehr
auf die Zusammenarbeit im nächsten Jahr.*
Mit vorzüglicher Hochachtung

Hans Baumeister.

Die letzte Opernpremiere für Peter Anders in Heidelberg war Puccinis »Madame
Butterfly«, aufgeführt am 30. März 1933. Die musikalische Leitung hatte Norbert
Schultze. Peter Anders sang erstmals den Linkerton. Wie beim Nureddin im »Barbier von Bagdad« ist auch über dieses Rollendebüt von Peter Anders spekuliert worden, ob es nicht viel zu früh gekommen sei. Hierüber zu streiten ist müßig,
da es der Stimme und ihrer weiteren Entwicklung offenkundig nicht geschadet hat.
Peter Anders war klug genug, seine stimmlichen Mittel zurückhaltend einzusetzen.
Er hütete sich vor stimmlichen Gewaltproben und fand hierfür auch beim Publikum
und bei der Kritik Anklang. So schrieb das Heidelberger Tageblatt am 31. März
1933: »Eine Freude war auch gestern wieder der stimmschöne Linkerton Peter Anders.« Allerdings gab es auch kritische Anmerkungen, vor allem nach einem Gastspiel der Heidelberger Oper im April in Weinheim: »Peter Anders als Leutnant Linkerton hat eine sympathische Stimme; sie ist jedoch zu klein und wurde oft tot gespielt von den dieser Oper unbedingt zugehörigen dynamischen Steigerungen«.

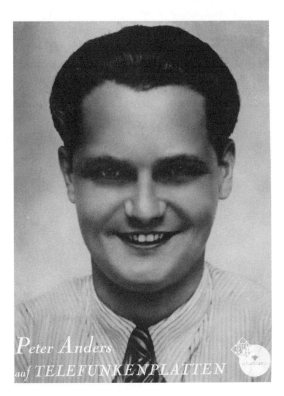

*Werbeplakat nach dem
ersten Schallplattenvertrag
mit Telefunken*

Hierbei könnte aber auch der fremde Aufführungsort in Weinheim eine Rolle gespielt haben. Da Peter Anders ja noch über keine allzu große Bühnenerfahrung verfügte, könnte er bei ungewohnter Akustik durchaus Probleme gehabt haben und unsicher darüber gewesen sein, wieviel Ton er geben mußte.

Hohes Lob der Kritik erntete übrigens Kapellmeister Norbert Schultze: »Mit etwas Beklemmung las man: Musikalische Leitung: Norbert Schultze. Man muß nach der gestrigen Butterfly-Aufführung sein Urteil ehrlich revidieren. Herr Kapellmeister Schultze leitete mit ungemeiner Umsicht und Sicherheit die Aufführung und führte das Orchester mit verblüffender Routine.«

Peter Anders hatte sich mit dem jungen Dirigenten, mit dem er einen Teil seiner Heidelberger Rollen einstudiert hatte, besonders angefreundet. Die beiden jungen Leute heckten auch so manchen Theaterstreich aus. Als Anders im April in einer Schauspielaufführung, einem »Frontstück«, »Die endlose Straße«, eine kleine Rolle als Schauspieler übernommen hatte, ließ er einige Tage später den Kapellmeister Schultze in einer Art Freundschaftsdienst für sich auftreten.

Peter Anders hatte sich in den sieben Monaten Spielzeit in Heidelberg vom Tenorbuffo zum lyrischen Tenor gewandelt, der als Nachwuchssänger zu großen Hoffnungen berechtigte. Die stets vorzüglichen Kritiken, seine Verpflichtung als Schallplattensänger und seine Auftritte im Rundfunk bestätigten dies. Im Mai 1933 setzte der Südwestfunk seine Tournee durch das »Saargebiet« fort. Peter Anders sang an zwei Abenden in Elversberg populäre Operettentitel wie »O Mädchen, mein Mädchen« und zusammen mit Anni Friend von der Städtischen Oper Berlin das Butterfly-Duett, und in Neunkirchen zwei Rigoletto-Arien »Freundlich blick ich« und »O wie so trügerisch«. Mit dabei war auch wieder Erna Sack.

Doch diese frühen Erfolge konnten nichts daran ändern, daß mit Ablauf der Winterspielzeit auch sein Heidelberger Vertrag abgelaufen war. Peter Anders war arbeitslos.

»Nach sieben Monaten Spielzeit blieb mir nichts anderes weiter übrig, als mit unzähligen anderen Berufskollegen in Berlin stempeln zu gehen. Es sah beinah so aus, als sollte mein Vater mit seiner Sorge um meinen Beruf doch recht behalten«, berichtete Peter Anders einige Jahre später über diese seine damalige Lage. »Dann aber überraschte mich mein Heidelberger Intendant eines Tages mit einem Angebot nach München. Ich durfte dort für vier Wochen mit gutem Erfolg den »Vetter aus Dingsda« spielen.«

Der Heidelberger Intendant Erwin Hahn war in Personalunion auch Direktor des Volkstheaters in München. Er hatte auf dieser Bühne eine Serie von Volksstücken auf den Spielplan gesetzt. Die Operette »Der Vetter aus Dingsda« beschloß die Sommerreihe dieser Volksstücke. Regie führte der ebenfalls aus Heidelberg stammende Erich Alexander Winds, die musikalische Leitung hatte Norbert Schultze. Er hatte dem Intendanten Hahn empfohlen, doch den jungen Peter Anders als »Fremden« bzw. »Vetter« zu engagieren.

Die Aufführungsserie, deren Premiere am 11. Juli 1933 stattfand, wurde für Peter Anders ein schöner Erfolg. So schrieb die Münchener Zeitung am 12. Juli

1933: »Peter Anders, der sich unter falschem Namen in Julias Herz einschleichende ›Wandergesell‹, fiel sehr angenehm auf durch seine wohltuende und klare Stimme.«

Sehr vorausschauend urteilte das »Neue Wiener Journal« vom 16. Juli 1933: »In dem noch jugendlichen Anders stellte sich uns ein lyrischer Tenor vor, dem wir heute schon eine große Zukunft voraussagen dürfen – man merke sich gut seinen Namen.«

Darmstadt

Am 21. August 1933 begann Peter Anders seine Tätigkeit in Darmstadt. Laut Vertrag war er als »lyrischer und Spieltenor mit der Verpflichtung zur Übernahme von Buffo- und Operettenpartien« engagiert. Sein Honorar von monatlich 300 Reichsmark war für die Mitwirkung in 120 Vorstellungen bemessen.

Noch vor Antritt seines Dienstes teilte er dem Generaldirektor mit, daß die Fa. Telefunken ihn für diverse Schallplattenaufnahmen verpflichtet hatte. »Da ich dieselben jedoch nicht alle vor meinem Engagement nach Darmstadt tätigen kann, komme ich heute mit einer großen Bitte, für deren Erfüllung ich außerordentlich dankbar wäre. Ist es möglich, daß ich Ende dieses Monats bzw. Anfang des nächsten Monats auf einen Tag nach Berlin fahren könnte, zwecks der Schallplattenaufnahmen?«

Seinem Wunsch wurde entsprochen. Jedesmal, wenn er zu Schallplattenaufnahmen in Berlin war oder im Rundfunk sang, wurde ihm von seiner Gage ein Betrag von 10 Reichsmark pro Tag einbehalten.

Die Verpflichtung nach Darmstadt brachte für Peter Anders noch aus anderem Grunde Anlaß zur Freude: Susi Gmeiner, seine Studienkollegin und Freundin aus Berliner Tagen, war ebenfalls an das Darmstädter Theater engagiert worden.

Die Heidelberger Kollegin Friedel Grosse besorgte Peter Anders während ihrer Ferienzeit in Darmstadt ein Zimmer in der Peter-Gemeinder-Straße 8 (seit 1945 Wilhelminenstraße), mitten in der Stadt, in Fußwegnähe zum Theater. Ende August zog Peter Anders in sein neues Domizil ein und begann mit den Probenarbeiten für seine erste Darmstädter Rolle, den »Fenton« in Nicolais Oper »Die lustigen Weiber von Windsor«.

Das Hessische Landestheater Darmstadt verfügte über eine beachtliche Operntradition. Erich Kleiber war hier von 1912 bis 1918 als Kapellmeister tätig. Intendant von 1924 bis 1927 war Ernst Legal, an der Berliner Musikhochschule einer der Lehrer des Studenten Peter Anders. Sein Nachfolger bis 1931 wurde Carl Ebert, der von 1931 bis 1933 als Intendant an der Städtischen Oper Berlin wirkte und dann Deutschland aus politischen Gründen verließ. Auch Dr. Hans Schmidt-Isserstedt war als Kapellmeister engagiert, und zwar bis 1935. Mit Beginn der Spielzeit 1933 war auch Norbert Schultze, der vorher in Heidelberg gearbeitet hatte, als Kapellmeister verpflichtet worden.

»Die lustigen Weiber von Windsor« waren bereits im Frühjahr 1933 in Darmstadt von Hans Strohbach in Szene gesetzt worden. Wegen des Erfolges wurden sie nun erneut auf den Spielplan gesetzt. Die erste Aufführung in der neuen Spielzeit fand am 17. September 1933 statt. Leider war die Anteilnahme beim Publikum diesmal nicht besonders groß, in den Reihen und Rängen gab es große Lücken. Ein leerer oder nur halb gefüllter Zuschauerraum wirkt auf keinen Künstler besonders inspirierend oder leistungssteigernd. Vielleicht war der Erfolg aus diesem Grunde diesmal recht verhalten.

Peter Anders mußte sich von den doch etwas kleinen Raumverhältnissen in Heidelberg mit knapp über 600 Plätzen auf das mehr als doppelt so große Haus in Darmstadt (1.370 Plätze) umstellen. Er hatte damit gewisse Probleme. Die Darmstädter Zeitung schrieb am 19. September 1933: »Von besonderer Wichtigkeit dann noch das erste Auftreten des jugendlich-lyrischen Tenors Peter Anders. Da ist noch nicht alles gelöst; das Spiel noch recht frei, die Stimme noch nicht recht geweitet und dem großen Raum entsprechend füllig. Aber die Töne werden gut geformt. Aufdringlichkeiten, im Bestreben mehr Klang zu geben als vorhanden, werden vermieden; Vorzüge, die man gerne lobend erwähnt. Kommt hinzu, daß die Stimme rein lyrischen Schmelz besitzt und daß man bei der Jugend des Sängers, ernste Weiterarbeit in der Stimmbildung und -entwicklung vorausgesetzt, eine Steigerung der Klangkraft noch erwarten darf. Man wird hier etwas zuwarten müssen. Für heute sei der Hoffnung Ausdruck gegeben, daß die an sich schönen Stimmittel auch größeren Ansprüchen gewachsen sein werden.«

In dieser Aufführung stand ein noch junger Bassist neben Peter Anders auf der Bühne: »... unser Theo Herrmann als unübertrefflicher Sir John Falstaff«, wie das Darmstädter Tagblatt schrieb. Der geborene Wiener, damals 31 Jahre alt, war seit 1927 in Darmstadt tätig. Er wechselte ein Jahr später als erster Bassist an die Staatsoper Hamburg, wo er Jahre später Peter Anders wiedertreffen und mit ihm viele schöne Erfolge gemeinsam feiern sollte, z.B. in »Fidelio« bei den Festspielen von Edinburgh.

Hauptmiete **C** 2. Vorst.   **Großes Haus**   Nr. 7

Sonntag, den 17. September 1933

In neuer Einstudierung

Die lustigen Weiber von Windsor

Komische Oper in drei Akten nach Shakespeare von H. S. Mosenthal — Musik von Otto Nicolai

Musikalische Leitung: Fritz Dohne — Spielleitung und Bühnenbild: Hans Strohbach

Personen

Sir John Falstaff . . . . Theo Herrmann	Frau Fluth . . . . Regina Harre
Herr Fluth ⎱ Bürger von Windsor . . . . . Johannes Bischoff	Frau Reich . . . . Anna Jacobs
Herr Reich ⎰ . . . . . Heinz Schlüter	Anna Reich, ihre Tochter . . . . Susanne Heilmann
Fenton . . . . Peter Anders	Wirt . . . . Rudolf Buchner
Junker Spärlich . . . . Eugen Vogt	Kellner . . . . Heinz Langer
Dr. Cajus . . . . Curt Theo Rißhaupt		

Chöre: Siegfried Wick — Tänze: Hans Macke — Spielwart: Fritz Wilde

Technische Einrichtung: Julius Richter — Beleuchtung: Adolf Weil — Dekorationen gemalt von Franz Langer
Ausführung der Kostüme: Anna Hegt und Viktor Stork

Anfang 19.30 Uhr   Pause nach dem 1. und 2. Akt   Ende 22.30 Uhr

Peter Anders hatte vor seinem Arbeitsbeginn in Darmstadt mit den guten Kritiken in Heidelberg, mit seinen Auftritten im Südwestfunk und mit den Schallplattenaufnahmen bei Telefunken für sich geworben. Vielleicht hatte er dabei im jugendlichen Überschwang seiner gerade 25 Jahre etwas zu dick aufgetragen, vielleicht aber auch bei einigen Kritikern zu große Erwartungshaltungen geweckt. Für den Rezensenten der Hessischen Landeszeitung, einen Herrn P. Bergler-Schröer, war der erste Darmstädter Auftritt des jungen Sängers als Fenton jedenfalls eine Enttäuschung. So schrieb er dem jungen Mann ins Stammbuch:

»Wenn ein Künstler in Vornotizen auf sich hinweist und ne dolle Lippe macht und sagt, man solle in die ›Lustigen Weiber‹ kommen, – gewissermaßen, um *ihn* zu hören – dann erwartet Publikum und Kritik natürlich wirklich sowas wie ein nun neu entdecktes Genie! Wir sahen aber nur einen jungen, fraglos sympathischen angehenden Künstler, der uns vor Genieüberraschungen bewahrte; und wir hörten eine hübsch gekonnte, aber recht kleine rein lyrische Tenorstimme, die sich nicht einmal in der Duoszene gegen die klare junge Stimmkraft der Anna ganz behaupten konnte! Peter Anders wird also den Beweis für seine Selbstanpreisung noch erbringen müssen!«

»Schön und lyrisch« – diese Eigenschaften bestätigten auch die strengsten Kritiker der Stimme des jungen Peter Anders. Wenn sie auch noch nicht in der Lage war, einen großen Raum durchschlagend zu füllen, so war sie doch bestens geeignet für Radio und Schallplatte. Noch vor seinem Engagement in Darmstadt hatte Peter Anders mit Erna Berger in Berlin zwei Lieder aus dem Film »Musik und Liebe« aufgenommen: »Mir hat ein Märchen heut geträumt« und »Nun ist Frieden uns beschieden«. Johannes Müller dirigierte dabei ein Begleitorchester mit Mitgliedern der Berliner Philharmoniker.

Jetzt hielt der Rundfunk neue Aufgaben für Peter Anders bereit. Der Südwestfunk setzte seine Reihe der »Bunten Abende« im Saarland fort. Ursprünglich hatten diese Tourneen wohl den Sinn gehabt, neue Rundfunkteilnehmer im Saargebiet zu werben. Daher war der Verband deutscher Rundfunkteilnehmer stets Mitveranstalter.

Längst dienten diese Veranstaltungen aber einem anderen Zweck, vor allem seit dem 30. Januar 1933: sie waren zu einem politischen Propagandainstrument für eine Rückkehr des Saarlandes ins Deutsche Reich geworden.

Unterstützt wurde die Rundfunkpropaganda in ganz Deutschland insbesondere durch ein im Auftrag des Reichspropagandaministeriums entwickeltes neues Radio-Gerät, den sogenannten »Volksempfänger«. Bei der Eröffnung der 10. Funkausstellung in Berlin im August 1933 wurden bereits an den ersten beiden Tagen 100.000 dieser Rundfunkgeräte verkauft. Die neuen »Radios« sollten in jedem deutschen Haushalt aufgestellt werden, zum Preis von 78 Reichsmark je Apparat.

Das »Saargebiet« war wegen seiner reichen Kohlenvorkommen und seiner Stahlindustrie nach dem 1. Weltkrieg von Frankreich beansprucht, aufgrund des Versailler Vertrages aber für 15 Jahre der Verwaltung des Völkerbundes unterstellt worden. Dann sollte - 1935 - eine Volksabstimmung den Ausschlag geben, ob »die Saar« deutsch oder französisch würde. Die neuen Machthaber in Deutschland versuchten natürlich mit allen Mitteln, die Bevölkerung, die zu 90 % und mehr aus Deutschen bestand, für ein positives Abstimmungsergebnis zu gewinnen. Für den Wiedereintritt des »Saargebietes« in das Deutsche Reich wurde damals mit dem Slogan geworben: »Heim ins Reich!«

Die jungen Künstler dachten wie viele Menschen in jener Zeit, daß dieses Gebiet mit deutscher Bevölkerung eines Tages wieder zu Deutschland gehören würde. Sie fühlten sich keineswegs politisch mißbraucht, erkannten einen solchen Mißbrauch auch garnicht, sondern sie freuten sich über die künstlerische Aufgabe, die ihnen der Rundfunk stellte. Hier bot sich ja nicht nur die Chance, vielen Menschen mit musikalischen Darbietungen Freude zu machen und damit von den tristen Problemen des Alltags abzulenken, sondern auch seinen Bekanntheitsgrad und damit gewissermaßen auch den »Marktwert« zu steigern.

Peter Anders und seine Kollegin Susi Gmeiner waren eingeladen worden, an der Wochenend-Tournee am 25. und 26. September 1933 teilzunehmen. In Bous gab es viel Beifall für das junge Paar: »Susi Mysz-Gmeiner, Koloratur-Soubrette, verfügt über eine anmutige Stimme. Sie sang Arien aus ›Rigoletto‹. Der Tenor Peter Anders vom Hess. Landestheater trug Arien von Puccini vor. Langanhaltender Beifall wurde beiden gezollt«, berichtete das Saarländer Abendblatt am 26. September 1933.

In Merzig sang Susi Gmeiner »Spiel ich die Unschuld vom Lande« aus »Die Fledermaus«. »Ihre Stimme ist auch in den Höhenlagen glockenrein und gut verständlich. Ihr ebenbürtig zur Seite kann man Peter Anders vom Hess. Landestheater erwähnen, der zwei Arien von Puccini formvollendet zu Gehör brachte« (Saarbrücker Landeszeitung).

Es sollte noch einige Zeit dauern, bis Susi Gmeiner und Peter Anders auch in Darmstadt gemeinsam auf der Bühne stehen sollten. In der Neuinszenierung der Operette »Gräfin Mariza« von Emmerich Kalman unter der musikalischen Leitung von Norbert Schultze sang zwar Susi Gmeiner ihre Antrittsrolle in ihrem ersten Engagement, aber den Grafen Tassilo sang nicht Peter Anders, sondern Dr. Heinrich Allmeroth. Als Tassilos Schwester Lisa gewann sich Susi Gmeiner im Fluge alle Herzen. »Echtes Bühnenblut, eine hübsche Stimme, freies klug-beherrschtes Spiel, Humor, graziöse Beweglichkeit lassen keine Anfängerin vermuten und wecken große Hoffnungen«.

Am 12. Oktober 1932 stand Peter Anders als »Owlur«, »ein getaufter Polowezer«, in der Oper »Fürst Igor« von Alexander Borodin auf der Bühne. In der selten gespielten Oper – berühmt sind die Polowezer Tänze – wird der »Owlur« als Charaktertenor bezeichnet.

Peter Anders sang am 8. November 1933 erstmals den »Marquis de Chateauneuf« in »Zar und Zimmermann«. Trotz einer Indisposition wirkte sein Gesang recht frisch. Von neuem zeigte er, daß er seine ausgesprochen lyrische Stimme gut zu behandeln und wirksam einzusetzen verstand. Auch sein Kritiker aus der Hessischen Landeszeitung zollte – diesmal in der Darmstädter Zeitung – Lob: »Peter

Anders bringt in seiner Zierlichkeit so ziemlich alles für den Marquis mit, auch gesanglich; denn der Tenor Anders ist zwar tonlich nicht gerade groß, aber absolut ›lyrisch‹ und technisch bereits sehr gekonnt, so daß derartige rein lyrische Aufgaben durchaus in seinem Bereich liegen.«

Am 11. November folgte »Tiefland« mit dem Tenor Joachim Sattler als »Pedro«. Peter Anders sang den »Nando« und wurde in den Pressekritiken lobend erwähnt. Aber erst in der Oper »Mona Lisa« von Max von Schillings stand er mit Susi Gmeiner gemeinsam in einer Oper auf der Bühne. Susi Gmeiner sang als Dianora entzückend das Rosmarien-Lied, »als echte Tochter ihrer berühmten Mutter verriet sich die Liedersängerin« (Darmstädter Tagblatt). Peter Anders hatte nicht die Rolle des Giovanni de Salviati übernommen, die Dr. Heinrich Allmeroth übertragen worden war, sondern er spielte den Arrigo Oldofredi, einen der Gäste Francescos.

Den Grafen Tassilo sang er am 2. und 9. Dezember 1933 neben seiner »Schwester« Lisa, Susi Gmeiner, mit sicherem Geschmack. »Man hat diesen jungen Tenor ja wohl nicht zuletzt gerade auch zur Verwendung in der Operette an unsere Bühne geholt«, mutmaßte der Kritiker der Darmstädter Zeitung am 11. Dezember. Das ausverkaufte Haus jedenfalls belohnte Peter Anders für seine erfolgreiche Leistung mit verdientem Beifall.

Die Macht der Nationalsozialisten in Deutschland verfestigte sich. Im Juli 1933 wurde die NSDAP zur einzigen legalen politischen Partei Deutschlands erklärt. Alle anderen Parteien wurden verboten oder lösten sich angesichts des politischen Drucks auf. Deutschland wurde gleichgeschaltet.

Am 15. November 1933 kam es zur Schaffung der Reichskulturkammer, in der alle Künstlerverbände und alle in Kunst, Literatur und Wissenschaft Tätigen, Theater- und Filmschauspieler, zwangsweise Mitglied sein mußten. Damit wurde der gesamte Kunst- und Literaturbetrieb in Deutschland unter staatliche Kontrolle gestellt.

Viele Künstler verließen Deutschland, darunter Bruno Walter, Otto Klemperer, Arnold Schönberg, Arnold Zweig, Thomas Mann, Heinrich Mann, Erika Mann, Klaus Mann, Erwin Piscator, Max Reinhardt, Kurt Weill, Helene Thimig, Fritz Lang, Günther Anders, Kurt Gerron, Marlene Dietrich, Lotte Lenya, Richard Tauber, Rosa Valetti, Ernst Deutsch, Harry Liedtke, Elisabeth Bergner, Rudolf Forster, Max Pallenberg, Conrad Veidt, Peter Lorre, Joseph Schmidt und viele andere mehr.

Der Reichskulturkammer unterstellt war die Reichsmusikkammer, zu deren Präsident der Komponist Richard Strauss ernannt wurde. Vizepräsident war Wilhelm Furtwängler. Furtwängler trat bereits ein Jahr später aus Protest gegen das Verbot der Oper »Mathis der Maler« von Paul Hindemith zurück; er legte zugleich seine Ämter als Leiter der Berliner Philharmonischen Konzerte und der Berliner Staatsoper nieder. Richard Strauss brach zwei Jahre später mit den Nationalsozialisten: nach der Uraufführung seiner Oper »Die schweigsame Frau« am 24. Juni 1935 in Dresden (unter Karl Böhm, mit u. a. Maria Cebotari, Mathieu Ahlersmeyer, Kurt Böhme und Erna Sack) wurde die Oper wegen des jüdischen Textdichters Stefan Zweig verboten. Richard Strauss trat daraufhin als Präsident der Reichsmusikkammer zurück.

Im Dezember 1933 wurde Peter Anders von der Generaldirektion gerügt. Lustig, wie er war, hatte er in einer Aufführung der Oper »Mona Lisa« absichtlich einen »Versprecher« gesungen. Daraufhin erhielt er folgende schriftliche Mitteilung:

Herr Peter Anders!
Dem Ordnungsausschuß wird gemeldet, daß Sie in der Vorstellung »Mona Lisa« am 5. 12. 33 anstelle »Giovanni de Salviati« – »Giovanni de Salami« gesungen haben!
Falls Sie gegen diese Meldung Einspruch erheben wollen, werden Sie aufgefordert, dies bis zum .... 1933 auf dem künstlerischen Betriebsbüro zu tun. Verweis, im Wiederholungsfalle ist mit einer Geldstrafe zu rechnen.
Die Generaldirektion

In den Vorweihnachtstagen 1933 veranstalteten die bildenden Künstler in Darmstadt eine Weihnachtsmesse, in deren Rahmen am 20. Dezember in der Haupthalle des Landesmuseums ein musikalischer Nachmittag stattfand. Die prachtvolle Akustik der Halle ermöglichte ausgezeichnetes Musizieren. Peter Anders sang zwei Lieder: »Komm, wir wandeln im Mondenschein« von Peter Cornelius und »Meine Liebe ist grün« von Johannes Brahms. Gerade das mit Zartheit vorgetragene erste Lied klang in dem Raum, der für die Tragkraft seiner Stimme besonders günstig war, außerordentlich schön. Es war das erste Mal, daß Peter Anders als Liedersänger öffentlich auftrat.

Zum Sylvesterabend 1933 spielte das Darmstädter Theater die Operette »Wiener Blut« von Johann Strauß. In Szene gesetzt wurde dieses Werk von Arthur Maria Rabenalt, der später als Filmregisseur bekannt wurde. Susi Gmeiner wußte als Pepi zu gefallen, da sie für solche Rollen über das nötige Talent und Temperament verfügte. Peter Anders trat stimmlich hervor, wirkte aber nach Meinung eines Kritikers an Humor und persönlichem Einsatz allzu zurückhaltend.

Hatte diese Zurückhaltung bei dem sonst immer lustigen und humorvollen Künstler Gründe? Peter Anders, der sich nach seinen guten Erfolgen in Heidelberg und München in Darmstadt eine weitere Steigerung seiner Karriere erwünscht und erwartet hatte, spielte die Rolle des Sekretärs des Grafen Zehlau; der Graf wird ebenfalls von einem Tenor verkörpert. Und dieser Tenor war Joachim Sattler, fast 19 Jahre älter als Peter Anders und bereits seit 1929 in Darmstadt. Er war in den Jahren 1928 bis 1931 bei den Bayreuther Festspielen aufgetreten, als »Melot« in »Tristan und Isolde« und als »Froh« im »Rheingold«. Er, dessen Organ metallisch und kraftvoll war, hatte vor wenigen Wochen als Pedro in »Tiefland« einen großen Erfolg auch beim Publikum gefeiert. Nun sang er in Darmstadt den Siegfried in »Götterdämmerung«, und zwar am 30. Dezember 1933 und am 1. Januar 1934. Da hatte sich Peter Anders erhofft, wenigstens in der Premiere von »Wiener Blut« am 31. Dezember die Tenor-Hauptrolle spielen zu können. Doch

Peter Anders und Susi Gmeiner in »Wiener Blut« in Darmstadt

Joachim Sattler beherrschte in Darmstadt die Szene. Da war es für Peter Anders besonders schwer, wenn nicht sogar aussichtslos, sich durchzusetzen.

Er selber hat sich zu dieser Situation kurze Zeit später einmal geäußert: »Ich weiß, ich war damals nicht gerade vom Glück verfolgt. Ich habe mir trotz meiner verhältnismäßig schnellen Karriere doch immer alles schwer erarbeiten müssen. In Darmstadt konnte ich gegen einen Erfolgskollegen einfach nicht aufkommen, ich fühlte mich von Tag zu Tag weniger wohl in meiner Haut, und nach einem Jahr zog ich endlich die Konsequenzen und kündigte, weil ich einsah, daß mein Bleiben für mein künstlerisches Fortkommen gar keinen Sinn mehr hatte.«

Der gemeinsame Auftritt von Susi Gmeiner und Peter Anders in der Operette »Wiener Blut« sollte für das Schicksal der beiden von besonderer Bedeutung sein. Beide verband bisher neben der kollegialen Bekanntschaft von der Musikhochschule Berlin und dem gemeinsamen Engagement in Darmstadt eine herzliche Freundschaft, nicht mehr. Bei der Aufführung von »Wiener Blut« sprang der Funke jedoch über. In dem Werk gibt es eine Szene, in der sich das Paar mit den Fingerspitzen berührt. Frau Anders hat dies als den Augenblick bezeichnet, in dem es »gefunkt« habe, in dem aus Freundschaft Liebe wurde.

Am 23. Januar 1934 ersang sich Peter Anders im Kleinen Haus in der Neueinstudierung von Donizettis Oper »Don Pasquale« als Ernesto einen schönen Erfolg. Regie führte wieder Arthur Maria Rabenalt, die musikalische Leitung hatte Fritz Bohne.

Zwar meinte die Darmstädter Zeitung, Peter Anders bliebe etwas in der Schablone stecken, aber der nicht eben großen, aber gut geführten Stimme begegne man dabei nicht ungern. Freundlicher urteilte das Darmstädter Tagblatt: »Ernesto befand sich bei Peter Anders in bester Hand, eine naive, lyrische Partie, die ihm vortrefflich liegt. Darstellerisch wie gesanglich von gleich vortrefflicher Gewandtheit und Sicherheit.«

Inzwischen war Peter Anders zu Schallplattenaufnahmen mehrmals in Berlin gewesen. Mit dem Orchester der Städtischen Oper Berlin unter Wilhelm Franz Reuß nahm er die beiden Puccini-Arien aus »Turandot«, »O weine nicht, Liu« und »Keiner schlafe«, auf, ferner einen Rigoletto-Querschnitt mit Hans Reinmar, Nenny Bischof und Else Ruziczka, die sich ab 1934 Else Tegethoff nannte. Ihr Mann war der in Darmstadt tätige Regisseur Hans Strohbach, der später nach Dresden ging.

Im Januar 1934 spielte Peter Anders mit dem Orchester Hans Bund einige Potpourris und Unterhaltungstitel, darunter die Erfolgsschlager »Mein Herz ruft immer nur nach dir, o Marita« von Robert Stolz und »Tausend rote Rosen blühn« von Willy Meisel, ein.

Am 8. Februar 1934 war für Peter Anders ein besonderer Tag. Im Großen Haus in Darmstadt sang er erstmals die Partie des Märchenprinzen Tamino in Wolfgang Amadeus Mozarts Oper »Die Zauberflöte«. Für Peter Anders hatte dieses Rollendebüt eine große Bedeutung, weil er hier erstmals die Operngestalt verkörperte, die zur zentralen Bühnenfigur seiner gesamten Laufbahn als Sänger werden sollte.

In der Premiere der »Zauberflöte« am 12. Januar 1934 unter der Spielleitung von Hans Strohbach und der musikalischen Leitung von Karl Friedrich stand Dr. Heinrich Allmeroth als »Tamino« auf der Bühne, zusammen mit Theo Herrmann als »Sarastro«, Clara Ebers von der Frankfurter Oper als »Königin der Nacht«, Maria Reining als »Pamina« und Johannes Drath als »Papageno«.

Bei der Aufführung am 8. Februar übernahmen Peter Anders und Erna von Georgi (ebenfalls eine Rollendebütantin) die Partien des Liebespaares Tamino und Pamina. Es war für Peter Anders nicht der Sensationserfolg, den angeblich andere Sänger immer wieder bei einem Rollendebüt erleben, kein Wunderauftritt, der ihn in die erste Reihe der Tenöre in Deutschland katapultiert hätte. Nein, auch den Tamino und den Erfolg damit mußte sich der Sänger – wie so viele andere Partien – hart erarbeiten.

Das erstmalige Singen einer Rolle und das Zusammenspiel mit den anderen Sängern innerhalb eines Spielrahmens löst bei jedem Künstler, vor allem aber noch jungen und verhältnismäßig unerfahrenen, neben dem stets mehr oder weniger vorhandenen Lampenfieber zusätzlich gewisse Hemmungen, man kann sagen ein Premierenfieber, aus. Dies führt manchmal zu einem zaghaften, zu zaghaften Angehen der gestellten Aufgabe. Wenn es sich dabei um eine so wichtige Operngestalt wie den Tamino handelt, dürfte die Anspannung und Konzentration bei jedem Rollendebütanten besonders – um nicht zu sagen: extrem – hoch sein. Daß Peter Anders seine Aufgabe in Darmstadt zufriedenstellend, von der Kritik freundlich bedacht, löste, zeugt von seiner in kurzer Zeit gewonnenen Bühnensicherheit und von seinem Vertrauen in seine für solche Aufgaben bestens geschulte Stimme.

Die vorliegenden Kritiken waren überwiegend positiv, aber, wie schon öfters bei seinen Darmstädter Rollen, mischte sich auch bei der Beurteilung seines Tamino eine besonders negative Stimme ein. Es war der Kritiker der Hessischen Landeszeitung, derselbe Kritiker, der von Anders bereits bei seiner Antrittsrolle als Fenton »vor Genieüberraschungen bewahrt« worden war, der am 9. Februar schrieb: »Anders weiß mit dem Tamino nichts Rechtes (noch nichts Rechtes) anzufangen; er steht an der Peripherie dieser Partie; schauspielerisch sogar sehr! Stimmlich ist dieser Tamino sehr schmächtig, und für das große Haus zu leicht, weil der Tenor wohl durchaus lyrisch ist, aber nicht hinreichend tragende Kraft besitzt. Ist diese Tamino-Besetzung ein Experiment? – Dann eins, daß den Gesamteindruck der früheren Aufführungen der ›Zauberflöte‹ mindert ...«

Sehr positiv und in die Zukunft weisend war die Kritik im Darmstädter Tagblatt vom 9. Februar 1934: »Hier ebenfalls zum ersten Male sang Peter Anders

»Sein Schatten« mit
Susi Gmeiner in Darmstadt

Mittwoch, den 27. Juni 1934

Zum erſten Male

Sein Schatten

Deutſche Spieloper in drei Akten von Friedrich von Flotow
Textliche Bearbeitung von Herbert Scheffler — Muſikaliſche Neugeſtaltung von Siegfried Scheffler
Muſikaliſche Leitung: Fritz Bohne — Spielleitung: Eugen Vogt — Bühnenbild: Werner Lergen

Perſonen

Chriſtoph, Bildſchnitzer . . . . . Peter Anders	Dr. Hüſchli, Arzt . . . . Johannes Drath
Baronin von Weiſenberg, Schloßherrin Suſi Gmeiner	Sädele, Amtmann . . . . Heinrich Kuhn
Jeanne . . . . Erna von Georgi	Ein alter Sergant . . . . Kurt Theo Ritzhaupt

Chor: Burſchen und Mädchen der Beſitzung Weiſenberg — Schauplatz: Rand des ſübl. Schwarzwaldes — Zeit: gegen 1799

Chöre: Siegfried Wick — Spielwart: Fritz Wilde

Techniſche Einrichtung: Julius Richter — Beleuchtung: Adolf Weil — Dekorationen gemalt von Franz Langer
Ausführung der Koſtüme: Anna Hegt und Viktor Storck — Perücken: Willy Schreiber

Anfang 19.30 Uhr   Pauſe nach dem 2. Akt   Ende gegen 22 Uhr

---

den Tamino. Er überraschte durch eine vortreffliche, sichere Leistung von Format. Es ist das Beste, was wir seither von ihm hörten. Als ein echter Mozartsänger, als der er sich offenbarte, dürften sich ihm große Aussichten eröffnen.«

Peter Anders hatte bislang in den beiden Spielzeiten in Heidelberg und Darmstadt als Anfänger und sich etablierender Nachwuchssänger immer nur Rollendebüts gegeben. Jede Aufgabe für ihn war neu, jede Rolle mußte neu einstudiert und im wahrsten Wortsinn erarbeitet werden. Dieser Tamino bedeutete sozusagen den Abschluß der Lehrjahre; es war eine Art »Gesellenstück«.

Der Papageno auch dieser Aufführung war Johannes Drath, dessen feine Musikalität gelobt wurde. In der Oper »Sein Schatten«, die wenige Wochen später aufgeführt wurde, stand Johannes Drath als »schön singender und warmfühlender Freund und Seelenarzt Dr. Hüschli« erneut neben Peter Anders auf der Bühne. Er sollte Jahre später bei der letzten Premiere von Peter Anders in Hamburg in »André Chenier« ebenfalls mit dabei sein.

Die »Königin der Nacht« war Clara Ebers. Über die Stationen Karlsruhe, Mönchengladbach und Düsseldorf war sie 1928 an die Oper in Frankfurt am Main gekommen, wo sie bis 1944 blieb. Nach dem Kriege wechselte sie als erste Sopranistin an die Hamburgische Staatsoper, wo sie Peter Anders, mit dem sie in Gastspielen auch schon in Hannover auf der Bühne gesungen hatte, wiedertraf.

Am 3. März 1934, einem Samstag, kam im Großen Haus die Oper »Die Legende vom vertauschten Sohn« mit der Musik von Gian Francesco Malipiero und dem Text von Luigi Pirandello in Anwesenheit des Komponisten und vieler hoher Gäste im nahezu ausverkauften Hause zur »süddeutschen« Erstaufführung. Peter Anders, so wurde berichtet, »überraschte durch gute Charakteristiken der Herrn Besserwisser und des Bürgermeisters«.

Die Annahme des Werkes war zwiespältig. Das Darmstädter Tagblatt sprach von einem Achtungserfolg der Schöpfer dieses Werkes und fand die Aufführung ausgezeichnet. Bezeichnend sind dagegen »die Gedanken« von P. Berglar-Schröer, dem uns bekannten Kritiker in der Hessischen Landeszeitung. In diesen »Gedanken« offenbart sich der Zeitgeist in erschreckender Weise. Die Nazis waren gerade ein Jahr an der Macht, da waren die Köpfe vieler Menschen schon »gleichgeschaltet«. Seine Ausführungen sind ein bedrückender Beweis dafür, wie auch die Kultur bereits nach kurzer Zeit vom nationalsozialistischen Denken infiziert war.

Unter der Überschrift »Wir und Pirandello-Malipiero« schreibt der Rezensent: »Wenn wir das ›Wir‹ voranstellen, so nicht aus überheblicher Unbescheidenheit, sondern zur Identifizierung mit dem großartigen Kulturprogramm, das uns der Führer, das uns die Weltanschauung des Nationalsozialismus gegeben hat und immer wieder gibt. Demnach suchen wir natürlich auch in dieser Oper nach dem uns Wesensgemäßen, nach dem für uns gültigen und verbindlichen Kulturwert, nach seiner tiefsten und letzten volkhaften und deutschhaften Bindung aus Blut-Boden-Seele ...

Es tut sich hier jene Linie auf, die literarisch etwa in dem frühen Barlach, musikalisch in der Linie früher Hindemith, Strawinski, Schönberg liegt, die heute aber schon wieder weithin zurückgeschwenkt hat, weil sie in der Gesamtheit des gesund gebliebenen deutschen Volkes damals keine Resonanz fand ...

Ein Vorschlag: Man schicke unser arbeitendes Volk, unsere NSDAP-Leute, unsere einfachen SA- und SS-Männer in diese Oper, oder unsere Bauern, also alle die uns am Herzen liegenden Deutschmenschen, die unsere Zukunft ausmachen: Keiner wird mit dieser Musik etwas Positives anfangen können ...«

Dieses traurige Beispiel eines beflissenen Musikkritikers zeigt, wie leicht Menschen sich politisch verbiegen lassen. In der Sache, also zur Aufführung selbst, kam er allerdings zu dem Ergebnis, daß die Künstler einen Achtungserfolg verbucht hätten.

Am 21. April 1934 sang Peter Anders erstmals den Prinzen Sou Chong in Lehars Operette »Das Land des Lächelns«, die Partie, die der Komponist für seinen Freund Richard Tauber »maßgeschneidert« hatte. Auch hier setzte er sein Organ so geschmackvoll und kultiviert ein, daß er mehrfach Beifall auf offener Bühne erntete. Seine Partnerin als Lisa war die junge Wienerin Maria Reining, die von 1931 bis 1933 als Soubrette an der Wiener Staatsoper und seit 1933 in Darmstadt engagiert war. Über die Zwischenstation München kam sie 1937 wieder zurück zur Staatsoper in Wien. Anders traf sie 1941 in Salzburg und Jahre später in Wien wieder.

Den Prinzen Sou Chong sang Peter Anders im Mai, kurz vor Pfingsten, als Gast der »Pfalzoper« Kaiserslautern in Pirmasens. Dabei wurde seine Stimmkultur besonders gelobt und beklatscht. »Endlich mal wieder ein Tenor, der wirklich ein Tenor ist.«

Nach einer erfolgreichen Rundfunktournee durch das Saarland Ende Mai 1934, diesmal wieder mit Erna Sack, und weiteren Plattenaufnahmen in Berlin (Querschnitt durch »Zigeunerbaron« mit Anita Gura) gab es am 27. Juni 1934 die letzte Premiere für Peter Anders in Darmstadt: Flotows selten gespieltes

Opernwerk »Sein Schatten«. Peter Anders sang den Christoph recht schön und lyrisch; über Susi Gmeiner in der Rolle der Baronin schrieb das Darmstädter Tagblatt: »Wir mußten uns erst ein wenig daran gewöhnen, Susi Gmeiner in einer so würdigen Rolle zu genießen, die gar keine Veranlassung zu einem Kopfstand oder ähnlichem gibt, aber sie sang und spielte sehr herzlich und ansprechend.«

In »Sein Schatten« standen Peter Anders und Susi Gmeiner zum letzten Male gemeinsam auf der Opernbühne. Der junge Tenor hatte für die Spielzeit 1934/35 einen Vertrag mit der Oper Köln abgeschlossen, während Susi Gmeiner an das Theater von Stettin verpflichtet wurde. Dies bedeutete für das junge Paar, das längst beschlossen hatte, zu heiraten, zunächst eine schmerzliche Trennung.

Köln

> »Im Rhein, im heiligen Strome,
> Da spiegelt sich in den Well'n,
> Mit seinem großen Dome,
> Das große heilige Cöln.«

Diese Zeilen aus Heinrich Heines »Lyrischem Intermezzo«, von Robert Schumann in dem Liederzyklus »Dichterliebe« vertont, wurden offiziell nicht mehr geduldet, als Peter Anders im August 1934 nach Köln umzog. Der Rheinländer Heine war Jude; er war zwar später zum Katholizismus übergetreten, aber für die Nazis war »Jude« keine Frage des Glaubens, sondern eine Frage des »Blutes«. So mußten nicht nur die Beschäftigten im öffentlichen Dienst, sondern auch die Künstler im sogenannten »Dritten Reich« einen arischen Nachweis erbringen.

Das Hessische Landestheater bestätigte dem Kölner Theater im August 1934:

An die
Städtischen Bühnen Köln

Sehr geehrte Herren,
der Opernsänger Peter Anders hat den Nachweis seiner arischen Abstammung restlos erbracht.

Heil Hitler!
gez. Unterschrift.

Der weiteren Karriere von Peter Anders stand demnach also aus »rassischen« Gründen nichts im Wege.

Das Kölner Opernhaus am Rudolfsplatz (die heutige Oper befindet sich an anderer Stelle am Offenbachplatz) galt nach dem 1. Weltkrieg wegen der Pflege zeitgenössischer Musik als eines der progressivsten Musiktheater in Europa. Von 1917 bis 1924 wirkte hier Otto Klemperer, sein Nachfolger, Generalmu-

41

sikdirektor Eugen Szenkar, ein gebürtiger Ungar, brachte 1925 Prokofjews »Die Liebe zu den drei Orangen« zur deutschen Erstaufführung, unter der Spielleitung von Hans Strohbach. 1926 folgte Béla Bartóks Ballett »Der wunderbare Mandarin« als Uraufführung.

Eugen Szenkar mußte wegen seiner jüdischen Abstammung Köln 1933 verlassen, ging erst nach Moskau und wirkte anschließend zehn Jahre lang in Brasilien als Chef des von ihm gegründeten brasilianischen Sinfonie-Orchesters. 1950 kehrte er nach Deutschland zurück, zunächst als Generalmusikdirektor in Mannheim und dann bis 1960 als Generalmusikdirektor und Opernchef in Düsseldorf.

Peter Anders fand in Köln eine Wohnung in der Herderstraße 8 im Ortsteil Lindenthal. Von hier aus war das Opernhaus mit der Straßenbahn zu erreichen. Bevor er in Köln aktiv werden konnte, hatte er zunächst noch Ärger mit dem Theater in Darmstadt.

Peter Anders hatte von der Bühnengenossenschaft erfahren, daß die aus Anlaß seiner Auftritte im Rundfunk einbehaltene Gage von 10 Mark pro Tag zu Unrecht gekürzt worden war. Er reklamierte die Beträge zurück, die sich inzwischen auf weit über 100 Mark summiert hatten. Als die Geldüberweisung auf sich warten ließ, schrieb er am 19. August 1934 an die Direktion des Darmstädter Landestheaters:

Lieber Herr Waldeck!
Da ich bis heute immer noch nicht im Besitz meiner zu Unrecht in Abzug gebrachten Rundfunk-Tagesgagen bin, muß ich mich heute leider nochmals an Sie wenden, mit der Bitte, doch nunmehr baldigst diese Überweisung zu veranlassen, da ich das Geld dringend *benötige. Falls das Ministerium nicht zahlen will, so müßte ich mich sofort an die Bühnengenossenschaft wenden, damit in der Angelegenheit weitere Schritte unternommen werden.*
In der Hoffnung, daß Sie sich und Ihre Familie recht gut erholt haben, bin ich

mit deutschem Gruß
Ihr
Peter Anders.

Am 21. August teilte ihm der angeschriebene Direktor Waldeck mit, daß er sich noch etwas gedulden müsse, da die Entscheidung des Ministeriums noch ausstehe. Doch Peter Anders hatte einen neuen Grund, sich an Herrn Waldeck zu wenden. Am 23. August 1934 schrieb er:

Lieber Herr Waldeck!
Für Ihre Zeilen vom 21. ds. Mts., mit denen Sie meine Karte vom 19. ds. Mts. so schnell beantwortet haben, danke ich Ihnen sehr. Da Sie *sich nun dieser Sache annehmen, darf ich wohl hoffen, daß die Anweisung der einbehaltenen Tagesgagen recht bald erfolgen wird.*

Leider muß ich heute mit einer neuen Sache zu Ihnen kommen. Und zwar muß ich mich bei Ihnen über die Hauptkasse beschweren. Bis zum heutigen Tage bin ich noch nicht in den Besitz meiner Augustgage gelangt, obwohl ich am 19. ds. Mts. per Postkarte die Hauptkasse darum mahnte, und um schnellste Überweisung bat. Ich muß sagen, daß ich das Schweigen der Hauptkasse und das Ausbleiben der Gage höchst merkwürdig finde. Ich darf Sie wohl auch hier bitten, das Nötigste zu veranlassen, damit ich nun schnellstens in die von mir sehr nötig gebrauchten Geldmittel gelange.

Indem ich mich sehr freuen würde, Sie einmal in Köln begrüßen zu können, bin ich mit deutschem Gruß und Hitlerheil!

Ihr
Peter Anders.

Das bemerkenswerteste an diesem Brief war die ungewöhnliche Grußformel. Nach den bisher üblichen Formeln »Mit vorzüglicher Hochachtung« und »Mit deutschem Gruß« war jetzt das »Heil Hitler« nicht mehr zu vermeiden. Anders hatte offenbar seine Probleme mit den neuen Gepflogenheiten und wählte die Wortneuschöpfung »Hitlerheil«. Wer ihn, den Spaßvogel, kannte, wußte, daß er die ganze Sache nicht so ernst nehmen wollte. Seine entstellte Formel war nichts anderes als eine »Veräppelung« des neuen deutschen Grußes. Zum Glück blieb dies für ihn ohne Folgen.

Das Geld erhielt er übrigens auch noch. Die Gage war auf seinen ursprünglichen Wunsch hin nach Berlin überwiesen worden, er aber war inzwischen schon nach Köln umgezogen. Hier wurde er fürsorglich von seiner Mutter betreut, die zeitweise bei ihm wohnte und ihm den Haushalt führte.

In Köln warteten - bis auf Tamino - ausschließlich neue Aufgaben auf Peter Anders. Der seit Juni 1934 tätige Generalintendant Alexander Spring versuchte, die Tradition der Pflege zeitgenössischer Musik fortzusetzen, soweit sie noch in die veränderte politische Landschaft paßte. Insgesamt 12 neue Rollen studierte Peter Anders in Köln ein, darunter einige »moderne« und zwei Operetten.

Seine Tätigkeit begann am 22. September 1934 aber zunächst einmal mit Carl Maria von Webers romantischer Oper »Oberon«. Walter Felsenstein, der gebürtige Wiener, der als Regisseur in Basel und Freiburg tätig war und nach seinem Kölner Engagement nach Frankfurt/M. ging, später als Chef-Regisseur der von ihm gegründeten Komischen Oper in Ost-Berlin durch bahnbrechende Inszenierungen berühmt wurde, hatte die Oper inszeniert. Die musikalische Leitung hatte Meinhard von Zallinger, der zur Spielzeit 1935/36 an die Münchner Staatsoper ging und der in den fünfziger Jahren an Felsensteins Komischer Oper in Ost-Berlin tätig war.

Peter Anders sang zum ersten Male den Oberon und führte sich mit dieser Partie in Köln gut ein. »Er zeigte klangvolles, gut gebildetes Material und künstlerischen Geschmack, so daß man nach dieser Kostprobe von einer umfassenderen Aufgabe das Beste erwarten darf« (Kölnische Volkszeitung).

Die erwartete und angekündigte größere Aufgabe stellte sich Peter Anders nach einem Auftritt als Leutnant in der Operette »Die Geisha« am 29. September 1934 mit dem Tamino, den er ja bereits in Darmstadt gesungen hatte, damals von der Presse mit zwiespältiger Kritik bedacht. Im Köln gelang ihm mit dieser Partie ein großartiger Erfolg. Übereinstimmend wurden seine Eigenschaften gelobt, die einen Mozart-Tenor auszeichnen: seine sympathische, klangvolle und bewegliche Stimme, seine Musikalität, die Deutlichkeit der Aussprache und sein gewandtes Spiel.

Der Kölner Stadt-Anzeiger schrieb: »Peter Anders, der neue, aus Darmstadt zu uns gekommene Tenor, sang den Tamino. Seine Darstellung hat Charakter und Haltung, überzeugt durch vornehme Ruhe und kluge Beherrschung. Stimmlich bringt er die Voraussetzungen für den echten Mozart-Sänger mit und bedeutet so eine wertvolle und notwendige Ergänzung des Ensembles.«

Der Kritiker des »Neuen Tag«, Albert Schneider, stellte die Gestaltung des Tamino durch Peter Anders an den Anfang seiner Rezension: »Bei der Aufführung von Wolfgang Amadeus Mozarts ›Zauberflöte‹ sang Peter Anders zum ersten Male die Partie des Tamino und bewies mit der überzeugenden Erfüllung seiner Aufgabe seine sängerische und darstellerische Begabung.«

Mit diesem Tamino hatte Peter Anders seine Anfänger- und Lehrjahre abgeschlossen. Er war jetzt schon so gereift, daß er durchaus zu den etablierten Opernsängern gerechnet werden durfte. Alle Eigenschaften, die ihn später so berühmt machten, waren bereits jetzt zu erkennen: der Wohlklang und Wohllaut der Stimme, die Atemtechnik, die geschmackvolle, schlichte Gestaltung einer Rolle, die Musikalität, seine Darstellungskunst und seine Phrasierung und Aussprache. Peter Anders war auf dem besten Wege in eine große Zukunft.

Zu einer vielbeachteten Erstaufführung in Köln kam es am 12. Oktober 1934 mit der Oper »Kleider machen Leute« nach einer Novelle von Gottfried Keller mit der Musik von Alexander Zemlinsky. Die Aufführung war insoweit überraschend, als Zemlinsky ein Komponist polnischer und jüdischer Herkunft war. Nach seiner Zeit als Kapellmeister an der Berliner Krolloper von 1927 bis 1932 war er nach Wien gegangen. 1938, nach dem Anschluß Österreichs, mußte er in die USA emigrieren. Und jetzt, 1934, spielte man in Köln eine seiner Opern, offenbar auf älteren vertraglichen Abmachungen beruhend. Die Inszenierung hatte Erich Bormann übernommen, Meinhard von Zallinger stand am Dirigentenpult.

Auch diese Aufführung wurde zu einem Erfolg für Peter Anders, der als glaubwürdigste Figur unter den Leuten aus Seldwyla und Goldbach als wirklich lyrischer Tenor und guter Darsteller vollstes Lob verdiente. Er schien für die Rolle des Wenzel Strapinski eine besondere Berufung mitzubringen, denn sowohl die feine Lyrik wie die gesangliche Erfassung der Partie waren tief und erschöpfend.

Kritische Töne zu der Aufführung kamen nicht ganz unerwartet vom »Westdeutschen Beobachter«, einem Organ der NSDAP. »Alexander von Zemlinski offenbart trostlos die Ziellosigkeit der Musik der Vorkriegstage und verdeutlicht, in welche Sackgasse, aus der kein Weg zurückführt, man sich verrannt hatte. Es kann nicht unsere Aufgabe sein, durch Reminiszensen-Suche die Teilhabe an diesem Esperanto aufzudecken. Die Zeit ist unerbittlich über diese Art von Musik hinweggegangen, die auch in ihren Entstehungstagen allenfalls die Geltung anempfundener Musik beanspruchen konnte.« So wurde die dem Regime nicht genehme Musik durch entsprechende Kritiken »niedergemacht«.

Die Schallplattenfirma Telefunken hatte die sich immer schöner entfaltende Stimme von Peter Anders ebenfalls erkannt und ihn inzwischen als ersten lyrischen Tenor verpflichtet. Im August hatte er in Berlin mit dem Orchester Hans Bund einige Unterhaltungstitel aufgenommen; die Aufnahmeserie wurde im Oktober fortgesetzt. Die Kölner Oper warb jetzt in ihren Programmheften mit den Telefunkenplatten von Peter Anders. In jedem Programmheft prangte auf der Seite mit den Besetzungslisten die Telefunkenreklame »Peter Anders singt nur auf Telefunken«.

Im November wurden in Berlin ein Troubadour-Querschnitt mit Aulikki Rautawaara, Margarete Klose und Eugen Fuchs und ein sehr schöner Querschnitt durch »La Traviata«, mit Margret Pfahl und wiederum Eugen Fuchs, aufgenommen. Am 26. November 1934, dem Tag der Traviata-Einspielung, folgten zwei Operettenlieder aus »Giuditta« von Franz Lehár, und zwar »Freunde, das Leben ist lebenswert« und »Du bist meine Sonne«, zwei Stücke, die Richard Tauber populär gemacht hatte.

Besonders gut gelangen Peter Anders an diesem Tage die Blumenarie aus »Carmen« und die Arie des Lenski aus »Eugen Onegin«, »Wohin seid ihr entschwunden«, beide mit dem Orchester des Deutschen Opernhauses Berlin unter Dr. Hans Schmidt-Isserstedt. Vor allem die Lenski-Arie gehört zum Schönsten, was Peter Anders auf Schallplatten gesungen hat. Sie gilt heute noch als ein großartiges Dokument seiner vortrefflichen Gesangskunst.

Im November und Dezember 1934 sang Peter Anders die Partie des Liederverkäufers in Puccinis Einakter »Der Mantel« und die Rolle eines »jungen Kavaliers« in der Oper »Das Herz« von Hans Pfitzner.

Dann brachte Alexander Spring »Die Meistersinger von Nürnberg« auf die Kölner Opernbühne. Peter Anders sang den Kunz Vogelsang. Diese Aufführung wurde am 20. Januar 1935 als Festveranstaltung aus Anlaß der Saarabstimmung wiederholt. Vor Beginn der Aufführung sprach Wilhelm Borchert einen Prolog von Dr. Ludwig Mathar. Anschließend wurden je eine Strophe des Saar-Liedes, des Deutschland-Liedes (Nationalhymne) und des Horst-Wessel-Liedes (ein Kampflied der NSDAP) gesungen. In dieser Vorstellung trat als Gast Josef Janko von der Münchener Staatsoper als Ritter von Stolzing auf.

Kontakte zu Peter Anders, der durch seine Schallplatten und durch zahlreiche Rundfunkauftritte schon einem größeren Publikum bekannt geworden war, nahm auch der Kölner Rundfunk auf. Anders sang mehrfach über den Kölner Sender, insbesondere Operettenlieder. Dabei lernte er auch den Bariton Willy Schneider kennen, der nach einem Gesangsstudium am Konservatorium in Köln 1930 als Chor-Bassist vom Kölner Rundfunk verpflichtet worden war. Er wurde als Sänger von Operetten- und gehobenen Unterhaltungsliedern schnell bekannt. Hin und wieder trat er am Opernhaus auch in Baritonpartien auf. Nicht zuletzt auf Anraten von Peter Anders entschloß er sich, etwa ab 1935 als freischaffender Solist aufzutreten. Später machten ihn dann vor allem seine Wein- und Rheinlieder berühmt.

Die Kontakte zum Kölner Rundfunk und zu Willy Schneider hielt Peter Anders über alle Jahre aufrecht; nach einigen Aufnahmen in der Vorkriegszeit, z.B. einem

Opernhaus Köln: Mit Ilse Veith in »Das Glöckchen des Eremiten«

Traviata-Querschnitt, entstanden vor allem nach dem 2. Weltkrieg in Köln eine Reihe hervorragender Opern-, Operetten- und Liederaufnahmen. Mit Willy Schneider war eine gemeinsame Schallplattenproduktion mit Volksliedern fest eingeplant. Dazu ist es jedoch nicht mehr gekommen.

Bei einer weiteren Premiere am 30. Januar 1935 sang Peter Anders die Partie des Sylvain in der Oper »Das Glöckchen des Eremiten« von Aimé Maillart in der Inszenierung von Willi Söllner und unter der musikalischen Leitung von Meinhard von Zallinger. Auch in dieser Aufführung trug Peter Anders den lyrischen Klang seines leuchtkräftigen Tenors ins Spiel, obgleich seine Spielgestaltung einige Wünsche offen ließ.

Peter Anders hatte im Dezember 1934 Kontakte mit dem Intendanten der Städtischen Bühnen Hannover aufgenommen. Am 7. Dezember schrieb er Professor Krasselt folgenden Brief:

Sehr geehrter Herr Professor!
Kurz vor meinem Gastspiel in Düsseldorf am 9. ds. Mts. möchte ich Ihnen vorher noch folgendes mitteilen:
Düsseldorf hat mir vorgestern einen Vorvertrag angeboten und zwar: I. lyrischer Tenor mit 15.000,– Mark Gage. Ich habe diesen Vertrag nicht unterzeichnet, und

46

mir die Entscheidung bis zum Montag, den 10. ds. Mts. ausbedungen, da ich ja sehr stark mit Ihrer Bühne rechne. Sehr geehrter Herr Professor, ich muß Sie nun bitten, sich schon nach meinem Tamino zu entscheiden, da ich die Düsseldorfer nicht länger warten lassen kann. Zu diesem Zweck wäre es gut, wenn wir uns nach der Vorstellung irgendwo treffen könnten, um evtl. zu einem Abschluß zu gelangen.

Indem ich Sie bitte, mir mitzuteilen, wo ich Sie nach der Vorstellung erreichen kann, bin ich

mit deutschem Gruß und Heil Hitler

Ihr sehr ergebener
Peter Anders.

Professor Krasselt antwortete darauf am 17. Dezember:

Sehr geehrter Herr Anders!
Auf unser Telephongespräch sende ich Ihnen hierneben den Vertrag in zwei Ausfertigungen mit der Bitte, sie beide zu unterschreiben und uns umgehend zurückzusenden.

Ich erwarte Sie sobald wie möglich zum Vorsingen. Begreiflicherweise wäre es mir aber lieber, wenn Sie doch noch ein oder zwei Gastspiele absolvieren könnten und ich frage an, ob es Ihnen möglich ist, in der von uns gesetzten Frist den Herzog in Rigoletto zu singen. Als zweite Partie käme vielleicht die Zauberflöte, Butterfly oder Zar und Zimmermann in Frage. Ich darf um umgehende Stellungnahme bitten und bin mit

Heil Hitler
Ihr ergebener
Krasselt.

Der Vertrag sah die Verpflichtung als erster lyrischer Tenor vor und hatte eine Laufzeit vom 1. August 1935 bis 31. Juli 1937. Die Gage betrug 14.000 Reichsmark pro Jahr. Das entsprach dem Gehalt eines Ministerialrates, für einen Sänger von gerade 27 Jahren eine stolze Summe.

Der Vertrag hatte eine Vorbehaltsklausel, wonach Anders entweder vorsingen oder ein oder zwei Gastspiele in Hannover geben sollte. Die Gage für ein Gastspiel sollte 150 Reichsmark betragen, bei zweimaligem Gastspiel zusammen 250 Reichsmark.

Aus Termingründen entschied sich Anders für das Vorsingen, das – welch ein ungewöhnlicher Termin! – am 1. Weihnachtstag 1934 um 16.45 Uhr auf der großen Bühne des Städtischen Opernhauses stattfand. Der Vertrag konnte danach zur neuen Spielzeit in Kraft treten.

Nach der Partie des Baron Kronthal in »Der Wildschütz« von Albert Lortzing und einer Operettenrolle als Graf Baranski in »Polenblut« von Oskar Nedbal stand als nächste Premiere in Köln Puccinis »La Boheme« und damit für Peter Anders das Rollendebüt als Rudolf auf dem Programm.

In dieser Aufführung am 9. März 1935 unter der Spielleitung von Erich Bormann und der musikalischen Leitung von Erich Riede, der bis 1940 in Köln und

Als Herzog in »Rigoletto«

danach an verschiedenen deutschen Bühnen, u. a. Dresden, Nürnberg und Würzburg wirkte, überzeugte Peter Anders mit der schönen Leuchtkraft seines Tenors, doch die Kritiker stimmten diesmal nicht übereinstimmend in das sonst in Köln gewohnte Lob ein. Die Kölnische Zeitung berichtete: »Tonlich dünner (als die Mimi von Henny Neumann-Knapp), aber geschmackvoll sang Peter Anders den Rudolf, der am Schluß des ersten Aktes mit Mimi sogar ein hohes C verhallen ließ.«

Freundlich dagegen bewertete die »Kölner Volkszeitung« die Leistung des Sängers: »Peter Anders, der kultivierte Tenorist, konnte als Rudolf den ganzen Schmelz seiner mühelos strömenden, edlen Stimme entfalten.«

In Köln hatte Peter Anders in Johannes Schocke einen Tenorkollegen, der im dramatischen Fach große Erfolge feierte und der schon früh den Bacchus und den Stolzing gesungen hatte. Die beiden standen im Opernhaus am Rudolfsplatz oft gemeinsam auf der Bühne.

Eines Tages brachte Peter Anders ein Grammophon mit ins Opernhaus, um den Kollegen stolz seine neueste Schallplatte mit der Blumenarie aus »Carmen« vorzuspielen. Alle waren von der Schönheit des Gesangs und der technischen Perfektion der Aufnahme angetan, aber Johannes Schocke deutete nur zur Bühne und meinte: »Ist ja alles gut und schön, nur da draußen mußt Du das singen!« Später sollten sich beide in Hamburg wiedersehen, und da sang Anders dann den Don José auch auf der Bühne.

Interessant ist in diesem Zusammenhang auch einmal ein Blick auf die damaligen Eintrittspreise. Eine Opernkarte kostete zwischen 60 Pfennig und 5 Reichsmark. Bei Premieren gab es einen Aufschlag von 15 Pfennig bis zu einer Mark. Das monatliche Durchschnittseinkommen betrug damals (aufgrund der Notverordnungen gekürzt) etwa 150 bis 200 Mark.

In Köln erlebte Peter Anders auch eine Uraufführung. Am 28. März 1935 inszenierte Generalintendant Alexander Spring die musikalische Legende »Der abtrünnige Zar« von Eugen Bodart. Der Komponist, ein Schüler von Hans Pfitzner und Paul Graener, erst 30 Jahre alt, war Kapellmeister in Weimar. Er wurde ab der Spielzeit 1935/36 Erster Kapellmeister in Köln und wirkte danach in Altenburg, Mannheim und Kaiserslautern. Als Textvorlage für diese Oper diente ihm die gleichnamige Legende von Carl Hauptmann.

Der Erfolg der Aufführung im ausverkauften Hause war groß und nachhaltig. In den starken Beifall am Schluß wurde neben dem Spielleiter und den Sängern auch der Komponist aufgenommen, der mehrfach an der Rampe erscheinen mußte. Peter Anders als der »rechte Bettler« gehörte zusammen mit dem »linken Bettler« Siegfried Tappolet zu den stärksten Eindrücken des Abends. »Ergreifend im schlichten Ausdruck seiner Tenorstimme der rechte Bettler von Peter Anders«, urteilte die Kölnische Zeitung.

Peter Anders fuhr nun fast regelmäßig zu Schallplattenaufnahmen nach Berlin, im Januar, Februar (hier entstanden die beiden Arien aus »Don Giovanni«: »Folget der Heißgeliebten« und »Nur ihrem Frieden«) und im April 1935. Er verband die April-Reise noch mit anderen Aktivitäten in der Hauptstadt.

Zunächst trat er bei einer Telefunken-Matinee in der Plaza zusammen mit Erna Sack auf, dann nahm er am 5. April in der Singakademie u.a. die Bildnisarie aus der »Zauberflöte« auf und hatte schließlich am 7. April 1935 einen aufsehenerregenden Auftritt im Reichsrundfunk. An diesem Tage wurde aus dem Saal 1 des Reichsrundfunkgebäudes an der Masurenallee Tschaikowskys Oper »Legende von der blinden Yolantha« ausgestrahlt. Regisseur Leopold Hainisch hatte für diese Aufführung ausnahmslos junge Künstler engagiert, so Kurt Böhme, Hanns Heinz Nissen, Rudolf Watzke, Maria Cebotari, Margarete Arndt-Ober und Peter Anders als den burgundischen Ritter Graf Vaudemont. Der »Völkische Beobachter« schrieb über diese Übertragung: »Von den Solisten fiel besonders der frische Tenor Peter Anders auf, der auch eine natürliche Spielbegabung mitbrachte.« Und die Deutsche Allgemeine Zeitung sprach von dem »glanzvoll beseelten Tenor« Peter Anders.

Das letzte Rollendebüt in Köln war für Peter Anders der Herzog in Verdis »Rigoletto«. Dann fuhr er erneut zu Schallplatten- und Rundfunkaufnahmen nach Berlin.

Am 23. Juni 1935 übertrug der Reichsrundfunk aus dem Senderaum Berlin die Oper »Djamileh« von Georges Bizet. In diesem wenig bekannten Einakter sang Peter Anders die Partie des Harun. Weitere Mitwirkende waren Adele Kern, Eric

Die Hochzeit am 31. 7. 1935 in Keitum auf Sylt: von links
Ernst Mysz, Lula Mysz-Gmeiner, Susi Gmeiner, Marie Anders, Peter Anders

Wirl und Paul Rehkopf, ferner der Berliner Funkchor und das Funkorchester unter der Leitung von Hans Rosbaud.

Mit der Rolle des Kunz Vogelsang in den »Meistersingern von Nürnberg« verabschiedete sich Peter Anders am 30. Juni 1935 von Köln. Er trat seinen wohlverdienten Urlaub an. Dies sollte ein Urlaub mit einem ganz besonderen Ereignis werden.

Schon zu Beginn der Spielzeit 1934/35 hatte es dem Paar Susi Gmeiner und Peter Anders nicht gepaßt, daß sie nach dem gemeinsamen Engagement in Darmstadt nun getrennt wurden. Peter ging nach Köln, Susi trat ein Engagement in Stettin an. Als Koloratur-Soubrette sang sie hier u. a. das Ännchen im »Freischütz« und die Gilda in »Rigoletto«.

Schon bald merkten beide, daß sie die Trennung nicht lange aushalten würden. Lange Briefe und noch längere Telefonate, die sehr ins Geld gingen, waren kein Ersatz. Auch nicht die kurzen Abstecher nach Berlin, wenn Peter Anders dort zu Schallplatten- oder Rundfunkaufnahmen weilte.

So reifte der Entschluß, daß Susi ihren Beruf aufgeben sollte, damit die beiden zusammensein und heiraten konnten. Die Eltern der Braut, vor allem ihre Mutter, die berühmte Gesangsprofessorin, waren zunächst nicht so recht einverstanden und rieten, doch noch einige Zeit zu warten. Doch nachdem Peter Anders einen Vertrag in Hannover bekommen hatte und sich eine große Karriere immer mehr abzuzeichnen begann, willigten die Braueltern schließlich ein. Susi gab ihr Engagement in Stettin vorzeitig auf und siedelte zu Peter Anders nach Köln über, wo

Auf der Hochzeitsreise

sich der motorsportbesessene Sänger inzwischen sein erstes Auto gekauft hatte. Die Rundfunkhonorare und Schallplattenantiemen hatten es möglich gemacht; der gelernte Bücherrevisor, der mit Geld umzugehen verstand, hatte das finanzielle Risiko gewagt. Mit diesem Auto, einem Opel, unternahm er mit seiner Mutter und Susi Gmeiner zahlreiche Ausflüge in die Umgebung Kölns. Sie fuhren gemeinsam in die Eifel, badeten im noblen Millionärsort Bad Godesberg oder bestiegen den Drachenfels, Oelberg oder Petersberg im Siebengebirge. Hin und wieder besuchten sie die Universitätsstadt Bonn, wo sie Beethovens Geburtshaus besichtigten.

Von Köln aus reiste er auch zu seinem ersten Auslandsgastspiel nach Hilversum in Holland, wo er ebenfalls im Rundfunk auftrat.

Im Sommerurlaub 1935 fuhren Peter Anders und Susi Gmeiner auf die Nordseeinsel Sylt, wo Susis Eltern häufig ihre Ferien verbrachten. Auf Sylt schlossen die beiden dann auch den Bund fürs Leben. Am 31. Juli 1935 wurde das Paar in der aus dem 12. Jahrhundert stammenden Kirche in dem idyllischen Fischerort Keitum in kleinstem Kreise getraut.

Hannover

Mit seiner Frau Susi siedelte Peter Anders im August 1935 nach Hannover über. Sie fanden eine Wohnung in der Wallmodenstraße 18 draußen in Kleefeld.

Nach seiner Eheschließung mußte er gegenüber der Stadt Hannover die arische Abstammung seiner Frau nachweisen. Da Eltern und Großeltern von Susi aus Siebenbürgen stammten, waren alle Urkunden in rumänischer Sprache abgefaßt, so daß diese erst ins Deutsche übersetzt werden mußten.

Seine Frau wurde nun seine Korrepetitorin und begleitete ihn auch ständig auf seinen Gastspiel- und Konzertreisen. Neue Partien studierten die beiden zuerst zu Hause ein, bis sie »saßen«, und dann ging Anders zur Bühne und probte dort im Ensemble.

Mit dem Vertrag in Hannover hatte sich Anders für mindestens acht Vorstellungen im Monat verpflichtet. Für jede zusätzliche Aufführung stand ihm eine halbe Tagesgage zu, etwa 20 Reichsmark.

Das Ehepaar Anders mußte sich nach der Eheschließung im Sommer jetzt in Hannover eine Wohnung völlig neu einrichten. Das kostete natürlich viel Geld. Peter Anders, der in Geldsachen, noch von seinem früheren Beruf beeinflußt, sehr genau war, führte akribisch ein Kontobuch, in das alle Einnahmen und Ausgaben eingetragen wurden.

Die Vorproben in Hannover begannen am 26. August 1935. Nachdem er dem Dramaturgischen Büro der Städtischen Bühnen Hannover im April 1935 sein Repertoire mitgeteilt hatte, »drohte« ihm Professor Krassell im Juni harte Arbeit an: »Ich bedaure, daß Sie keine Zeit gefunden haben, ›Fledermaus‹ und ›Zigeunerbaron‹ vorzustudieren; Ihr Repertoire ist leider sehr klein und Sie werden hier tüchtig arbeiten müssen.«

Anders hatte Lyonel, Belmonte, Faust, Hoffmann und Max vorstudiert. Hoffmann schied aus politischen Gründen aus (der Komponist Offenbach war Jude), Max war für seinen stimmlichen Entwicklungsstand zu früh und Lyonel und Belmonte kamen erst später in Hannover heraus. Vorgesehen waren zunächst Tamino, Fenton, Linkerton, Rudolf, Ferrando, Chateauneuf und Herzog, die er alle schon im Repertoire hatte. Alle anderen Partien mußte er neu einstudieren, so daß er in der Tat »tüchtig« arbeiten mußte.

Seinen ersten Auftritt in Hannover hatte Peter Anders am 4. September 1935 als Tamino in der »Zauberflöte«, und er lieferte gleich bei diesem Debüt eine vortreffliche Probe seiner immer besser werdenden Gesangskunst. Als Nachfolger für den nach Frankfurt gegangenen Willy Treffner galt ihm das ganz besondere Interesse des Publikums und der Kritik. Peter Anders, dem in Hannover schon ein bedeutender Ruf als Tenor voranging, erfüllte die in ihn gesetzten Erwartungen. So bemerkte der Kritiker der Niedersächsischen Tageszeitung: »Der Sänger verbindet mit einer selten frei strömenden Stimme voll echten lyrischen Schmelzes eine geradezu überraschend schöne Aussprache. Zu diesen stimmlichen und gesanglichen Vorzügen gesellt sich eine gewinnende Bühnenerscheinung und ein gelockertes Spiel, das durch seine Unabhängigkeit vom Dirigenten angenehm auffällt, so daß er sich eines besonderen Beifalls erfreuen konnte.«

In dieser Aufführung wirkte Martina Wulf von der Hamburger Staatsoper als »Königin der Nacht« mit großem Erfolg mit. Sie sollte später in Hamburg Ensemble-Kollegin von Peter Anders werden.

Anders wurde im September 1935 gleich in mehreren Partien in Hannover eingesetzt. Zunächst sang er den Fenton in »Die lustigen Weiber von Windsor«.

Ausgaben

Uebertrag	44 84
1 Füllfederhalter	13 50
1 Markenmappe	4 50
1 Satz Küchenschüsseln	1 30
2 Milchschüsseln	– 36
2 Milchtöpfe	1 60
1 Fliegenhaube	1 –
Fahrspesen	2 20
1 Kaffee-Filter	2 75
2 Pack Filterpapier	1 20
1 Handbürste	– 75
1 Kaffeemühle	6 25
1 Halter f. d. Kaffeemühle	2 25
1 Rieselring	– 80
1 Zitronenpresse	– 40
1 Salatbesteck	1 20
1 Taschenlampenbirne	– 20
1 Gasanzünder 7 Steine –.10	– 60
1 Sägemesser	2 –
1 Sparschäler	– 20
1 Schopflöffel	2 25
Uebertrag	90 15

Während der Kritiker der Niedersächsischen Tageszeitung eine »nicht zu überhörende Mattigkeit unseres neuen Tenors Peter Anders« festgestellt hatte, meinte der Hannoversche Kurier am 7. September 1935: »Peter Anders bestätigte in der Rolle des Fenton bestens die von ihm gewonnenen Eindrücke; ja in Beziehung auf den Rhythmus machte der Künstler von seinem Besitz allzu

*Beim Liedstudium
in der Kölner Wohnung*

reichlichen Gebrauch. Aber immerhin: wie seine schlanke wohlgebildete Stimme bei der Stelle ›wir sind verwöhnt‹ die sogenannte Tenorquarte (e, fis, gis, a) in reinem Aufstieg erfüllte, das war schön und meisterlich.«

Einen Tag später folgte der Rudolf in »La Boheme« unter der Leitung des Intendanten Professor Krasselt. Sein bis ins Falsett hinauf strahlender Tenor rechtfertigte die Erwartungen des Publikums. »Den stärksten Eindruck aber vermittelte Peter Anders als Rudolf. Hier war, von Kleinigkeiten abgesehen, alles da, was diese Partie erfordert, eine leichte, schmiegsame, in der Höhe glanzvoll ansprechende Stimme, saubere Beherrschung des Parlando-Gesanges und ein von leidenschaftlichem Empfinden durchpulstes Spiel«, bemerkte der Hannoversche Anzeiger.

Zehn Tage später sang Peter Anders den Herzog in »Rigoletto«, diesmal dirigiert von Felix Oberhoffer. Der Hannoversche Anzeiger kommentierte seine Leistung: »Er hat die Leichtigkeit und auch elementare Kraft der Stimme, die Geschmeidigkeit und in manchen Wendungen der Melodie auch die Eleganz des Belcantisten, der hinreißt und entflammt.«

Anfang Oktober stand der Linkerton in »Madame Butterfly« auf dem Programm, wobei Anders stimmlich und spielerisch sehr zurückhaltend agierte. Als Chateauneuf in »Zar und Zimmermann« zeigte er sich in der hoch liegenden Tenorpartie von vorteilhafter Seite. Seine Hauptleistung war das Liebeslied im zweiten Akt, »Lebe wohl, mein flandrisch Mädchen«, in dem er sein lyrisches Können unter Beweis stellen konnte.

Die Nähe zu Berlin und seine ständigen Schallplatten- und Rundfunkaufnahmen in der Reichshauptstadt machten eine Vielzahl von Reisen erforderlich, die er meist mit dem eigenen Auto durchführte. Die Gelegenheit, in Berlin seine Schwiegermutter Lula Mysz-Gmeiner ständig zu besuchen, führte zu einem regen Gedankenaustausch über Gesang, insbesondere Liedgesang. Peter Anders, der sich bisher immer als »Opernsänger« bezeichnet und dies auch auf seinen Briefbogen eingedruckt hatte, begann nun auch eine Laufbahn als Konzert- und Liedersänger. Durch Schallplatte und Rundfunk bekannt, war er für die Veranstalter bald ein begehrter Konzertsänger. Eines der ersten Konzerte in Hannover war ein Konzert der Reichsmusikkammer für die Förderer der Hausmusik am 9. November 1935 im Festsaal des Künstlervereins. Peter Anders sang Lieder von Richard Strauss.

Wer anders aber als Lula Mysz-Gmeiner hätte den Liedersänger Peter Anders schulen und formen können? So begann für Peter Anders gewissermaßen ein zweites Studium, bei dem ihn seine berühmte Schwiegermutter in die Geheimnisse des Liedgesangs einweihen konnte.

Frau Anders erinnerte sich später sehr gut an diese Phase der Zusammenarbeit zwischen ihrer Mutter und ihrem Mann: »Als mein Mann in Hannover an der Bühne war, hat er sehr viel mit meiner Mutter gearbeitet. Da sind die beiden sehr aneinander geraten. Ich entsinne mich, daß wir sehr oft hinüberfuhren, und ich habe dann am Klavier gesessen und die beiden haben dann kolossal gearbeitet. Ich entsinne mich, daß sie die ›Dichterliebe‹ gearbeitet haben, obwohl deren Aufführung wegen der Heine-Texte damals nicht möglich war.«

Am 12. Oktober fand in Hannover die Premiere der Oper »Donna Diana« zum 75. Geburtstag des Komponisten Emil Nikolaus von Reznicek statt. Peter Anders sang mit frischer, klarer Stimme den Don Cesar, eine Partie, die sonst wenig Gelegenheit bot, sich besonders auszuzeichnen. Dennoch sang und spielte er die Rolle mit beachtlichem Erfolg. Seine Stimme gab vor allem den Ensembles eine sehr wirksame klangliche Profilierung.

Im November 1935 sang Peter Anders den Lukas in Haydns »Vier Jahreszeiten«, die in der Stadthalle in Hannover aufgeführt wurden. Hier holte er vor allem in der Cavatine »Dem Druck erliegt die Natur« zu starken Wirkungen aus. »Seine kraftvolle stimmliche Leistung ist genauso bemerkenswet wie seine zu seelenvoller Verinnerlichung fähige Vortragsweise«, schrieb der Hannoversche Anzeiger am 16. November 1935. Ob sich hier schon erste Erfolge der Zusammenarbeit mit der »Konzertmeisterin« Lula Mysz-Gmeiner zeigten?

Bei einem Abstecher nach Breslau trat er zusammen mit Rosl Seegers beim Wettbewerb der besten Rundfunksprecher im Rahmenprogramm auf. Beim ebenfalls vom Reichssender Breslau übertragenen Karnevalsauftakt im Messehof sang er mit der Sopranistin Elisabeth Friedrich aus Berlin vor 8000 Zuhörern. Zahlreiche Kölner Künstler waren auf Einladung der Organisation »Kraft durch Freude« nach Breslau gekommen, um hier den Karneval populär zu machen, darunter der bekannte Rhein- und Karnevalsliedersänger Willi Ostermann.

In Hannover gab Peter Anders auf der Opernbühne sein Rollendebüt als Matteo in »Arabella« von Richard Strauss, unter der musikalischen Leitung von Professor Krasselt. »Peter Anders sang den Matteo mit erstaunlicher musikalischer Sicherheit und – besonderer Gewinn – mit wirklich jugendlicher Leidenschaft und glanzvoll strahlender Höhe«, äußerte sich die Presse lobend. Er sang den noch von seiner Tätigkeit in Köln bekannten Sylvain in »Das Glöckchen des Eremiten«. Dann stellte er sich dem Hannoverschen Publikum in einer Operette vor. Als Max Haßler trat er in »Der Opernball« auf.

Am 22. Februar 1936 kam es in Hannover zur Premiere von Verdis »La Traviata« in der Einstudierung von Georg Wambach und unter der Leitung von Arno Grau. Peter Anders hatte hier mit der Partie des Alfred ein weiteres Rollendebüt. Er fühlte sich in der schwelgerischen Lyrik der Tenorrolle Alfreds stimmlich blendend wohl. Während der Hannoversche Anzeiger bemerkte, daß Peter Anders hart an die Grenze seiner liebenswürdigen, durch klare Wortbehandlung gehobenen Begabung geführt wurde, der Ton der echten Leidenschaft weder dem Sänger noch dem Schauspieler gegeben zu sein scheine, schrieb die Hannoversche Landpost über seine Leistung: »Peter Anders hatte in seiner großen Partie als Alfred Germont Gelegenheit, sein Belcanto anzubringen. Er sang, besonders vom 2. Akt an, sehr frisch und metallisch. Auch sein Spiel gewinnt mehr und mehr an Sicherheit und Festigkeit. Die Schlußszene hatte sogar dramatische Kraft.« In einer der folgenden Aufführungen war Clara Ebers als Violetta seine Partnerin, mit der er ja bereits in Darmstadt zusammen gesungen hatte.

Bei einem Konzert dreier Hannoverscher Liedertafeln im Kuppelsaal der Stadthalle im März 1936 ersang sich Peter Anders mit seinem wohllautenden Tenor einen schönen, mit viel Beifall bedachten Erfolg mit Schubert-Liedern und Beethovens Liederzyklus »An die ferne Geliebte«. »Seine gleichmäßig schöne, pastose Tongebung, die auch in der hohen Lage keinen Farbwechsel, sondern immer Rundung und Spannung aufweist, nahm in ihrem ungewöhnlichen Reiz und ihrer gesunden Substanz alles in Bann. Auch ausschöpferisch bewegten sich seine Darbietungen auf hoher Stufe«, notierte der Hannoversche Kurier am 3. März 1936. Begleiter des Sängers bei diesem Auftritt war die Pianistin Margarete Bölling.

In der Inszenierung der Mozartoper »Die Gärtnerin aus Liebe« in der Regie von Georg Wambach, musikalisch geleitet von Professor Krasselt, bewährte sich Peter Anders in der Rolle des Belfiore als Mozartsänger von hohen Graden. Sein Belfiore reihte sich würdig an seine Vorstellung als Tamino an. Vortrefflichen Mozartgesang bot Peter Anders auch als Ferrando in »Cosi fan tutte« Ende Mai 1936 bei einem Gastspiel des Opernhauses Hannover anläßlich der Schloßfestspiele in Celle.

In Berlin nahm Peter Anders eine weitere Serie von Schallplatten auf, darunter Querschnitte durch die Opern »Der Freischütz« (mit Ilse Koegel, Carla Spletter und Hanns-Heinz Nissen) und »Der Bajazzo« (mit Karl Schmitt-Walter und wiederum Carla Spletter). Die darin verkörperten Partien des Max und des Canio entsprachen mit Sicherheit nicht dem stimmlichen Entwicklungsstand des Sängers, aber Anders entledigte sich dieser Aufgabe vor dem Schallplattenmikrophon in ansprechender Weise. Auf der Bühne wären diese Rollen zu der damaligen Zeit noch viel zu früh gekommen.

Ein »Martha«-Querschnitt mit Carla Spletter, Else Tegethoff und Hanns-Heinz Nissen lag dagegen durchaus im Rahmen der damaligen Möglichkeiten des Sängers.

»La Traviata« im Opernhaus Hannover: Szenenbild 1. Akt

Susi Gmeiner hatte zwar nach ihrer Heirat mit Peter Anders ihre Bühnenlaufbahn aufgegeben, sie trat aber danach noch bei Konzerten oder vor dem Rundfunkmikrophon auf. Sie wurde sogar zusammen mit ihrem Mann von der Firma Telefunken für eine Schallplattenaufnahme verpflichtet. In der Singakademie in Berlin nahmen die beiden zusammen mit Ilse Koegel, Hanns-Heinz Nissen und den Berliner Philharmonikern unter Hans Schmidt-Isserstedt einen Querschnitt durch die Oper »Mignon« von Ambroise Thomas auf. Susi Gmeiner sang die Philine. Es sollte dies die einzige Schallplattenaufnahme bleiben, auf der Peter Anders und Susi Gmeiner zusammen zu hören sind.

1936 fanden in Berlin die Olympischen Spiele statt. Um sie herum wurde in der Reichshauptstadt natürlich auch ein großes Kulturprogramm angeboten; die Spiele selbst sahen ja neben den sportlichen Wettkämpfen Kunstwettbewerbe vor, bei denen beispielsweise der Komponist Werner Egk, der häufig auch in der Staatsoper dirigierte, für seine »Olympische Festmusik« die Goldmedaille gewann.

Der Reichsrundfunk strahlte während dieser festlichen Sport- und Kunstwochen Nicolais Oper »Die lustigen Weiber von Windsor« für das gesamte Reichsgebiet aus. Es wurde ein vielbeachteter Erfolg, auch für Peter Anders. Über ihn schrieb die Presse: »Den glücklichen Liebhaber sang der Tenor Peter Anders mit aufsehenerregender Leichtigkeit. Man wird sich den Namen merken müssen.« Weitere Mitwirkende waren Margret Pfahl, Wilhelm Schirp, Konstanze Nettesheim und Eduard Kandl als Falstaff.

Nach den Sommerferien begann für Peter Anders die neue Spielzeit mit einer weiteren neuen Aufgabe, dem Lyonel in Flotows Oper »Martha«. Georg

Belfiore in »Die Gärtnerin
aus Liebe«, Hannover

Wambach hatte das Werk in Hannover in Szene gesetzt und Felix Oberhoffer leitete das Orchester. Mit der Arie »Ach, so fromm« ersang sich Peter Anders einen rauschenden Erfolg.

Bei einer Liszt-Feier im Städtischen Opernhaus aus Anlaß des 50. Todestages von Franz Liszt wurde Peter Anders zusammen mit dem Pianisten Walter Giese-king und Generalmusikdirektor Krasselt mit Beifall förmlich überschüttet. In der Faust-Sinfonie sang Anders das heikle Tenor-Solo ganz ausgezeichnet, »mit einer recht starken Verinnerlichung und wunderbar lichter Tonfärbung«, wie der Han-noversche Anzeiger zu berichten wußte.

In der Premiere der Cornelius-Oper »Der Barbier von Bagdad« am 5. Novem-ber kam Peter Anders als Nureddin, eine Partie, die er bereits in seinem ersten Jahr in Heidelberg gesungen hatte, dem Ideal am nächsten: »Sein Nureddin war gesanglich eine sehr schöne geschmeidige Leistung und die Margiana-Rufe des An-fangs glauben wir kaum jemals so innig und warm gehört zu haben«.

Der Monat November brachte für Peter Anders eine Reihe schöner Aufgaben. In Wuppertal-Barmen sang er in einem Konzert des Barmer Sängerchores die Lie-der »Mainacht« und »Von ewiger Liebe« von Johannes Brahms sowie mehrere

Opernarien, darunter die Blumenarie aus »Carmen« und die Bildnisarie aus der »Zauberflöte«. Die Bildnisarie konnte er wenig später, wenn auch nur in Fragmenten, in Berlin bei den Schallplattenaufnahmen zu einem »Zauberflöten«-Querschnitt wiederholen. Am 12. November gelang ihm bei einem weiteren Auslandsgastspiel in Kopenhagen ein schöner Erfolg in Haydns »Die Jahreszeiten«. Berlinske Tidende schrieb: »Am besten an seinem Platz war der junge deutsche Gast Peter Anders. Er ist ein geschmackvoller und kultivierter Sänger mit einem hellen Tenor in bester Ordnung ohne Pressen und ohne Mißlaut«.

Seine glanzvollen Leistungen und seine Erfolge hatten sich in der Fachwelt herumgesprochen. Auch Clemens Krauss, der sich in Frankfurt/M. aufhielt und sich dort auf seine neue Tätigkeit als Opernchef in München vorbereitete, war auf Peter Anders aufmerksam geworden. Bei einem persönlichen Gespräch in Frankfurt hatte Krauss den jungen Sänger auf die Vorzüge einer Tätigkeit in München hingewiesen und ihm klarzumachen versucht, daß er in Hannover ausgenutzt werde. Ausführlich besprachen die beiden seine Einsatzmöglichkeiten in München. Zum Schluß der intensiven Besprechung einigten sie sich auf ein Gastspiel an der Münchener Staatsoper, für das der Münchener Generalintendant Oskar Walleck eine Aufführung von »Martha« am 17. November 1936 vorschlug. Hierfür wurde eine Gage von 400 Mark vereinbart.

Am Tage vor dem Gastspiel sang Peter Anders in München vor. Clemens Krauss besprach mit ihm die Vertragsmodalitäten und vor allem die Gehaltsforderung von 24.000 Reichsmark. Die Aufführung selbst wurde für Peter Anders ein persönlicher Erfolg.

Die Münchener Neuesten Nachrichten berichteten über seinen ersten Auftritt in der bayerischen Metropole: »Peter Anders, der gestern in der Staatsoper in ›Martha‹ gastierte, ist ein Lyonel, der sich hören und sehen lassen kann. Solch jubelnder Beifall, wie er im dritten Akt nach der berühmten Arie ›Ach, so fromm, ach, so traut‹, bei offener Szene, das Haus durchbrauste, klingt nicht alltäglich. Ein echter Tenor! Mit spielender Höhe, metallischem Glanze, leichter Ansprache und von bezaubernder Klangschönheit, bei tadellos reiner Intonation. Im Spiel ausdrucksvoll und von gewinnendem Äußeren, verfügt der Sänger auch über deutliche Aussprache. Sein feiner künstlerischer Geschmack kam darin zum Ausdruck, daß er seine Stimme nie in den Vordergrund drängte. An den Aktschlüssen wurden die darstellenden Künstler lebhaft gefeiert. Es war eine ausgezeichnete Aufführung.«

Clemens Krauss, der dieser Aufführung nicht beigewohnt hatte, ließ sich zwei Tage später die Kritik über das Gastspiel in den Münchener Neuesten Nachrichten und im Münchener Tageblatt in seinem Hotel in Frankfurt am Telefon vorlesen. Er rief daraufhin Peter Anders an und bot ihm einen Zwei-Jahres-Vertrag mit der von Anders gewünschten Gage.

Ein weiteres geplantes Gastspiel in München scheiterte an dem Hannoveraner Intendanten Professor Krasselt. Peter Anders mußte Oskar Walleck absagen: »Ich habe heute mit Prof. Krasselt wegen des Gastspiels im Januar gesprochen und leider negativen Bescheid erhalten. Es tut mir leid, Ihnen für die Premiere der

›Puppe‹ absagen zu müssen. Prof. Krasselt ist natürlich über mein Fortgehen verärgert und zeigt keinen guten Willen«.

Die Vertragsverhandlungen mit München zogen sich noch einmal hin, weil Peter Anders eine Reihe von Ergänzungswünschen hatte. So schrieb er am 4. Dezember 1936 an Intendant Walleck: »Ich bin also für das Kunstfach: Lyrischer- und Spieltenor verpflichtet. Unter der Bezeichnung Spieltenor verstehe ich den Kavalierstenor, wie z. B. Baron Kronthal, Fenton, Chateauneuf, Silvain etc. Niemals jedoch den David, Georg, Jaquino etc,. die ja in das Fach des großen Tenor-Buffo fallen. Ich bitte daher um Bestätigung meiner Auffassung.«

Weiter schrieb Anders im Hinblick auf die vorgesehene Urlaubsgewährung: »Durch meine Tätigkeit am deutschen Rundfunk und ausländischen Radiogesellschaften, ferner durch meine Schallplattentätigkeit bin ich bei einem sehr großen Hörerkreis bekannt und beliebt. Es hat mir diese Tätigkeit etwa 15 bis 18.000 Mark jährlich eingebracht. Mit der Fortsetzung dieser Tätigkeit muß ich natürlich weiter rechnen können. Die Honorare der deutschen Sender und der Schallplattengesellschaften sind jedoch nicht so hoch, daß sie einen derartigen Abzug vertragen, so daß für mich eine Verdienstquelle und ein Renommee verloren gingen, die für mich von größter Tragweite sind.«

Schließlich forderte Anders auch noch die Regelung der Umzugskostenerstattung für sich, seine Frau und das Dienstmädchen.

Nach Rücksprache mit Clemens Krauss teilte Generalintendant Walleck dem Sänger mit Schreiben vom 16. Dezember 1936 mit, daß seinen Wünschen entsprochen werde. Krauss bot ihm jetzt einen vierjährigen Vertrag, wobei sich die Gage im dritten und vierten Jahr auf je 28.000 Mark erhöhen sollte. Außerdem bewilligte Krauss ihm neben einem vierwöchigen Erholungsurlaub und einem vertraglichen Urlaub von vier Wochen noch einen weiteren Urlaub von zwei Wochen, »falls es die Spielplandispositionen erlauben«. Als Umzugskostenpauschale wurde der Höchstbetrag von 840 Mark vereinbart.

Peter Anders unterzeichnete den Vertrag, der für ihn 70 Auftritte pro Jahr in München vorsah, und der eine Laufzeit vom 1. September 1937 bis 31. August 1941 hatte, am 19. Dezember 1936.

Peter Anders hatte sich in kurzer Zeit einen Namen gemacht! Bei seinen Konzerten und in Presseberichten wurde er »als durch Schallplatte und Rundfunk bekannter Sänger« und »als allseitig beliebter Tenor« charakterisiert. Im Dezember 1936 berichtete die Zeitschrift »Signale« im Zusammenhang mit Aufführungen in Hannover und dem dort üblichen Theatergeschehen: »Der jugendliche lyrische Tenor Peter Anders, der in seiner kurzen bisherigen Tätigkeit die Herzen der Hannoveraner dank seiner prachtvollen Stimme schnell gewonnen hat, geht leider mit Ende der Spielzeit an die Münchener Oper«.

Den Jahresausklang 1936 verbrachte Peter Anders am Silvesterabend auf der Operettenbühne. Als Gutsverwalter Klaus Engelberg in »Die Dorothee« von Arno Vetterling. Nach den Presseberichten ersang er sich dabei den stärksten Erfolg des Abends. Kein Wunder bei der sich immer schöner und strahlender entfaltenden Stimme.

Während der Zeit in Hannover war die Stimme von Peter Anders so gereift und hatte sie sich so entwickelt, daß er nun zur ersten Garde der Tenöre in Deutschland gehörte. Am 18. Januar 1937 erhielt er einen Anruf von der Intendanz der Berliner Staatsoper. Der Tenor Franz Völker, der einen Tag später den Tamino singen sollte, war erkrankt. »Ob er einspringen könne?« – Was muß in diesem Augenblick in Peter Anders vorgegangen sein? Ein Angebot zu einem Auftritt in der Berliner Staatsoper – ein Traum erfüllte sich! Der Traum des lernenden Bücherrevisors und Gesangschülers, der oftmals an der Staatsoper vorbeiging und sehnsuchtsvoll die Programme studierte und sich fragte, ob sein Name jemals auch eines Tages in diesen Kästen hängen würde – dieser Traum erfüllte sich!

Am 19. Januar 1937, Peter Anders war gerade 28 Jahre alt, sang er erstmals in der Oper Unter den Linden, als Tamino in der »Zauberflöte«. Das Debüt in der Berliner Staatsoper und dies auch noch mit der Gestalt des Märchenprinzen Tamino – das war der absolute Höhepunkt in seiner bisherigen Karriere.

Er löste seine Aufgabe als Tamino so gut, daß ihm Heinz Tietjen weitere Auftritte in Berlin in Aussicht stellte. Nun meldete sich auch Karl Böhm aus Dresden, der den jungen Gesangstar gerne in der Semper-Oper auftreten lassen wollte. Am 2. Februar 1937 gab Peter Anders hier sein erstes Gastspiel als Lyonel in »Martha«. Er sprang für den erkrankten Martin Kremer ein, der nach Engagements in Kassel und Wiesbaden 1930 an die Staatsoper von Dresden gekommen war und nach dem Kriege wieder in Wiesbaden sang. Er kam später – tragische Parallele zu Peter Anders – bei einem Verkehrsunfall ums Leben.

In der Dresdener »Martha«-Aufführung unter der Regie von Ludwig Eybisch und der musikalischen Leitung von Kurt Striegler war Erna Sack als Lady Harriet die Partnerin von Peter Anders. In der Rolle des Plumkett traf er Ivar Andresen wieder, einen Schweden, den er von seinem Debüt in der Berliner Staatsoper kannte und der dort den Sarastro gesungen hatte.

Nach Berlin, München und Dresden lud im Februar 1937 die Hamburgische Staatsoper Peter Anders zu einem Gastspiel ein. Für den erkrankten Gast Helge Roswaenge sang er am 18. Februar den Alfred in »La Traviata«. Er gefiel den Hamburgern als temparamentvoller Darsteller so ausnehmend gut, daß sie ihm auf offener Szene huldigten. Sein helles Organ erinnerte in Glanz und Tongebung an Roswaenge. Anders war den Hamburgern schon von einem Gastspiel als Tamino im November 1936 und durch den Rundfunk bekannt und dabei mit seiner ausdrucksvollen Vortragsgestaltung und der geschmackvollen Art seines Singens aufgefallen. Die Presse meinte, man sollte versuchen, diesen jungen und sympathischen Tenor, der seine große Zukunft noch vor sich habe, irgendwie an Hamburg zu binden. Eine schier endlose Zahl von Vorhängen bezeugte die begeisterte Zustimmung der Besucher zu diesem »Roswaenge-Ersatz«.

Im März sang Peter Anders in der ein Jahr zuvor in Mailand erstmals aufgeführten Oper »Der Campiello« von Ermanno Wolf-Ferrari die Partie des Zorzeto, im April trat er als Alfred erneut an der Berliner Staatsoper auf. Erstmals war Maria Cebotari als Violetta seine Partnerin.

Seine letzte Premiere in Hannover war »Die Fledermaus« von Johann Strauß am 24. April 1937 mit Willy Treffner und Anita Gura. Anders sang den Alfred. »Peter Anders war als Alfred der richtige Ritter vom hohen C´, voll seifiger und doch entwaffnend charmanter Selbstgefälligkeit.«

Mit Lore Hoffmann als Butterfly und Peter Anders als Linkerton war am 6. Mai 1937 eine Gesamtaufnahme der Oper »Madame Butterfly« vom Reichssender Königsberg zu hören.

Weitere Gastspiele in Berlin in »La Traviata«, wieder mit Maria Cebotari, und als Linkerton in »Madame Butterfly« mit Erna Berger schlossen sich an. Anfang Juni sang er in Berlin den Herzog in Verdis »Rigoletto« für den verhinderten Jan Kiepura.

Als Konzertsänger verabschiedete er sich beim Schloßkonzert am 14. Juni 1937 von dem Hannoveraner Publikum. Dabei wies er sich vor allem mit der Arie »Der Odem der Liebe« aus »Cosi fan tutte« als qualitätsvoller, stilgerechter Mozartsänger aus.

Auf der Opernbühne trat er während der Hannoverschen Theater-Festwoche zusammen mit Erna Berger in »La Traviata« auf. Der hinreißende Schmelz, der Glanz und die prachtvolle Klangdichte seines Tenors verzauberten die Hannoveraner Besucher letztmals bei seinem Nureddin im »Barbier von Bagdad«, ebenfalls während der Theater-Festwoche.

Mit Anita Gura
in »Die Fledermaus«,
Hannover 1937

Im Juli 1937 folgte ein weiteres Konzert in Kopenhagen mit Puccini-, Verdi- und Strauss-Arien (Di rigori armato aus »Rosenkavalier«). Er brach nun seine Zelte in Hannover ab und siedelte nach München über.

In einem Interview, gegeben im Berliner Café Kranzler, bekannte er, auf das neue Engagement in München angesprochen: »Auf diese neue Arbeit freue ich mich ungemein – trotzdem mir der Abschied von Hannover natürlich schwer wird. Aber ich stelle mir die Arbeit unter Krauss sehr interessant vor.«

Zu seinem Erfolg als Sänger in so kurzer Zeit bemerkte er: »Mein privates Leben ist mit dem gesteigerten Erfolg durchaus nicht sorgloser geworden. Früher trieb ich viel Sport, jetzt lebt man nur noch der Kunst, in ewiger Sorge um die Stimme, in den kurzen Ferienwochen nur den einen Wunsch nach Ruhe und Entspannung.«

Peter Anders brach danach mit seiner Frau zu einem Urlaub in Oberbayern auf. Er hatte inzwischen eine Schmalfilmkamera erworben, und so konnte er diesen Urlaub in bewegten Bildern festhalten.

München

Die Bayerische Staatsoper in München gehörte neben Berlin, Wien und Dresden zu den bedeutendsten deutschsprachigen Opernbühnen. Die Ursprünge der Operntradition reichten bis ins 17. Jahrhundert zurück. Das Nationaltheater, Heimstätte zunächst der Hofoper und dann der Staatsoper, wurde 1818 eingeweiht. Hans von Bülow, Richard Strauss und Felix Mottl begründeten den Ruf Münchens als Opernstadt der Werke Mozarts, Wagners und auch von Richard Strauss. Nach Bruno Walter (von 1912 bis 1922) wirkte von 1922 bis 1935 Hans Knappertsbusch in diesem Hause. Knappertsbusch schied im Ärger mit den Nazis und ging nach Wien. 1937 wurde Clemens Krauss Generalintendant in München, nachdem er 1935/36 als Nachfolger von Furtwängler und Erich Kleiber Chef der Berliner Staatsoper gewesen war. Er war mit der Sopranistin Viorica Ursuleac verheiratet. Mit Krauss kam der Opernregisseur Rudolf Hartmann, ebenfalls von der Berliner Staatsoper, nach München.

Das Sängerensemble war von erlesener Güte. Felicie Hüni-Mihacsek und Hildegarde Ranczak waren die ersten Stimmen im Sopranfach, dazu kam Anny van Kruyswyk, deren Vater Holländer war. Paul Bender, Georg Hann, Hans Hermann Nissen, Ludwig Weber und Heinrich Rehkemper besetzten die tieferen Männerstimmen. Neben dem auf Wagner spezialisierten Fritz Kraus war seit 1928 der Wiener Julius Patzak der unumstritten erste lyrische Tenor. Als Mozarttenor, vor allem aber als Palestrina in dem gleichnamigen Werk von Pfitzner, machte er sich einen Namen.

Clemens Krauss ergänzte dieses Ensemble bei seinem Amtsantritt zur Spielzeit 1937/38 mit seiner Frau Viorica Ursuleac, die er von der Berliner Staatsoper mitbrachte, und mit Else Schürhoff im Altfach, die zuvor – wie Peter Anders – in Hannover gesungen hatte. Ebenfalls aus Berlin brachte Krauss die Sopranistin Adele

Urlaub in Bayern

Kern mit und aus Hamburg verpflichtete er den Baß-Bariton Hans Hotter. Schließlich war ja auch der junge Peter Anders neu im Ensemble.

Vor Beginn seiner Tätigkeit in München und auch noch während der Probearbeiten für seine neuen Aufgaben hatte Anders in Berlin weitere Schallplattentitel eingesungen. Neben der Arie des Sängers aus dem Rosenkavalier nahm er auch die Arie des Cavaradossi »Wie sich die Bilder gleichen« aus »Tosca« auf. Dann folgten an einem Tage, dem 17. September, gleich vier Aufnahmen, und zwar das sehr lyrische Hindu-Lied aus »Sadko« von Rimsky-Korssakow, Cavaradossis Arie »Und es blitzten die Sterne« und die Arie des Max aus »Freischütz«. Cavaradossi und den heldischen Max hatte er bisher noch nicht auf der Bühne gesungen. Auf der Schallplatte gelangen ihm mit dieser für seine Stimme doch noch nicht so sehr geeigneten Partien jedoch schöne Erfolge, namentlich mit der Arie des Max.

Seine erste Rolle in München war am 30. September 1937 der Alfred in »La Traviata« unter der musikalischen Leitung von Meinhard von Zallinger. Seine Partnerin als Violetta war Anny van Kruyswyk, die Partie des Vaters Georg Germont sang Hans Hermann Nissen.

Unter der Überschrift »Ein neuer Tenor der Bayerischen Staatsoper« wurde diesem Auftritt von Peter Anders in der Presse große Beachtung geschenkt. »Wenn die Bezeichnung ›jugendlicher Tenor‹ in einem Falle völlig überzeugend angebracht ist, so in dem des neu verpflichteten, von der Oper in Hannover kommenden Sängers Peter Anders.« Der neue Tenor bedeutete nach einhelliger Auffassung der Presse einen unbestreitbaren Gewinn einer Stimme, die Jugend,

Wohllaut, Schmelz, Weichheit und Rundung hat. Die klare, deutliche Aussprache und auch seine darstellerischen Fähigkeiten wurden besonders lobend erwähnt.

Alexander Berrsche widmete Peter Anders in der Münchener Zeitung vom 1. Oktober 1937 unter der Überschrift »Ein neuer lyrischer Tenor« einen längeren Artikel: »Peter Anders, der neue lyrische Tenor unserer Staatsoper, hat gestern als Alfred seine Tätigkeit begonnen, und man muß sagen, daß es ein guter Anfang war. Der Gestalt ist seit langem wieder das Beste zurückgegeben worden, etwas, das ihr schon zu entschwinden drohte: *Jugend*. Anders bringt alles mit, was uns daran glauben läßt: die Schlankheit der eigenen Erscheinung und die Schlankheit der Stimme. Diese Stimme ist freilich etwas Ungewöhliches: hell und warm im Klang, gleichmäßig durchgebildet in allen Lagen und von einer verblüffenden Leichtigkeit des Ansatzes und der Bewegungstechnik. Sie scheint aus zarterem Stoff als andere, aber sie wirkt weder klein noch weichlich, und was ihr an äußerer Wucht fehlt, ersetzt sie durch Intensität des inneren Ausdrucks, durch eine gesteigerte Verfeinerung der Dynamik und Artikulation. Sie ist ein Instrument, das jeder Schwebung des Gefühls gehorcht, und Peter Anders weiß auf diesem Instrument zu spielen. Wie er alles Technische vollkommen und mühelos beherrscht, so kennt er alle Seiten des italienischen Vortragsstils, und über diesem Können und Wissen waltet eine lebendige Freude am musikalischen und dramatischen Gestalten, die alles zusammenfaßt und nichts in der Reflexion stecken läßt. So gelingt es ihm gleich am Anfang, das Trinklied mit aller durchtriebenen Anmut seines ›Leggierissimo‹, seiner gleitenden Vorschläge, seines raschen Wechsels von Piano und Pianissimo auszustatten und es zugleich mit der Leichtigkeit einer übermütigen Improvisation vor sich herzusingen. Und so wird auf Schritt und Tritt das Äußerste an komplizierten Abstufungen zum Mittel, das schlicht Menschliche auf wahrhaftige Weise zu sagen. Daß die zarten, geschwungenen Kantilenen, die leidenschaftlichen Ausbrüche oder im vorletzten Finale das bekannte sotto voce Höhepunkte der Anders'schen Leistung sind, braucht man kaum zu sagen. Aber daß zu diesen Höhepunkten auch das erste Rezitativ des zweiten Akts gehört, ja, daß es einem in der musikalischen und seelischen Ausdrucksfülle und -mannigfaltigkeit der Anders'schen Vortragsweise unvergeßlich bleibt, das ist für die ungewöhnliche Begabung und die ganze seelische Haltung des Künstlers vielleicht bezeichnender als alles andere. Solche Züge offenbaren die Noblesse des Herzens und schützen den Hörer bei anderer Gelegenheit davor, für Kühle zu halten, was nur Abneigung gegen alles Forcieren ist. Anders ist noch jung; er hat die Selbstzucht, warten zu können und die Stimme wachsen zu lassen. Daß sie ihre ganze Größe noch nicht erreicht hat, ist ebensowenig zu verwundern wie ein gelegentliches unbedeutendes Detonieren aus Nervosität.«

Die nächste Aufgabe für Peter Anders war der Rudolf in »La Boheme«. Zwar sang er nicht die Premiere, dafür aber beim vielbeachteten Gastspiel des bekannten italienischen Dirigenten Gino Marinuzzi. Felicie Hüni-Mihacsek sang die Mimi, Georg Hann den Schaunard und Heinrich Rehkemper den Marcel. Musette war Anny van Kruyswyk.

Dr. Wilhelm Zentner schrieb im Neuen Münchener Tageblatt am 9. Oktober 1937:

*Rudolf in »La Boheme«
in München*

»Peter Anders vermag dem Rudolf das Beste mitzugeben, dessen die Gestalt bedarf: ungebrochene Jugendlichkeit. Deren Leidenschaftlichkeit und zarte Schwärmerei, denn auch er ist ein Sänger, bei dem nicht nur die Stimmbänder, sondern das Herz mitschwingt. Das schafft seiner künstlerischen Persönlichkeit des Hörers unmittelbarste Anteilnahme«.

In der Ausgabe der Münchener Neuesten Nachrichten vom gleichen Tage meinte Oscar von Pander:

»Tenöre von dieser Güte und Makellosigkeit sind selten.«

Als nächstes sang Peter Anders in einem weiteren Rollendebüt die Partie des Narraboth in »Salome«. Hierüber berichtete der Völkische Beobachter am 22. Oktober:

»Gleich die verzückte Einleitung ›Wie schön ist die Prinzessin Salome heute Abend‹ kam mit schwellendem, sinnberauschtem Ton heraus, und die unheilbringende Anbetung des jungen Hauptmanns drückte sich ohne Unterbrechung zur Fassungslosigkeit aus. Eine durchaus geistig erschaute und zugleich glutvoll erlebte sängerische und darstellerische Leistung fügte sich damit organisch an die anspruchsvolleren Rollen an, die wiederum mit großartiger Gestaltungskraft durch Hildegarde Ranczak in erster Linie, dann durch Hans Hotter (Jochanaan), Julius Pölzer (Herodes) und Gertrud Rünger, die für Karin Branzell eingesprungen war, gesungen und gespielt wurden. Die musikalische Leitung von Clemens Krauss: Eine wahre Faszination!«

66

*Tamino in der Münchener
»Zauberflöte« mit Krauss
und Hartmann 1937*

Dann wurde in München mit großer Spannung die Neuinszenierung von Mozarts »Zauberflöte« erwartet. Dem neuen Team mit Regisseur Rudolf Hartmann,
dem Bühnenbildner Ludwig Sievert und Dirigent Clemens Krauss sollte hier ein
großer und vielbeachteter Wurf gelingen. Die Inszenierung war von allem bisher
üblichen historischen Ballast und von aller blutleeren Stilisierung freigemacht und
in die Sphäre des Märchens versetzt worden. Dabei wurden vor allem die frei-
maurerischen Elemente ausgeschaltet. Taminos Weg war nicht mehr der Heils-
pfad mit symbolischen Prüfungen, sondern der Weg des ringenden Kämpfers zum
Licht. Die Regie war sehr lebendig mit einem Zug ins Monumental-Phantastische.
Clemens Krauss interpretierte das Werk mit wunderbarer Klarheit und Klangschönheit. Er demonstrierte seine außerordentliche Fähigkeit, die gesangliche
Seite der Oper zu pflegen und herauszuholen. Insbesondere waren die Ensembles
trefflich ausgefeilt. Die Sänger hatten somit in dem Dirigenten eine feste Stütze.
Eine Überraschung bedeutete das Sängerpaar Tamino-Pamina: zwei neue Kräfte,
von denen Peter Anders mit seinem jugendlichen Tenor aufwarten konnte, so
strahlend frisch und kultiviert, auch im Spiel, daß es eine Freude war. Trude
Eipperle hielt sich mit ihrem Sopran auf gleicher Höhe. Die Presse schrieb: »Peter
Anders bot als Tamino zweifellos seine bisher beste Leistung, vollkommen überzeugend durch die Impulsivität eines jugendlich-männlichen Idealismus, durch
Schönheit der Kantilene oder Kraft der Akzente.«

Die übrigen Rollen waren mit Felicie Hüni-Mihacsek (Königin der Nacht), Adele Kern (Papagena), Heinrich Rehkemper (Papageno), Carl Seydel (Monostatos) und Ludwig Weber (Sarastro) besetzt.

Bei einem Empfang beim Bayerischen Ministerpräsidenten Ludwig Siebert aus Anlaß der Vierten Versammlung der Akademie für Deutsches Recht im Cherubinsaal des Hotels »Vier Jahreszeiten« sangen am 31. Oktober Else Schürhoff und Peter Anders, am Flügel begleitet von Dr. Franz Hallasch, Lieder von Schubert und Brahms sowie Arien von Bizet und Puccini.

Die nächsten Aufgaben waren der Herzog in »Rigoletto« und der Linkerton in »Madame Butterfly«. Als Herzog zeigte er wieder die natürliche Leichtigkeit seiner Technik, die Schönheit seines Organs und die musikalische Sicherheit und Noblesse seines Vortrages. Ihm zur Seite stand als Gast Mathieu Ahlersmeyer von der Staatsoper Dresden als Rigoletto; die Gilda sang und spielte Anny van Kruyswyk und Sparafucile war Paul Bender.

Über seinen Linkerton schrieb am 29. November 1937 das Münchener Tageblatt: »Trude Eipperle als Cho-Cho-San und der Linkerton von Peter Anders lassen das seltene Fest einer stimmlich wie darstellerisch ideal aufeinander abgestimmten Besetzung erleben. Das große Duett am Schluß des ersten Aktes mit seinem zu immer entzückteren Höhen der Beseligung emportragenden dia-

Als Herzog
in Verdis »Rigoletto«

68

tonischen Aufstieg der Melodie – wir haben es seit langem nicht mehr in solcher Idealerfüllung, so voll betörenden Klang- und Stimmungszaubers erlebt. Zwei Stimmen, die in geschwisterlicher Klangverwandtschaft sich wirklich ›annehmen‹, ineinanderfließen gleich wundervoll leuchtenden Übergangsfarben, von denen jede, ohne den falschen Ehrgeiz des Übertönens, ein Letztes hergibt an Schönheit, Rundung und Kraft, gemeinsam die Gipfel berauschender Steigerungen zu erklimmen und dort gleich *einer* zu bezaubern, darin erfüllt sich nicht bloß eine letzte Möglichkeit der musikalischen, auch der dramatischen Situation.«

Mit seinen ersten Partien in München hatte Peter Anders nicht nur die Kritiker von der Schönheit seiner Stimme, seiner blendenden Gesangstechnik und seiner Darstellungskunst überzeugt, sondern auch die Herzen des Publikums im Sturm erobert. Der Neunundzwanzigjährige, eine strahlende Erscheinung, hatte ja nicht nur das Opernpublikum begeistert, sondern sich auch durch seine Schallplatten und seine Rundfunkauftritte weit über die Grenzen seiner Wirkungsstätten hinaus einen Namen gemacht, zuletzt auch mit einem Schallplattenpotpourri »Peter Anders bei Franz Lehár« und mit den beiden schwelgerisch und mit verführerischem Charme gesungenen Herzog-Arien aus »Rigoletto«: »Freundlich blick ich auf diese und jene« und »Ach, wie so trügerisch«. Auch aus seiner inzwischen auf über 80 Titel gewachsenen Schallplattensammlung wurden häufig die gängigsten Arien oder Unterhaltungsstücke über die deutschen Rundfunksender ausgestrahlt.

Nicht nur Peter Anders blickte freundlich auf diese und jene, sondern umgekehrt wurde er zum umschwärmten Idol der Münchener »Backfische«, wie die heutigen »Teenager« damals im heranwachsenden Alter genannt wurden. Er war in nur wenigen Monaten zum Liebling des Münchener Opernpublikums geworden.

»Jetzt gehe ich wieder gerne in die Oper« hörte man zum Beispiel nach der »Zauberflöte« im Publikum. »Der Tamino ist endlich dieser junge, frische, unverbrauchte Mensch und Sänger, den ich mir immer für diese Rolle vorgestellt habe«, äußerte sich Volkes Stimme. Ein Beleg dafür, wie Peter Anders bei den Münchenern ankam. Diese sprunghaft zunehmende Popularität des jungen Sängers verursachte aber nicht überall Freude. Da gab es in München ja noch den seit Jahren erfolgreichen Tenor Julius Patzak, der mit seiner eher spröden Art ein Gegenpol zu dem jungenhaften, stets fröhlichen Peter Anders war. Die große Beliebtheit des um zehn Jahre jüngeren Kollegen konnte ihm, der sozusagen der Platz-Hirsch war, nicht sehr genehm sein. Dies ließ er den zum Konkurrenten gewordenen Peter Anders auch spüren. Vor allem beanspruchte er bei der Intendanz immer wieder, bei Premieren und Festspielaufführungen als erster bei der Rollenbesetzung berücksichtigt zu werden. Eine Freundschaft entstand so zwischen den beiden Sängern nicht, und dieses »Nicht-Verhältnis« blieb über all die Jahre und auch später noch bestehen.1952, bei seinem Gastspiel als Florestan in Edinburgh, entdeckte Peter Anders neben der Rezension über seine Aufführung in einer schottischen Zeitung die Kritik über einen Liederabend, den Julius Patzak gegeben hatte. Der Kritiker hatte sich sehr enttäuscht über Patzaks Leistung geäußert, und Peter

Anders konnte es sich nicht verkneifen, diesen Beitrag dick anzustreichen und mit drei Ausrufungszeichen zu versehen. Man spürte förmlich, daß dies eine (späte?) Genugtuung für ihn war.

Wie sehr die Stimme von Peter Anders sich in kürzester Zeit weiter entwickelt hatte, ging wenig später aus der Bemerkung eines Kritikers nach einem Konzert in Hannover hervor. Knapp ein halbes Jahr war erst vergangen, seit Peter Anders die Stadt an der Leine verlassen hatte. Anders sang nun im überfüllten Konzerthaussaal vor einem begeisterten Publikum Lieder von Schubert und Brahms und Arien von Mozart, Cornelius, Puccini und Bizet. Der Hannoversche Anzeiger schrieb: »Was muß dieser Sänger in den Jahren an sich gearbeitet haben! Eine solche sichere, talentvolle Leistung wächst nur aus unermüdlichem Streben und aus dieser steten Liebe und Begeisterung zur Sache.«

Wie beliebt Peter Anders beim Hannoveraner Publikum war, wurde ebenfalls berichtet: »Mit Beginn der neuen Spielzeit wirkt der begabte Sänger an der Münchener Staatsoper. Die hannoverschen Opernfreunde sahen ihn ungern scheiden. Durch seine einnehmende musikalische Art hat er hier viele Freunde gewonnen. Sie alle waren gestern zu seinem Lieder- und Arienabend gekommen. Der Saal war überfüllt und der Beifall wollte kein Ende nehmen. Schon aus der herzlichen Begrüßung, noch ehe er einen Ton gesungen hatte, sprach der besondere Grad der Beliebtheit Peter Anders'. Es darf keineswegs verschwiegen werden, daß sich die Beifallstürme nach den schönsten Stücken ausdauernd gestalteten.«

Im Dezember gastierte Peter Anders als Faust in »Fausts Verdammung« von Hector Berlioz in Düsseldorf, Ende Dezember 1937 sang er in München den Roderich in der Oper »Schwarzer Peter« von Norbert Schultze, eine Partie, die der Komponist angeblich für Peter Anders geschrieben hatte.

Anfang Januar 1938 unternahm er seine erste große Konzert-Tournee. In Hamburg und Bremen sang er, von Gustav Witt aus Hamburg am Flügel begleitet, Lieder von Schubert, Brahms und Wolf sowie Arien von Mozart, Cornelius, Puccini und Bizet. Das gleiche Programm bot er dem Münchener Publikum am 21. Januar 1938 im Bayerischen Hof.

Dann wurde am 23. Januar 1938 Puccinis Einakter »Der Mantel« vom Reichssender Stuttgart übertragen und aufgenommen. Es war eine fast komplette Münchener Besetzung, die in den Stuttgarter Sendesaal gekommen war. Chor und Orchester des Reichssenders Stuttgart wurden von Clemens Krauss geleitet. Unter der Spielleitung von Fritz Ganß wirkten mit:

Marcel	Mathieu Ahlersmeyer
Henri	Peter Anders
Stockfisch	Hubert Buchta
Maulwurf	Georg Wieter
Georgette	Hildegarde Ranczak
Frettchen	Elisabeth Waldenau
Liederverkäufer	Einar Kristjansson.

Die Aufnahme wurde später auch als Schallplatte veröffentlicht. Am 3. Februar 1938 strahlte der Reichssender Stuttgart eine Gesamtaufnahme der Oper »Don Pasquale« mit Peter Anders als Ernesto aus.

Nach Gastspielen als Rudolf an der Berliner Staatsoper und als Messias in Köln gab es am 8. Februar 1938 für Peter Anders in München wieder eine Premiere: »Der Widerspenstigen Zähmung« von Hermann Goetz.

In Köln, wo man Peter Anders noch von der Spielzeit 1934/35 bestens in Erinnerung hatte, bewährte er sich als Oratoriensänger von bemerkenswertem Format. Die Kritiker stellten fest, daß seine Stimme seit seinem Weggang an tonlichem Volumen bedeutend gewonnen hatte und mächtig in die Breite und Fülle gegangen war. Unter dem Dirigenten Eugen Pabst und mit dem Gürzenich-Chor sangen neben Peter Anders die Sopranistin Amalie Merz-Tunner, Lore Fischer (Alt) und der als Wagnersänger bekannte Josef von Manowarda.

Die Oper des frühverstorbenen Hermann Goetz war bereits 1876, zwei Jahre nach ihrer Uraufführung, erstmals in München gespielt worden. Seit 1908, als Felix Mottl sie hier aufgeführt hatte, war sie verschollen. Nun hatte Clemens Krauss sie wiederentdeckt. Aber nicht er, sondern Meinhard von Zallinger hatte die musikalische Leitung übernommen und Kurt Barré hatte das Werk in Szene gesetzt. Die Hauptpartien waren mit Hildegarde Ranczak und Heinrich Rehkemper besetzt. Peter Anders erfüllte den Lucentio nicht nur mit Frische und dem Glanz seines Tenors, er erwies sich auch als humorbegabter Darsteller.

Zwei Wochen später gastierte Peter Anders als Alfred im Stadttheater Heidelberg, an der Bühne, wo er etwas mehr als fünf Jahre zuvor seine Karriere mit dem Pedrillo begonnen hatte. Natürlich wurde er hier äußerst herzlich begrüßt, und auch das Heidelberger Publikum konnte sich davon überzeugen, wie wundervoll sich sein Tenor entwickelt hatte. Die Besucher dankten ihm am Schluß der Vorstellung mit begeistertem Beifall. Danach lud er seine ehemaligen Kolleginnen und Kollegen zu einem kleinen Sektempfang in sein Hotel. Dabei stellte er, der auch als erfolgreicher und anerkannter Tenor nichts von seiner Bescheidenheit und seinem natürlichen Wesen eingebüßt hatte, seinen Gästen seine Frau Susi Gmeiner vor, die ihn an die Stätte seiner ersten Auftritte begleitet hatte.

Nach den schönen Anfangserfolgen in München fühlte sich Peter Anders – offenbar auch mit neidvollem Blick auf den Tenor-Rivalen Patzak – zu Beginn des Jahres 1938 nicht mehr recht wohl und falsch eingesetzt. So kam es zum ersten Streit zwischen ihm und Clemens Krauss. Am 26. Februar 1938 schrieb Peter Anders dem Operndirektor folgenden Brief:

Sehr geehrter Herr Direktor!
Schon lange wollte ich wegen nachstehender Angelegenheit zu Ihnen kommen. Es ist jedoch äußerst schwierig, Sie zu erreichen, darum mußte ich den schriftlichen Weg wählen.

Ich weiß nicht, inwieweit Sie über meine Beschäftigung orientiert sind, insbesondere über meine vielen, durch die Neuinscenierungen entstehenden Proben. Ich möchte Ihnen zur besseren Information nachstehend eine kleine Statistik aufgeben. Gesungen habe ich bis Ende Februar 22 Mal, davon:

1 Mal		Rigoletto - Herzog
2	"	Traviata - Alfred
3	"	Linkerton
3	"	Boheme
4	"	Zauberflöte
1	"	Salome - Narraboth
1	"	Rosenkavalier - Sänger
3	"	Widerspenstige - Lucentio
u. 4	"	Schwarzer Peter - Roderich.

Den Roderich sollte ich eigentlich 6 Mal singen, mußte aber 2 Mal wegen Erkrankung absagen.

Nach einem glücklichen Start Ende September bezw. Anfang Oktober in Traviata, Butterfly und Boheme, habe ich dann später im Oktober keine dieser Partien mehr gesungen. Vielmehr war ich bis zur Zauberflöten-Premiere am 4. November festgenagelt. Den Narraboth habe ich allerdings zwischendurch noch lernen müssen, und am 21. Oktober gesungen. Nicht unerwähnt möchte ich auch noch den Rosenkavalier-Sänger lassen, der für mich ja auch neu war, und den ich am 28. November sang. Nach der Zauberflöten-Premiere habe ich dann den Roderich lernen müssen. Durch die Ensemble- und Bühnenproben war ich den ganzen Dezember hindurch beschäftigt, mit Ausnahme der Tage vom 4. - 13. Dezember, wo ich beurlaubt war. Im Januar sang ich 3 Mal, einschl. der Premiere am 29. Dezember 1937 4 Mal: <u>Schwarzer Peter!</u> Sofort nach der Schwarzen Peter-Premiere mußte ich mich auf den Lucentio stürzen. Die Premiere hiervon war am 9. Februar. Zwischendurch habe ich für Sie den Henri für die Stuttgarter Sendung am 22./23. Januar studiert.

Infolge Überarbeitung und der sich dadurch einstellenden Widerstandslosigkeit bekam ich einen Grippeanfall. Kaum wiederhergestellt, mußte ich sofort den Abdisu und den 1. Meister studieren. Nicht genug an dem kam nach den ersten beiden Korrepetitionsstunden auch noch der Froh hinzu. Nun probiere ich abwechselnd diese drei Partien, und nach Schluß einer jeden Probe habe ich überhaupt nichts mehr im Kopf! Ich muß sagen, daß ich noch niemals in einer Saison derartig abgekämpft war, wie in dieser.

Anläßlich unseres Kennenlernens in Frankfurt sprachen Sie davon, daß ich in Hannover ausgenutzt werde. In Hannover habe ich wohl mehr Repertoire gesungen, jedoch <u>wesentlich</u> weniger Proben und Neuinszenierungen gehabt. Und daß ich dort wirklich nur erstes Fach gesungen habe, beweißt Ihnen, daß ich dort nicht einmal den Vogelsang und den Walter aus Tannhäuser singen brauchte. Sie werden sich sicher noch erinnern können, wie sehr ich mit Ihnen die Fachbezeichnung »Spieltenor« besprach, und wie ich sofort klarstellte, daß ich darunter keine buffoähnlichen Partien verstehe. Wir haben damals gemeinsam unter dieser Bezeichnung Partien, wie Baron Kronthal, Chateauneuf, Fenton, Alfred-Fledermaus, Narraboth festgelegt. Ich werde jetzt jedoch in Partien beschäftigt, die mir garnicht liegen, und die mich

infolgedessen auch garnicht interessieren, für die ich schließlich auch garnicht ver-
pflichtet bin. Darunter verstehe ich den Roderich, Lucentio, Abdisu und 1. Meister.
Ich bin wirklich nicht unter der Voraussetzung zu Ihnen gekommen, hier in der
Hauptsache in neuen Partien aufzutreten, die mir jegliche Lust an der Arbeit neh-
men. Es kommt mir so vor, als wenn ich hier eine Art Lückenbüßer werden soll. Und
dazu muß ich ehrlich sagen, bin ich mir wirklich zu schade. Glauben Sie mir, ich
schreibe diese Zeilen wirklich nicht grundlos, denn es ist mir unter diesen Umstän-
den nicht möglich, weiterzuarbeiten. Für eine so junge Stimme ist es doch von größ-
ter Wichtigkeit, in Ruhe zu arbeiten, und gerade das hoffte ich unter Ihrer Leitung
ganz besonders. Ich konstatiere jedoch das Gegenteil. Keinen Moment hätte ich
mich nämlich sonst besonnen, trotz der Verlockung, von Ihnen engagiert zu werden,
einen Vertrag mit Ihnen abzuschließen, hätte ich vorher gewußt, wie sehr und in
welchen neuen Partien ich hier beschäftigt werde.

Ihren evtl. Einwurf, daß ich zuviel nebenberuflich tätig bin, kann ich dahinge-
hend zerstreuen, daß ich wegen der vielen Proben fast alle Angebote absagen muß,
und daß ich trotz meines vertraglichen Urlaubs um die festgesetzten Termine kämp-
fen und betteln muß.

In der vorigen Saison habe ich übrigens neben meinen 70 bis 80 Abenden in
Hannover über zwei Monate <u>außervertraglichen</u> Urlaub für Gastspiele, Konzerte
und Rundfunkmitwirkungen bekommen, und außerdem einen 8 wöchentlichen
Sommerurlaub!

Ich kann mir nicht denken, daß Sie, Herr Direktor, über alle diese Punkte ge-
nauestens informiert sind, und deshalb bitte ich Sie dringend, insofern Abhilfe zu
schaffen, daß Sie mich aus Palestrina und Rheingold freilassen. Denn nach all'
den Anstrengungen, und im Hinblick auf die wenigen und zerrissenen Sommerfe-
rien, möchte ich mich nämlich jetzt etwas erholen. Weiter bitte ich mich vor Neuin-
scenierungen zu verschonen, und vor allem, mich mein Repertoire singen zu las-
sen. Den Nureddin und den Lyonel habe ich hier z. B. überhaupt noch nicht ge-
sungen.

Ich hoffe, daß Sie für meine Ausführungen Verständnis haben und mir helfen wer-
den.

Ihr sehr ergebener
Peter Anders

Peter Anders hatte sich hier allen – vielleicht schon lange aufgestauten – Frust von
der Seele geschrieben. Bemerkenswert war auch, daß er diesen Brief ohne die
längst zur Pflicht gewordene Hitler-Grußformel unterschrieben hatte.

Clemens Krauss reagierte prompt und heftig. Er antwortete am 1. März 1938:

Sehr geehrter Herr Anders!
Von dem Inhalt Ihres Schreibens vom 26. v. Mts. habe ich Kenntnis genommen und
vor allem mit Bedauern festgestellt, daß zwischen Ihrer und meiner Auffassung von
Ensemble-Kunst und Ensemble-Geist ein, so scheint es, unüberbrückbarer Gegen-
satz besteht. Es ist mir nicht möglich, im Einzelnen auf alles einzugehen, was in die-

sem Zusammenhang zu sagen wäre. Festhalten möchte ich jedoch, daß es eine Selbstverständlichkeit bedeutet, gewisse, auch kleinere Partien in bestimmten Werken von ersten Fachvertretern singen zu lassen. Als Beweis genügt ein Hinweis auf jeden einzelnen Wochenspielplan.

Was Ihren persönlichen Fall anlangt, muß ich vor allem feststellen, daß von den 12 gangbaren Fachpartien, die Sie auf dem mir zur Verfügung stehenden Rollenverzeichnis angegeben haben, 5 der betreffenden Werke nicht im Spielplan der Münchener Staatsoper stehen. Es ist daher unvermeidlich, daß Sie Ihr Repertoire nach und nach im Rahmen der Neueinstudierungen erweitern.

Was Ihre kritischen Bemerkungen zu Ihrer Beschäftigung betrifft, so finde ich in Ihrem Schreiben insofern Widersprüche, als Sie einerseits Unzufriedenheit darüber äußern, daß Sie zu wenig in Ihren eigentlichen Fachpartien angesetzt werden und andererseits über eine übermäßige Inanspruchnahme im Proben-Betrieb Klage führen. Es läßt sich eben nicht alles durchführen und es ist selbstverständlich, daß ein neues Mitglied während der ersten Vertragsjahre langsam in das stehende Repertoire einbezogen werden muß. Das Tempo muß sich wiederum nach den notwendigen Neueinstudierungen richten.

Mit Rücksicht auf Ihren geschilderten Gesundheits- und Nerven-Zustand erkläre ich mich bereit, Ihnen die Partien im »Palestrina« und den »Froh« wieder abzunehmen und frage gleichzeitig nochmals bei Ihnen an, ob Sie bereit sind, den »Wilhelm Meister« in »Mignon« bis etwa 7. April probenreif zu lernen. Die Wiederaufnahme dieses Werkes ist um den 20. April 38 vorgesehen. Ich muß hinzufügen, daß eine Ablehnung der Übernahme dieser Partie Ihrerseits mit Ihrem Vertrag kaum in Einklang zu bringen wäre.

Abschließend möchte ich Ihnen die Versicherung geben, daß ich von mir aus gern alles tun möchte, um irgendeine Verstimmung oder gegenseitige Unzufriedenheit zwischen uns zu vermeiden. Ich halte es daher mit Rücksicht auf den Gesamt-Inhalt Ihres Schreibens für richtig, Ihnen zum Ausdruck zu bringen, daß ich, falls Sie diesen Wunsch haben sollten, grundsätzlich bereit wäre, Ihren Vertrag mit 1. September 1938 in vollem gütlichen Einvernehmen zu lösen. Ich wollte nicht versäumt haben, Ihnen diese Möglichkeit vor Augen zu führen, da ich Ihnen keine Gewähr dafür geben kann, daß ich in der Lage sein werde, in Ihrer Gesamtbeschäftigung Ihren sehr weitgehenden und mit den Erfordernissen unseres Theaterbetriebes schwer in Einklang zu bringenden Wünschen so weit entgegenzukommen, als dies notwendig wäre, um Ihre Arbeitsfreude und somit ein gedeihliches künstlerisches Zusammenarbeiten wieder hergestellt bzw. wieder gewährleistet zu wissen.

Mit den verbindlichsten Grüssen und Heil Hitler!
zeichne ich

Clemens Krauss

Das Angebot der Vertragsauflösung kam Peter Anders wahrscheinlich nicht ganz ungelegen, denn er liebäugelte heimlich mit einem Engagement in Berlin, hatte aber noch keinen Vertrag und auch noch keine Gespräche darüber geführt. Er ahnte oder wußte wohl auch, daß der Generalintendant Heinz Tietjen an ihm interessiert war. Bei seinen weiteren Gastspielen an der Lindenoper wollte er die Möglichkeiten ausloten, die sich ihm dort bieten könnten.

Ein weiteres auswärtiges Gastspiel brachte ihm im März in Königsberg einen triumphalen Erfolg als Herzog in »Rigoletto«. Hier bestach er vor allem durch einen fast jugendlich-heldischen Glanz der Höhe. Das Publikum feierte ihn stürmisch bei offener Szene und verlangte sogar eine Wiederholung der Arie »Ach, wie so trügerisch«. Anfang April sang er wiederum in Königsberg, diesmal den Alfred in »La Traviata«. Wieder feierte ein ausverkauftes Haus den Gast mit herzlichem Beifall, auch bei offener Szene.

Ein wahres Abenteuer wurde für Peter Anders der Rückflug von Königsberg nach Berlin. Er hatte einen Termin beim Reichssender Berlin und mußte dort zu einer bestimmten Zeit eintreffen. Wegen eines über Königsberg und Ostpreußen rasenden Orkans konnte das Flugzeug aber nicht rechtzeitig starten, und der Flug sollte ganz ausfallen. Er aber mußte dringend nach Berlin. Schließlich kam das Flugzeug, eine Ju 52, doch in die Luft und schlug sich bis Berlin durch. Peter Anders erinnerte sich danach mit Schaudern an diesen »Sturmflug«:

»Die Besatzung war vollkommen seekrank, nur mir zuliebe hielt sie durch. Und ich kam wahrhaftig, zehn Minuten, ehe ich singen sollte, in Berlin an. Ich trat vors Mikrophon und hörte meine eigene Stimme nicht. Denn in meinen Ohren dröhnte noch immer das Propellergeräusch. Und erst, nachdem ich mit dem Singen fertig war, hatte ich Zeit, mich darüber zu freuen, daß bei dem Sturmflug nichts Schlimmes passiert war.«

Die Macht der Nationalsozialisten in Deutschland hatte sich so gefestigt, daß Hitler jetzt auch an einen Schritt über die Grenzen dachte. Sein Ziel war die Einverleibung Österreichs.

Der deutschsprachige Teil der Österreichisch-Ungarischen Monarchie wurde nach dem Zusammenbruch aufgrund des verlorenenen 1. Weltkrieges als Republik Deutsch-Österreich ausgerufen. Diese Bezeichnung und der Anschluß an das Deutsche Reich wurden durch den Vertrag von Versailles verboten. Im Februar/März 1938 setzte Hitler Österreich politisch mit der Drohung eines gewaltsamen Einmarsches der deutschen Wehrmacht derart unter Druck, daß seiner Forderung, eine national-sozialistische Regierung einzusetzen, nachgegeben wurde. Am 12. März 1938 überschritten die deutschen Truppen die Grenzen und marschierten – jubelnd begrüßt – in Österreich ein. Am 15. März meldete Hitler von der Neuen Hofburg »vor der Geschichte den Eintritt meiner Heimat in das Deutsche Reich« und die Menschenmassen jubelten: »Ein Volk, ein Reich, ein Führer!«. Das »Großdeutsche Reich« war entstanden.

Fast den ganzen Monat April pendelte Anders nach seinem Königsberg-Abenteuer zwischen Berlin und München. Opernaufführungen in München wechselten ab mit Schallplattenaufnahmen in Berlin, darunter die Arie des Radames »Holde Aida«, und seinem ersten bedeutenden Liederabend in Berlin. Am Karfreitag 1938 sang er im Bachsaal zusammen mit der finnischen Sopranistin Aulikki Rautawaara klassische Lieder und bekannte Opernarien. Ferdinand Leitner war der Begleiter am Klavier. Das begeisterte Publikum brachte beiden Künstlern

»schier erdrückende Beweise seiner leidenschaftlichen Zuneigung dar« (Steglitzer Anzeiger). Dieser Lieder- und Arienabend fand in Berlin große Beachtung und wurde in der gesamten Presse entsprechend gewürdigt. Nach der Veranstaltung feierten die Künstler zusammen mit Serge Jaroff, der zur gleichen Zeit in der Philharmonie mit den Don-Kosaken aufgetreten war, und mit Maria Cebotari, die dem Konzert als Besucherin beigewohnt hatte, den schönen Erfolg. Ein Foto über diese Feier wurde sogar in der Zeitschrift »Musical America« in den Vereinigten Staaten von Amerika veröffentlicht.

Als Zugabe hatten Peter Anders und Aulikki Rautawaara das Duett »Mit deinen Augen, den wundersamen« aus Tosca gesungen. Das gleiche Stück sangen sie ein paar Tage später bei Telefunken für die Schallplatte, ferner das Duett Micaela-Don José aus »Carmen«: »Wie, du kommst von der Mutter«. Weitere Duette aus »Zigeunerbaron«, »Bettelstudent« und »Rastelbinder« schlossen sich an. Die Opernduette erschienen 1992 in Finnland auf Compact Disc.

Die nächste Premiere für Peter Anders in München war der Wilhelm Meister in »Mignon«. Er sang die Partie erneut strahlend und geschmeidig, mit jugendlicher Liebenswürdigkeit. Hildegarde Ranczak, Anny van Kruyswyk, Georg Hann und Carl Seydel waren seine Partner.

Als Linkerton
in »Madame Butterfly«
(Staatsoper München)

»Peter Anders als Wilhelm Meister machte seinem Rollennamen Ehre – es war eine meisterhafte Leistung, die nicht nur mit hohen und höchsten Tönen blendete, sondern auch sonst mit wundervoller Kantilene die Weisen zum besten gab und durch vornehmes, männliches Spiel dieser lyrischen Tenorpartie etwas von ihrem Vorbild einzuverleiben wußte« (Neueste Münchener Nachrichten).

Am 24. Mai 1938 trat er in der Berliner Staatsoper erstmals als Linkerton in einer Inszenierung von Rudolf Hartmann auf, mit Erna Berger und Willy Domgraf-Faßbaender. Beim Schlesischen Musikfest 1938 sang er bei einer Aufführung von Haydns »Jahreszeiten« im Stadttheater von Gleiwitz den Lukas. »Peter Anders in der Rolle des jugendlich stürmenden Lukas füllte die Figur mit der strömenden Frische seines gutklingenden Organs und einer feinen, fast bühnengerechten Charakterisierung aus, die sich der Leistung der Sopranistin (Annelies Kupper) prachtvoll zur Seite stellte.« (Oberschlesische Volksstimme am 29. Mai 1938). Vor allem seine Arie »Hier steht der Wandrer nun« wurde zu einem Glanzstück des Abends.

In der Zwischenzeit hatte sich Clemens Krauss entschlossen, den sich von Aufführung zu Aufführung steigernden Sänger doch in München zu behalten. Er hatte erkannt, daß er hier ein Juwel noch bis 1941 unter Vertrag hatte, das er nicht so ohne weiteres hergeben wollte.

Heinz Tietjen, der Generalintendant der Preußischen Staatstheater in Berlin, der inzwischen auch mit Peter Anders über ein mögliches Engagement in Berlin gesprochen hatte, war wohl von Rudolf Hartmann, dem Münchener Regisseur, der in Berlin »Madame Butterfly« inszeniert hatte, unterrichtet worden, daß Krauss an Peter Anders festhalten wollte. Da Tietjen Anders aber dennoch gerne in Berlin einzusetzen beabsichtigte, schrieb er am 31. Mai 1938 folgenden Brief an Clemens Krauss:

Sehr geehrter Herr Professor!
Nachdem Sie mir erklärt haben, daß Sie Herrn Anders weiter in München behalten werden und damit die Gerüchte, von denen ich Ihnen erzählte, hinfällig geworden sind, habe ich Vorsorge getroffen, daß mit Herrn Anders diesseits keinerlei Engagementsverhandlungen geführt werden. Da ich neben Roswaenge, Wittrisch und Sinimberghi noch einen Entlastungstenor brauche, würde ich evtl., wenn Sie Ihre Zustimmung dazu geben, mit Herrn Anders einen kleinen Gastspielvertrag abschliessen natürlich innerhalb seines vertraglichen Urlaubs und in gegenseitiger Verständigung unserer beiden Institute.
Indem ich um gefällige Gegenäußerung bitte, bin ich
mit Heil Hitler! Ihr sehr ergebener
Tietjen

Krauss antwortete am 2. Juni 1938:

Sehr geehrter Herr Staatsrat!
Ich danke Ihnen sehr für Ihr freundliches Schreiben vom 31. v. Mts. in der Angelegenheit Peter Anders.

Selbstverständlich bin ich gerne damit einverstanden, wenn Sie mit Herrn Anders einen Gastspielvertrag im Rahmen seines hiesigen vertraglichen Urlaubes abschließen und ich würde in diesem Falle meinem Betriebsbüro Abweisung geben, daß bei der Beschäftigung des Herrn Anders in der nächsten Spielzeit jeweils nach Möglichkeit auf Ihre Wünsche Rücksicht genommen wird.

Mit Heil Hitler! bin ich

Ihr sehr ergebener

Clemens Krauss

Die Gastspiele häuften sich nun: Liederabend in Bad Mergentheim, Rudolf in »La Boheme« in Königsberg, Auftritte in Hannover und in Berlin, wo Peter Anders am 2. Juli 1938 anstelle des erkrankten Marcel Wittrisch den Wilhelm Meister sang. »Der Angriff« schrieb: »Peter Anders ist ein Tenor von seltenen Gaben: Eine edle, durchdringende und doch weiche Stimme ist durch Kultur jetzt bereits zu solcher Reife entwickelt, daß schon allein die Ansprache aller Töne, besonders in der Höhenlage, als Wohltat empfunden wird.«

Die Zahl der Anfragen auswärtiger Bühnen und Konzertveranstalter wurde immer größer, ebenso die Zahl der Urlaubsgesuche des Sängers. Immer häufiger

National-Theater

München, Sonntag den 24. Juli 1938

Uraufführung:

Friedenstag

Oper in 1 Aufzug von **Richard Strauß**
Text von **Joseph Gregor**
Musikalische Leitung: **Clemens Krauß**

Inszenierung: **Rudolf Hartmann**   Bühnenbild und Kostüme: **Ludwig Sievert**

Kommandant der belagerten Stadt		Hans Hotter
Maria, sein Weib		Viorica Ursuleac
Wachtmeister		Georg Hann
Schütze		Julius Patzak
Konstabel		Georg Wieter
Musketier	von der Besatzung	Karl Schmitt
Hornist		Willy Merkert
Offizier		Emil Graf
Front-Offizier		Josef Knapp
Ein Piemonteser		Peter Anders
Der Holsteiner, Kommandant der Belagerungsarmee		Ludwig Weber
Bürgermeister		Karl Ostertag
Prälat	der belagerten Stadt	Theo Reuter
Frau aus dem Volke		Else Schürhoff

Soldaten des Kommandanten der belagerten Stadt und des Holsteiners
Stadtobere und Frauen aus der Deputation an den Kommandanten, Volk
Ort: In der Zitadelle einer belagerten Stadt
Zeit: 24. Oktober 1648

Chöre: Josef Kugler — Chorverstärkung: Mitglieder des Münchener Lehrergesangvereins und des Münchener Domchors

*»Der Barbier von Sevilla« bei den Münchener Opernfestspielen 1938; von links
Peter Anders, Georg Wieter, Gastdirigent Gino Marinuzzi, Adele Kern*

kam es zu Ablehnungen, insbesondere, wenn es um Termine während der München-
chener Opernfestspiele ging. So sollte Anders während des Deutschen Turnfestes
in Breslau singen, was jedoch von der Intendanz kategorisch abgelehnt wurde.

Vom 24. Juli bis 7. September fanden die Münchener Opernfestspiele 1938
statt. Im Rahmen der Strauss-Festspiele kam es gleich am ersten Festspieltag zu
einer vielbeachteten Uraufführung: »Friedenstag«. Rudolf Hartmann hatte das
Werk inszeniert. Ludwig Sievert war für das Bühnenbild verantwortlich und Clemens Krauss leitete die Aufführung in gewohnter musikalischer Meisterschaft.

»Triumphgesang eines Friedenstages« überschrieb der Völkische Beobachter
seine Kritik über die Aufführung, in der Peter Anders als Piemonteser nur eine
kleine Rolle zu singen hatte. Er hatte sich als Bringer eines kaiserlichen Schreibens
durch die feindlichen Reihen in die Zitadelle geschlichen und sein Traumliedchen
von Blumen, Wein und Liebesglück gesungen. »Die italienische Canzone gleich zu
Beginn der Oper sang Peter Anders mit innigem Gefühl«. Diese Opernaufführung
vor erlesenem Publikum brachte Peter Anders auch international den Durchbruch.

Während der Festspiele sang Peter Anders insgesamt sechsmal in »Friedenstag«, zweimal den Tamino in der »Zauberflöte«, mit dem Trio Krauss, Hartmann,
Sievert, und den Grafen Almaviva in »Der Barbier von Sevilla« in neuer Inszenierung. Am 29. Juli stand er als Sandor Barinkay in der Operette »Der Zigeunerbaron« auf der Bühne.

Zum ersten Male seit Bestehen der Münchener Festspiele wurde an die Mozart-
und Wagner-Werke eine »Italienische Festwoche« mit »Don Carlos«, »Aida«,
»Tosca« und »Barbier« angeschlossen. Rudolf Hartmann und Ludwig Sievert
waren für Regie und Bühnenbild verantwortlich, die musikalische Leitung hatte
der italienische Gast Gino Marinuzzi, der auch die gesamten Probenarbeiten geleitet hatte. Karl Schmitt-Walter war als Figaro verpflichtet worden. Georg Wieter
und Paul Bender sangen das Paar Bartolo – Basilio und Adele Kern war eine schel-
mische Rosine.

»Peter Anders erblüht in dem Almaviva eine Gestaltungsaufgabe, zu deren
idealer Lösung sein Wesen vorbestimmt scheint. Der klangfrische, geschmeidige
Tenor vermag alle Wonnen der Rossini-Kantilene, alles Perlen ihrer Koloraturen
in vollem lyrischen Zauber auszuschwelgen, zugleich aber steckt in dem Künstler
ein vorzüglicher Buffonist, der die Verkleidungsszenen mit bezwingend natürli-
chem Humor durchzugestalten vermag. Ein Sänger, dem nicht nur der Gesang,
auch das Spiel Lebenselement bedeutet« (Neues Münchener Tageblatt).

Nach seinem Urlaub nahm Peter Anders am 15. September 1938 in Berlin vier
Lieder von Richard Strauss für die Schallplatte auf: »Ständchen«, »Heimliche Aufforderung«, »Traum durch die Dämmerung« und »Ich trage meine Minne«. Es
waren Aufnahmen mit Orchester, und begleitet wurde er von den Berliner Philharmonikern unter Walter Lutze. Der besondere Reiz und Wert dieser Aufnahmen bestand darin, daß es die ersten Lied-Aufnahmen überhaupt waren, die Peter
Anders für die Schallplatte einspielte.

In München sang Peter Anders in Repertoire-Vorstellungen den Sänger im
»Rosenkavalier« (»Mit der Arie des Sängers bot Peter Anders ein Glanzstück kultivierter Gesangeskunst«) und den jungen Seemann in »Tristan und Isolde«.

Der September 1938 war überschattet von dunklen Wolken am europäischen
Himmel. Wegen der sogenannten Sudetenkrise kam es zu einer regelrechten
Kriegsgefahr.

Das Sudetenland, auch Deutschböhmen genannt, mit etwa 3,5 Millionen Einwohnern, davon 3 Millionen Deutsche, war nach dem 1. Weltkrieg aufgrund des
Versailler Vertrages ohne Volksabstimmung der Tschechoslowakei zugeschla-
gen worden. Die Bewohner verlangten größere Autonomie und zuletzt – von
den Nationalsozialisten geschürt – den Anschluß an das angrenzende Deutsche
Reich. Adolf Hitler stellte ultimative Forderungen und drohte mit Waffengewalt.
Da kam es nach erpresserischen Verhandlungen in München und Bad Godesberg am 29. September 1938 zum Abschluß des Münchener Abkommens zwischen Deutschland, Großbritannien, Frankreich und Italien, in dem der Anschluß
des Sudetenlandes an Deutschland – übrigens ohne Beteiligung der Tschechoslowakei – diktiert wurde. Der drohende Krieg war noch einmal abgewendet,
Europa atmete auf. Und der britische Premierminister Neville Chamberlain
schwenkte bei seiner Rückkehr nach London das Abkommen in der Hand und
rief den Journalisten euphorisch zu: »Peace for our time«.

Als Eröffnungsvorstellung zur neuen Spielzeit 1938/39 gab es in München eine
Neuauflage der »Zauberflöte«, bei der Peter Anders als Tamino wieder mit seinem

strahlenden Tenor brillierte. Dann folgte eine Neueinstudierung des »Eugen Onegin« von Peter Tschaikowsky.

Peter Anders hatte die Arie des Lenski bereits 1934 für die Schallplatte aufgenommen. Wie in dieser Aufnahme, sang er nun auch auf der Bühne den Lenski zart und glühend, sensibel und aufbegehrend, mit ebenso blühendem Legato wie mit starken Akzenten und mit natürlicher, strahlender Jugendlichkeit in Miene und Haltung. Die Inszenierung lag wieder in den Händen von Rudolf Hartmann, als Dirigent fungierte Clemens Krauss.

Mit Anders standen in der Premiere auf der Bühne: Trude Eipperle als Tatjana, Else Tegethoff von der Berliner Staatsoper als Olga, Alexander Sved als Onegin sowie Hans Hermann Nissen, Else Schürhoff und Luise Willer. Über die reife Leistung von Peter Anders schrieb ein Kritiker: »Peter Anders war als Lenski ergreifend in seiner jugendlichen Verliebheit und besonders in der Szene der Todesahnung strahlend und hinreißend im Gesang. Es war ein ungeahnter Riesenerfolg ›lyrischer Szenen‹ auf der Opernbühne.«

Anfang Oktober 1938 feierte die Familie Anders ein besonders freudiges Ereignis. Das erste Kind, Töchterchen Ursula, wurde geboren. Natürlich kamen die Großeltern aus Berlin herbeigeeilt, um das Neugeborene noch im Krankenhaus

Peter Anders
mit Töchterchen Ursula
1938

zu sehen. Mit der Schmalfilmkamera wurden die glückliche Mutter, die Tochter und der Besuch ebenso festgehalten wie der stolze Vater, der sich am schwersten tat, das Kind in den Armen zu halten.

Anders war inzwischen regelmäßig Gast an der Berliner Staatsoper. Nach einem wiederum sehr beachteten Gastspiel als Wilhelm Meister in »Mignon« unter dem Dirigenten Werner Egk und mit Erna Berger und Carla Spletter war im Lokal-Anzeiger am 9. November 1938 unter der Überschrift »Echt lyrischer Tenor – Peter Anders als Wilhelm Meister« zu lesen: »Man erfreute sich an der seltenen Harmonie von Gesang, Spiel und Erscheinung des Künstlers, der der echt lyrischen, doch auch mit dramatischen Akzenten durchsetzten Partie voll gerecht wurde. Der Schmelz der Stimme in gesanglich gehobenen Momenten hatte nirgends etwas Weichliches, und man empfand das männliche Timbre im dramatischen Affekt als klanglich besonders kraftvoll.«

Die Aufführung war am 8. November. In der folgenden Nacht zum 9. November 1938 kam es in Deutschland zur sogenannten »Reichskristallnacht«, der von höchsten Stellen organisierten Aktion der Nazis gegen die Juden. SA-Verbände und sonstige Schläger-Trupps schlugen unter dem Schutz der Polizei den jüdischen Kaufleuten in ganz Deutschland die Schaufensterscheiben ein und setzten Geschäfte in Brand. Zum traurigen Symbol für das Pogrom wurden die brennenden Synagogen, die reichsweit von den Nazi-Schergen angezündet worden waren. Viele Juden emigrierten nun, da ihnen klar geworden war, was die Nationalsozialisten wirklich mit ihnen im Schilde führten. Dabei kam erschwerend für diese Menschen hinzu, daß jetzt auch Österreich nach dem Anschluß an das Reich als Zufluchtsort nicht mehr zur Verfügung stand. Die Künstler, die bereits früher vor den Nazis nach Österreich geflohen waren, mußten nun auch dieses Land verlassen. Zu den prominentesten Emigranten gehörte der Tenor Richard Tauber, der nach England ging.

Aber für die in Deutschland lebenden Künstler ging das Leben weiter. Am 29. November 1938 sang Peter Anders erneut den Herzog in der Berliner Staatsoper. Diese Aufführung hatte noch einen weiteren, sehr prominenten Gast: den italienischen Bariton Mariano Stabile als Rigoletto. Die Oper wurde in italienischer Sprache gesungen, was damals ungewöhnlich war, weil alle Opern normalerweise in deutsch gesungen wurden. Hier machte man zu Ehren des berühmten Gastes eine Ausnahme. Robert Heger dirigierte das Orchester der Staatsoper, und Maria Cebotari sang die Gilda. Der Steglitzer Anzeiger berichtete unter der Überschrift: »Gäste in der Staatsoper – Mariano Stabile und Peter Anders«:

»Mit der gewohnten Meisterleistung Maria Cebotaris als Gilda verband sich ein überraschender neuer Partner: Peter Anders, der den Herzog sang. Der Künstler kommt von der Münchener Staatsoper. Er verfügt über einen echten, unverbrauchten und ausgezeichnet fundierten Tenor. Die Stimme trägt in allen Lagen bis zum kraftvoll strahlenden, hohen Forte und wird mit erfreulicher Leichtigkeit und Tonreinheit geführt. An dem starken Erfolg der Veranstaltung hatte dieser hochbegabte Nachwuchstenor seinen wohlverdienten Anteil.«

In Hannover (»die in höchste Begeisterung versetzte Zuhörergemeinde erkämpfte sich noch eine lange Reihe von gern gewährten Zugaben«) und im Bayerischen Hof in München gab Peter Anders Liederabende. Mit dem Liedersänger Peter Anders befaßte sich Dr. Wilhelm Zentner im Neuen Münchener Tageblatt vom 13. Dezember 1938 in einem Artikel mit der Überschrift »Gesangssterne«:

»Der lyrische Tenor unserer Staatsoper, Peter Anders, hat dem Wunsche vieler seiner Bewunderer entsprochen, wenn er sich nunmehr auch einmal im Konzertsaal hören ließ. Diesem Sänger zu lauschen, bereitet deswegen reine Freude, weil der Hörer das Gefühl gewinnt, daß hier ein Künstler von Geblüt nicht nur mit den Stimmbändern, vielmehr mit dem ganzen Menschen singt! In allem, was Peter Anders gibt, schenkt er etwas von seinem eigenen Wesen, seiner frischen und echten Jugendlichkeit, seiner warmströmenden Empfindung, seinem sprühenden Gesangstemperament. Sein Stilgefühl und seine Musikalität sind ausgeprägt genug, um die zwischen Lied- und Operngesang aufgerichteten Grenzen zu kennen, wenn vorläufig auch das Primärste seiner Kunst sich im Bühnengesang offenbart. Das offizielle Programm brachte nach Liedern von Schumann, Brahms und R. Strauss Arien von Tschaikowsky und Puccini, denen eine reiche Ernte an Zugaben folgte. Am Flügel waltete Dr. Franz Hallasch, der Fixstern unter den Münchener Begleitern. Strahlende Töne und strahlende Mienen, das waren die Leitthemen dieses Abends, der Peter Anders seine Beliebtheit auch außerhalb der Bühne offen und ›durch die Blume‹ verbürgt hat.«

Nach Weihnachten bescherte die Staatsoper in München ihrem Publikum in neuer Inszenierung eine Märchenoper: Engelbert Humperdincks »Königskinder«. Gastregisseur August Markowsky von der Wiener Volksoper hatte das Werk mit den prächtigen Bühnenbildern von Ludwig Sievert inszeniert. Meinhard von Zallinger war der Dirigent des Abends.

Dr. Zentner resümierte im Neuen Münchener Tageblatt: »Die jugendliche Frische, unbefangene Natürlichkeit, die bestrickende Stimmhaftigkeit, die Feinheit seiner Deklamation – dies alles sind selten zu treffen Tugenden, die den Königssohn von Peter Anders an die Spitze jener vorzüglichen Eindrücke reihen, die wir an diesem Abend von den Sängern empfangen. Anders verwirklicht in dieser Partie ein Idealbild.«

Silvester 1938 führte die Münchener Staatsoper Rossinis »Barbier von Sevilla« auf. Peter Anders sang, wie schon bei der Premiere, den Grafen Almaviva.

Die Menschen in Deutschland bewegte in dieser Nacht, mit der das Jahr 1939 begrüßt wurde, nach den großen politischen Veränderungen des abgelaufenen Jahres und angesichts des immer ungehemmter zum Vorschein kommenden Expansionsdrangs der Nationalsozialisten, was das neue Jahr bringen würde.

Am 5. Januar 1939 gastierte Peter Anders in der Berliner Staatsoper als Wilhelm Meister in »Mignon«. Eine weitere Verpflichtung sah seinen Einsatz am 9. Januar 1939 als Lyonel in »Martha« vor. Dieser Tag brachte für Berlin wieder ein bedeutendes nationalsozialistisches Ereignis: Die neue Reichskanzlei wurde nach der Rekordbauzeit von nur einem Jahr eingeweiht. Dieser »Festtag« wurde mit einem riesigen propagandistischen Aufwand und vielen Gästen aus dem gesamten Reich begangen. Hitlers Gäste waren am Abend in die Staatsoper eingeladen, wo Peter Anders den Lyonel mit beachtlichem Erfolg sang.

Die Auftritte in Berlin verband er wiederum mit Schallplattenaufnahmen. Einen Tag nach der »Mignon«-Aufführung nahm er in der Singakademie mit dem Orchester des Deutschen Opernhauses Berlin unter Walter Lutze zwei Arien aus dem »Bajazzo« auf: »Jetzt spielen« und »Nein, bin Bajazzo nicht mehr.«. Seine Stimme war noch nicht ausgereift, um diese schwere Partie auf der Bühne singen zu können, aber vor den Schallplattenmikrophonen war diese Aufgabe leichter zu bewältigen. Am Tag nach seinem Lyonel in »Martha« sang er die Lehár-Erfolgstitel »O Mädchen, mein Mädchen« aus »Friederike« und »Von Apfelblüten einen Kranz« aus »Das Land des Lächelns«, Lieder, die einst Richard Tauber erfolgreich kreiert hatte. Begleitet wurde Peter Anders wiederum von dem Orchester des Deutschen Opernhauses, diesmal unter der Leitung von Paul Hühn.

Am 13. Januar 1939 gastierte Peter Anders in Bad Godesberg. Er sang Lieder von Schumann, Brahms und Richard Strauss und im zweiten Teil des Abends Arien von Tschaikowsky und Puccini. Er entfesselte solche Beifallsstürme, daß er zu Zugaben aus »Carmen«, »Das Mädchen aus dem goldenen Westen« und »Tosca« gezwungen wurde. »Anders ist im Besitz eines beneidenswert schönen, ausgeglichenen und in allen Lagen trefflich beherrschten Tenors. Die Klangsüße und Klangfülle der Mittellage weitet sich nach oben zur strahlenden Höhe des Heldenfachs«, schrieb der Kritiker des Bonner General-Anzeigers.

Das Konzert fand im Beethovensaal der kurfürstlichen »Redoute« statt, wo einst der junge Beethoven dem damals schon berühmten Joseph Haydn vorgespielt hatte. Niemand der festlich gestimmten Anwesenden konnte an diesem Abend im Januar 1939 – auf dem Höhepunkt der nationalsozialistischen Machtentfaltung in Deutschland – ahnen, daß knapp sechs Jahre später das Deutsche Reich nicht mehr existieren würde und daß in diesem Saal einmal Staatsbankette und Neujahrsempfänge des Bundespräsidenten eines neuen deutschen demokratischen Staates, der Bundesrepublik Deutschland, stattfinden würden.

Am 20. Januar 1939 trat Peter Anders mit seinen Münchener Kollegen Felicie Hüni-Mihacsek und Ludwig Weber bei einer Konzertaufführung der Oper »Barbier von Bagdad« in Münster auf. Unter der Leitung von Generalmusikdirektor Hans Rosbaud sang Peter Anders die Partie des Nureddin. Mit dabei war auch Willy Hofmann vom Stadttheater Münster als Kadi, der nach dem Kriege als Operettentenor (in vielen Aufnahmen an der Seite von Peter Anders) durch Schallplatte und Rundfunk bekannt werden sollte.

In drei Vorstellungen im Februar 1939, erstmals am 14. Februar, gastierte Peter Anders als Ernesto in »Don Pasquale« an der Berliner Staatsoper. In Dresden sang er am 22. Februar 1939 das Tenorsolo in Beethovens IX. Sinfonie unter Karl Böhm.

Dann brachte die Lindenoper als Erstaufführung nach München und Dresden die beiden Strauss-Opern »Daphne« und »Friedenstag« zur Aufführung. Die Inszenierung hatte Wolf Völker besorgt, die musikalische Leitung hatte – diesmal als

Gast – Clemens Krauss, der ja noch ein paar Jahre zuvor selbst in Berlin gearbeitet hatte. Die Dekorationen stammten von dem Bayreuther Wagner-Spezialisten Emil Preetorius.

Der Komponist selber – kurz vor seinem 75. Geburtstag – hatte seinen Wohnsitz Garmisch wegen der ungewissen Witterung nicht verlassen und konnte daher der erstmaligen Aufführung seiner Werke in der Reichshauptstadt nicht beiwohnen. Er hatte, sozusagen als Vertreter, seinen Sohn geschickt.

Die Aufführung fand fast noch mehr Beachtung als die Uraufführung in München. Daphne war die liebreizende Maria Cebotari, Apoll der kraftvolle Tenor Torsten Ralf aus Dresden. Josef von Manowarda sang den Peneios und die Holländerin Ria Focke war eine mächtige Gaea. Die Rolle des Leukippos verkörperte Peter Anders mit bestechenden Tenormitteln, jung und stimmlich lebhaft. »Dieser frische, sympathische Tenor fällt durch seine klare Textaussprache auf. Er ist ein Gewinn für die Staatsoper« (Herbert Gerigk im Völkischen Beobachter).

In »Friedenstag« sangen Jaro Prohaska als Kommandant, Viorica Ursuleac als Maria, sein Weib (wie in der Münchener Uraufführung), Carla Spletter, Rudolf Bockelmann, Walter Großmann, Erich Zimmermann, Wilhelm Hiller, Eugen Fuchs, Hans Wrana und Otto Hüsch. In der Rolle des Piemonteser gefiel wiederum Peter Anders »durch Kantilene voller Wärme« (Signale, 15. 3. 1939).

»Daphne« in Berlin
mit Maria Cebotari

»Die Entführung aus dem Serail«, 1939 in München
zur Feier des »Tages der deutschen Kunst«,
von rechts Clemens Krauss, Rudolf Hartmann (hinten), Adele Kern, Peter Anders,
Felicie Hüni-Mihacsek, Odo Ruepps (hinten),
Bertil Wetzelsberger, Ludwig Weber, Walter Carnuth

Als anekdotenhaft ist die Rezension über diese Aufführung in der Allgemeinen Musikzeitung anzusehen. Die Rolle des Piemonteser sollte ursprünglich der italienische Tenor Gino Sinimberghi singen. Er war aber plötzlich erkrankt, und so sprang für ihn der Leukippos der »Daphne«, Peter Anders, ein, der diese Partie ja bereits bei der Uraufführung in München gesungen hatte. Gleichwohl berichtete die Allgemeine Musikzeitung: »Gino Sinimberghi hatte als Piemonteser Gelegenheit, seinen hellen Tenor ins Feld zu führen.« Hatte der Kritiker den Wechsel Sinimberghi/Anders garnicht mitbekommen? Oder hatte er vielleicht sogar der Aufführung überhaupt nicht beigewohnt? In den weiteren Aufführungen sang Sinimberghi dann den Piemonteser, während Peter Anders im Laufe des Jahres 1939 den Leukippos als Gast noch fünfmal sang, 1940 dann noch weitere dreimal.

Am 27. April 1939 inszenierte Rudolf Hartmann zusammen mit Ludwig Sievert und dem Dirigenten Bertil Wetzelsberger im Residenztheater Mozarts Singspiel »Die Entführung aus dem Serail«. Endlich konnte Peter Anders zeigen, welch berückender Belmonte aus ihm geworden war. Sechseinhalb Jahre vorher, in Heidelberg, hatte er bei seinem Bühnendebüt noch als Pedrillo agiert, der jetzt von Walther Carnuth gesungen wurde. Eine Constanze in höchster Vollendung sang und spielte Felicie Hüni-Mihacsek, und Adele Kern war ein reizendes Blondchen. Unter der Überschrift »Festspielmäßige Inszenierung« schrieb Oscar von Pander in den Münchener Neuesten Nachrichten: »Einen jugendlich sympathischen und feurigen Belmonte gab Peter Anders, der seine Arien und Ensembles mit strahlender Stimme sang.«

Die Nationalsozialisten verstanden es vorzüglich, die Künstler in Deutschland für ihre Zwecke einzuspannen und sich in ihrem Glanz zu sonnen. Der Sommer 1939 – das »Großdeutsche Reich« befand sich nach dem Anschluß Österreichs, des Sudentenlandes und dem Einmarsch in die Tschechoslowakei auf dem Höhepunkt seiner Macht in Friedenszeiten – brachte eine ganze Reihe kulturell hochwertiger Veranstaltungen. Der 75. Geburtstag des Komponisten Richard Strauss am 11. Juni 1939 wurde glanzvoll gefeiert. Am Vortag gab es eine Opernaufführung des »Friedenstages« in der Wiener Staatsoper in Anwesenheit des »Führers«. Am Geburtstag selber folgte ein Festkonzert in Berlin mit dem Berliner Philharmonischen Orchester im Beisein von Reichspropaganda-Minister Dr. Joseph Goebbels. An beiden Tagen dirigierte Clemens Krauss die Werke des Geburtstagskindes. Zwei Tage später stand Richard Strauss in Dresden selbst am Pult und dirigierte im Rahmen der Dresdener »Richard-Strauss-Tage« seine Oper »Ariadne auf Naxos«.

Im Juni 1939 unternahm Peter Anders mit seiner Frau Susi eine ausgedehnte Urlaubsreise. Zunächst besuchten die beiden Venedig, wo sie selbstverständlich eine Gondelfahrt durch die romantische Stadt an der Adria unternahmen. Anschließend verbrachten sie einen Badeurlaub an der jugoslawischen Adria-Küste. Peter Anders hielt diesen unvergeßlichen Urlaub wieder mit seiner Schmalfilmkamera fest. Die Aufnahmen in Venedig machte er sogar in Farbe, was damals äußerst ungewöhnlich war.

Noch vor den Festspielen in Bayreuth und Salzburg fand vom 14. Juli bis 16. Juli 1939 in München der »Tag der deutschen Kunst« statt, mit prunkvollen Aufmärschen, glanzvollen Theateraufführungen und der Eröffnung der »Großen deutschen Kunstausstellung« durch Adolf Hitler.

Am Freitag, dem 14. Juli, wurde der »Tag der deutschen Kunst« mit der Aufführung von Mozarts Oper »Die Entführung aus dem Serail« eröffnet. Am Nachmittag war Peter Anders noch im Rundfunk zu hören gewesen: »Freunde, das Leben ist lebenswert« ging vom Münchener Sender in den Äter. Am Abend stand er als Belmonte auf der Bühne des Residenztheaters. Ehrengast der Opernvorstellung war der Stellvertreter des »Führers«, Rudolf Heß. In der von Rudolf Hartmann inszenierten Aufführung sangen unter der musikalischen Leitung von Bertil Wetzelsberger: Felicie Hüni-Mihacsek als Constanze, Adele Kern als Blondchen und Walther Carnuth als Pedrillo.

Samstags spielte die Bayerische Staatsoper in Anwesenheit Hitlers den »Tannhäuser«. Am Sonntag, den 16. Juli 1939, huldigte München dann dem 75 Jahre

Kegelpartie
beim 75. Geburtstag
von Richard Strauss
auf dem Tannhof
in Gamisch (1939)

alt gewordenen Richard Strauss mit einer Neuinszenierung von »Arabella«. Unter der musikalischen Leitung von Clemens Krauss und der Regie von Rudolf Hartmann standen auf der Bühne:

Graf Waldner	Georg Hann
Adelaide	Luise Willer
Arabella	Viorica Ursuleac
Zdenka	Trude Eipperle
Mandryka	Hans Hotter
Matteo	Peter Anders
Graf Elemer	Karl Ostertag
Graf Dominik	Theo Reuter
Graf Lamoral	Josef Knapp
Fiakermilli	Anny van Kruyswyk
Kartenlegerin	Nelly Peckensen.

Vor dem festlich gestimmten Publikum wurde die Aufführung im Beisein des Komponisten ein prächtiger Erfolg. Peter Anders sang den Matteo »bezaubernd« (Münchener Neueste Nachrichten). Für alle Mitwirkenden gab es begeisterte Beifallsbekundungen. Die Bayerische Staatsoper hatte ein festliches Wochenende erlebt.

Die glanzvollen Aufführungen wurden fortgesetzt während der Münchener Opernfestspiele vom 29. Juli bis 10. September 1939. Niemand konnte bei der ersten Aufführung am 29. Juli (Die Frau ohne Schatten) ahnen, daß es die letzten Festspiele im Frieden sein sollten. Peter Anders sang und spielte die »Erscheinung eines Jünglings« auch in den Vorstellungen am 15. und 26. August.

Er sang am 1. August den Piemonteser im »Friedenstag«, am 4., 17. und 30. August den Matteo in »Arabella«, am 12. August den jungen Seemann in »Tristan und Isolde« im Prinzregenten-Theater, und am 13. und 23. August den Tamino.

Im August 1939 nahmen die deutschen Nationalsozialisten und die russischen Kommunisten überraschend Verhandlungen über einen Nichtangriffspakt auf. Am 23. August 1939 kam es – zum Erstaunen der Weltöffentlichkeit – zum Abschluß des sogenannten Hitler-Stalin-Paktes, der Hitler freie Hand für seine weiteren Planungen im Hinblick auf Polen gab. Hitler persönlich gab am 31. August 1939 den Befehl zum Angriff auf Polen. Am 1. September 1939 marschierte die deutsche Wehrmacht in das östliche Nachbarland ein. Der deutschen Öffentlichkeit verkündete Hitler über den Rundfunk: »Seit 5.45 Uhr wird jetzt zurückgeschossen.«

Am Abend dieses Tages spielte die Münchener Staatsoper im Residenz-Theater »Die Entführung aus dem Serail«. Peter Anders sang den Belmonte.

Am 3. September erklärten England und Frankreich – durch Beistandspakte mit Polen verbündet – dem Deutschen Reich den Krieg. Der Zweite Weltkrieg hatte – zunächst nur auf Europa beschränkt – begonnen.

Der »Polenfeldzug«, wie der barbarische Angriffskrieg verniedlichend genannt wurde, dauerte nur wenige Wochen. Am 6. Oktober stellten die letzten polnischen Truppen den Kampf ein. Damit herrschte in Europa zunächst einmal Waffenruhe.

Nach den Festspielen 1939 sang Peter Anders in der 300. Münchener Aufführung der »Entführung« den Belmonte. Es folgten der Baron Kronthal im »Wildschütz«, Lyonel und Herzog und zwei Rollendebüts: Froh in »Rheingold« und Cavaradossi in »Tosca«. Die Stimme des Sängers war in den letzten Jahren immer mehr gewachsen und hatte bereits in Hannover zuweilen heldisch gefärbte Züge angenommen. In Anders wuchs das Bestreben, von den rein lyrischen Rollen weg auch die etwas schwereren Partien zu singen. Auf seinen Schallplatten deutete sich dies mit Max, Canio und Radames an, und auch bei seinen Konzerten wagte er hin und wieder, gewissermaßen als Experiment oder als Vorbereitung auf neue Rollen, Arien darzubieten, die nicht mehr dem rein lyrischen Fach zuzurechnen waren. Bei einem Konzert konnte man schon einmal eine Arie aus einem schwereren Fach wählen, ohne gleich die ganze Partie durchsingen zu müssen.

»Tosca« wurde im Nationaltheater in italienischer Sprache aufgeführt. Das Rollendebüt des Künstlers fand allergrößte Beachtung, auch und vor allem bei den

Kritikern. Im Völkischen Beobachter schrieb Heinrich Stahl: »Peter Anders sang zum ersten Male italienisch den Cavaradossi in Puccinis ›Tosca‹, und zwar nicht nur mit Klarheit und Wohllaut der Aussprache, auch in schwungvollem, elegantem italienischen Gesangsstil, der mit Glanztönen der Höhe und expressiver Kantilene seine geschmeidig-temperamentvolle, wohldurchdachte Darstellung wirkungsvoll unterstützte und steigerte.«

Dr. Wilhelm Zentner befaßte sich im Neuen Münchener Tageblatt ebenfalls ausführlich mit dem Cavaradossi Peter Anders':

»Peter Anders, der erstmals in diesem Rahmen den Cavaradossi verkörperte, hat es an solchem Eifer nicht fehlen lassen. Das ist ja das Auszeichnende jeder Leistung dieses gewinnenden Künstlersängers, daß sich sein Singen keineswegs in einer virtuosen Funktion der Stimmbänder erschöpft, vielmehr als wesenerfüllende Kraft erscheint. So wird sein Cavaradossi allen Lagen, in denen sich sein dramatisches Schicksal zu bewegen hat, gleichermaßen überzeugend gerecht. Der verschwärmte, zärtliche Liebhaber des ersten Aufzuges, sein Übertritt in heroische Gefilde im zweiten mit dem ekstatischen Aufschwung des ›Vittoria‹, das Liebesbekenntnis zum Leben im Angesicht des drohenden Todes im Schlußbild – nichts bleibt uns der Künstler schuldig, weil der Stimmausdruck durchweg die Farbe von innen aufglühender Empfindung annimmt. Anders mit seiner wohlfundierten, klangtragenden Mittellage und der hell erstrahlenden Höhe, die in den Augenblicken des Affekts silbrige Blitze zu schleudern vermag, schwelgt sich nicht bloß in der lyrischen Kantilene aus, er bleibt seiner Aufgabe auch die heldentenoralen Akzente nicht schuldig.«

Zeitgleich mit diesem Wandel im Bühnengesang entwickelte sich Peter Anders auch zu einem herausragenden Konzertsänger. Im November 1939 unternahm er eine Tournee nach Westdeutschland. Die Kritik stellte fest: »Der intimen Welt eines Schubert, Schumann und Brahms wie der Straußschen Lyrik geht Anders mit wacher Einfühlung und noblem Ausdruck sparsam nach.« Und weiter: »Anders ist nicht nur ein ausgezeichneter Mittler des edlen und kultivierten Schönsingens, sondern auch ein Liedgestalter, wie er im Tenorfach nach Karl Erb bei uns nicht mehr oft da ist.«

In Neustadt an der Weinstraße sang Peter Anders am 16. November 1939 im Rahmen eines Sinfonie-Konzertes des Saarpfalz-Orchesters erstmals öffentlich die Gralserzählung aus »Lohengrin« und begeisterte damit seine Zuhörer. Die damalige Zeitung »Rheinfront« sprach von einer gottbegnadeten Stimme: »Das edle Metall kam besonders der Gralserzählung zustatten, wo sein strahlendes, mühelos erklommenes hohes A die Hörer in Bann versetzte.«

Mit dem Beginn des Krieges wurden nicht nur die Menschen zur Wehrmacht eingezogen oder zu besonderen Arbeiten dienstverpflichtet, sondern auch private Fahrzeuge sichergestellt und zur Einsparung von Benzin der private Kraftfahrzeugverkehr drastisch eingeschränkt. Ausnahmegenehmigungen gab es nur in besonders begründeten Fällen. Die Bayerische Staatsoper beantragte am 30. September 1939 eine solche Ausnahmegenehmigung für ihren Sänger Peter Anders:

An das
Bayerische Staatsministerium des Innern
Oberste Theaterbehörde in Bayern
                    München.
Herrn Peter Anders, wohnhaft Osterwaldstrasse 7, wurde der »Rote Winkel« an sei-
nem 3,6 Liter Opel-Admiral wegen der Größe des Wagens nicht bewilligt. Herr Anders
ist nun mit folgender Bitte, die ich wärmstens befürwortend weitergebe, vorstellig ge-
worden:
Die Lage seiner Wohnung ist nachweisbar verkehrstechnisch derart ungünstig,
daß sich, wenn er auf die Benützung der öffentlichen Verkehrsmittel angewiesen
bliebe, für ihn insbesondere während der schlechten Jahreszeit schwerwiegende
Nachteile ergeben würden, die, wie in den früheren eingehenden Eingaben ausein-
andergesetzt, für den Staatsopern-Betrieb die unangenehmsten Folgen nach sich zie-
hen müßten. Herr Anders wäre bereit, sich einen ganz kleinen Wagen (er hat Aus-
sicht, einen Fiat-Topolino zu bekommen) zu kaufen, den er selbstverständlich aus-
schließlich für die notwendigen dienstlichen Fahrten von der Wohnung zum Theater
und zurück benützen würde. Es ist begreiflich, daß Herr Anders die endgültige Be-
stellung des Wagens erst dann vornehmen will, wenn ihm die Anbringung des
»Roten Winkels« genehmigt und zugesichert ist.
Ich bitte dringend, dem Ansuchen des Herrn Anders stattzugeben.
                            Heil Hitler!
                            Clemens Krauss

Am 2. Oktober teilte das Bayerische Staatsministerium des Innern – übrigens
ohne Reichsadler mit Hakenkreuz und ohne Hitlergruß – der Intendanz der
Staatsoper mit:
Betreff: Kraftfahrzeugbenützung durch den
          Opernsänger Peter Anders.
Zum Antrag vom 30. September 1939 Nr. 12967.
Die Oberste Theaterbehörde ist bereit für den Fall, daß der Opernsänger Peter An-
ders einen Kleinkraftwagen aus eigenen Mitteln erwirbt, bei der Zulassungsstelle des
Polizeipräsidiums München die Zuteilung des »roten Winkels« für diesen Kraftwa-
gen zu ausschließlicher Benützung zu dienstlichen Fahrten zwischen Wohnung und
Theater zu Proben und Vorstellungen zu begutachten.
                            I. A.
                            Mezger

Peter Anders beschaffte sich tatsächlich einen Kleinwagen und konnte somit
wenigstens während der Fahrten von seiner Wohnung in der Osterwaldstraße, in
die er inzwischen wegen der Geburt seiner Tochter Ursula umgezogen war, und
der Münchener Oper seiner Autofahrerleidenschaft nachgehen.
Peter Anders war nun unter den Tenorsängern in Deutschland eine feste Größe
und überall begehrt. In Dresden sang er den Tamino in der »Zauberflöte« unter
Karl Böhm. Er war durch die Regiekünste von Rudolf Hartmann als Sänger-

Schauspieler gereift, und er brachte von Clemens Krauss die guten Formen durchdachter Gestaltung mit. Dieses Auftreten von Peter Anders als Tamino wurde in Dresden auch als eindrucksvolle Demonstration empfunden, wie in München Regie geführt wurde. »Die beherrschende geistige Kraft des Priesters fand hier ebenbürtiges Gegenspiel in einer temperamentgeladenen, erfrischend natürlichen Darstellung des von Liebe geblendeten, von Wissen und Weisheit noch unbelasteten Märchenprinzen. Aber schon steht Tamino unbewußt im Lichtkreis einer höheren, reineren Welt. Unvergeßlich der Ausdruck der scheu und traumvergessen hingehauchten Schlußworte: O ew'ge Nacht, wann wirst du schwinden?«

Dresden bot ihm einen Vertrag, doch Anders zögerte, da er in München vertraglich gebunden war und er sich nach seinem Gastspielvertrag mit der Berliner Staatsoper dort eine festere Bindung erhoffte.

In München wuchsen die Spannungen mit Clemens Krauss und vor allem mit dem Theaterdirektor Maschat spürbar. Längst ging es schon nicht mehr nur um die sich häufenden und ebenso oft abgelehnten Urlaubsgesuche. Schließlich hatte Anders wohl auch herausbekommen, daß der Tenorkollege Julius Patzak, der etwa zehn Jahre älter war als er, fast das Doppelte an Gage erhielt. Das ärgerte ihn ganz gewaltig.

Am 19. November 1939 sang Peter Anders im Reichssender Berlin. Er wurde dabei als Tenor der Berliner und Münchener Staatsoper angekündigt, eine Ansage, auf die er überhaupt keinen Einfluß hatte. Clemens Krauss, dem dies hintertragen worden war, reagierte am anderen Tage, etwas überzogen, schriftlich:

Sehr geehrter Herr Anders!
Anläßlich Ihrer gestrigen Rundfunkmitwirkung in Berlin wurden Sie als Mitglied der Berliner und Münchener Staatsoper angekündigt. Ich kann nicht annehmen, daß die Reihenfolge in dieser Ansage von Ihnen veranlaßt worden ist. Ich muß Sie aber bitten, in Zukunft bei allen Ankündigungen künstlerischer Tätigkeit außerhalb des hiesigen Institutes, soferne nicht überhaupt nur Ihr Name genannt wird, dafür Sorge zu tragen, daß Sie an erster Stelle als Mitglied der Münchener Staatsoper angekündigt werden.
    Mit freundlichen Grüßen und
                                Heil Hitler!
                                    Ihr Clemens Krauss

Ende November 1939 weilte Peter Anders aus Anlaß einer privaten Feier bei Richard Strauss in Garmisch. Der Komponist hatte den jungen Sänger insbesondere bei der Uraufführung seiner Oper »Friedenstag« und in »Daphne« erlebt und sich von seinen sängerischen und darstellerischen Fähigkeiten überzeugen können. Jetzt schenkte ihm Richard Strauss ein Foto mit persönlicher Widmung:

Seinem lieben vortrefflichen Leukippos und Piemonteser
    Peter Anders in dankbarer Anerkennung.
                        Richard Strauss   Garmisch, 25.11.39

Richard Strauss: Widmung

Beim Cäcilienfest 1939 in Münster sang Peter Anders am 2. Dezember den Lukas in Haydns »Jahreszeiten« und am 3. Dezember in einem Richard-Strauss-Konzert zur nachträglichen Feier des 75. Geburtstages des Komponisten fünf Lieder mit Orchesterbegleitung.

Dann gab es am Sylvesterabend 1939 in der Münchener Staatsoper eine Neueinstudierung von Donizettis »Don Pasquale«. Die musikalische Leitung dieser
Aufführung hatte Meinhard von Zallinger. Regie führte als Gast von der Dresdener Staatsoper Hans Strohbach, den Peter Anders noch von Darmstadt kannte. Es
war übrigens ein Rollentausch der Regisseure, denn zur gleichen Zeit brachte der
Münchener Rudolf Hartmann in Dresden »Cosi fan tutte« heraus.

In den Münchener Neuesten Nachrichten schrieb Oscar von Pander: »Peter
Anders sang den Liebhaber Ernesto mit blendender Tenorpracht.«

Es sollte dies die letzte Münchener Premiere für Peter Anders sein, denn Anfang Januar 1940 kam es zu einer riesigen Überraschung; sie galt in Opernkreisen
als »Paukenschlag«. Der Völkische Beobachter meldete am 10. Januar 1940
(Peter Anders weilte in Berlin und sang dort den Leukipppos) lapidar in knapp
dreieinhalb Zeilen: »Die Intendanz der Bayerischen Staatsoper hat sich entschlossen, einem Antrag des Herrn Peter Anders auf Lösung seines Vertrages
stattzugeben.«

Hinter dieser Meldung verbarg sich ein Zerwürfnis zwischen Peter Anders und
der Intendanz, das allerdings keine Ursache im Künstlerischen hatte.

Als Peter Anders Anfang Januar erkrankte und eine Vorstellung absagen
mußte, war die Intendanz mißtrauisch geworden. Sie schickte, was auch nicht
gerade von besonderer Sensibilität zeugte, einen Arzt in die Wohnung des Sängers, der dies natürlich als Kontrollbesuch und Mißtrauensbeweis deuten
mußte. Anders war darüber so verärgert, daß er seinen Vertrag kurzentschlos-
sen kündigte.

Es kam zu einem erregten Schriftwechsel zwischen Anders, Krauss und Maschat, der schließlich eine gedeihliche Zusammenarbeit nicht mehr zuließ. Peter
Anders hat dabei wohl auch bewußt provoziert, um aus seinem Münchener Vertrag herauszukommen, denn es zog ihn mit Macht nach Berlin, wo ihn Tietjen
haben wollte und wo er sich nicht nur größere künstlerische Entfaltungsmöglich-
keiten versprach, sondern auch ein beträchtlich verbessertes Einkommen.
Schließlich war Berlin auch seine Heimatstadt; hier war er aufgewachsen, zur
Schule gegangen, hier hatte er seinen Beruf erlernt, an der Musikhochschule studiert und seine Frau kennengelernt. Berlin und seine Staatsoper waren für ihn die
Erfüllung seines Lebenstraums.

Am 4. Januar 1940 begann Peter Anders das »Gefecht« unter Münchener
Künstlern mit folgendem Schreiben an Clemens Krauss:

Sehr geehrter Herr Intendant!
Gestern wurde mir, ich nehme an mit Ihrer Zustimmung, ein Vertrauensarzt ins
Haus geschickt. Der Arzt stellte einen Bronchial-Katarrh mit achttägiger Arbeitsun-
fähigkeit fest, zum Unterschied von San. Rat. Dr. Zimmermann, der mich 6 Tage
krank schrieb.

Abgesehen davon, daß man meinen Halsarzt nicht als unglaubwürdig bezeich-
nen darf, habe ich mit großem Befremden von Ihrer Maßnahme Kenntnis genom-
men, obwohl Sie nach § 8 Abs. 4 des Normalvertrages recht haben. Eine solche Be-

handlung ist mir aber bis jetzt an keinem Theater zuteil geworden. Sie schicken mir noch dazu einen Arzt völlig unangemeldet ins Haus, um mich wie einen Schulbuben zu kontrollieren.

Und ich glaubte während meiner zweieinhalbjährigen Münchener Tätigkeit durch meine Arbeitsfreudigkeit und mein weniges Absagen Ihr Vertrauen zu besitzen! Jetzt sehe ich mich leider eines Besseren belehrt. Es wird mir durch eine derartige Maßnahme eine Behandlung zuteil, die ich auf das schärfste ablehnen muß.

Wenn schon Herr Maschatt seit letzter Zeit seine Aversion gegen mich auf jede erdenkliche Art und Weise penetrant zum Ausdruck bringt, indem er mich schikaniert, und mich z. B. trotz Indisposition zum Singen der äußerst schweren Ernesto-Arie zwang, und mir überhaupt jede erdenkliche Schwierigkeit bereitet, so bin ich doch von Ihrer Maßnahme aufs tiefste betroffen. Ich ersehe hieraus bedauerlicherweise, daß ich Ihr Vertrauen nicht mehr besitze.

Auf der anderen Seite bin ich gewohnt, daß man meine Angaben, die noch dazu unaufgefordert von einem Halsspezialisten attestiert wurden, als wahrheitsgetreu ansieht. Eine solche Maßnahme kann ich Ihnen fürderhin nicht mehr mit der erforderlichen Arbeitsfreude, die für ein normales Arbeitsverhältnis notwendig ist, beantworten. Es ist mir unter diesen Verhältnissen leider unmöglich, weiterhin meinen Vertrag zu erfüllen.

Ich bitte Sie daher, mich von meinem Vertragsverhältnis sofort zu entbinden, und meinen Wunsch nicht als Repressalie, sondern als wahr und ernsthaft aufzufassen.

Mit den besten Grüßen
und Heil Hitler!

Peter Anders

Clemens Krauss antwortete noch am gleichen Tage:

Sehr geehrter Herr Anders!
Ich kann Ihr Schreiben vom 4. ds. Mts. nur als das Ergebnis eines augenblicklichen Erregungszustandes ansehen, der jedoch zu den von Ihnen als richtig befundenen Folgerungen in gar keinem Einklang stehen kann. Ich möchte vorweg nehmen, daß Ihre Vermutung, mein Vertrauen in Sie wäre erschüttert, nicht zutrifft. Ich möchte auch nicht erörtern, ob Sie nach meiner Auffassung häufig absagen oder nicht; Tatsache ist, daß Ihre Absagen in der letzten Zeit dem Theater schweren Schaden zugefügt haben.

Zu den konkreten Vorfällen der jüngsten Zeit kommend, möchte ich Sie bitten, sich einmal in die Lage eines Theaterleiters zu versetzen und Ihr Gewissen einmal dahingehend zu erforschen, wie Sie in einer solchen Eigenschaft auf folgenden Tatbestand reagieren würden:

Ein Mitglied Ihres Theaters ist vor Antritt eines Urlaubs mit einer leichten Indisposition behaftet, kommt seinen sehr zusammengedrängten auswärtigen Verpflichtungen trotz dieser noch nicht ganz überwundenen Indisposition nach und kommt von seinem Urlaub mit einem erheblichen Rückfall wieder. Steht Ihrem Theater vorerst nicht wieder zur Verfügung und kann gerade noch die notwendigsten, letzten Proben für eine Sylvester-Premiere mitmachen, wobei es bis zum Morgen der Gene-

ralprobe als nicht endgültig sicher anzusehen ist, ob das Mitglied tatsächlich die Premiere wird singen können. Eine plötzlich eingetretene Besserung läßt die Wogen der Erregung und Unsicherheit sich glätten, der Sänger beginnt die Vorstellung ohne eine vorher gegangene Warnung scheinbar in bester stimmlicher Verfassung zu singen und stellt nun an die künstlerischen Leiter der Aufführung die Zumutung, eine Arie, die vor der ersten Pause liegt und deren Weglassung daher gar nicht mehr richtig besprochen und angesagt werden kann, zu streichen. Der Sänger wird von einem musikalischen Vorstand und einem Vertreter der künstlerischen Betriebsleitung unter großen Schwierigkeiten dazu bewogen, der Unmöglichkeit einer so unvorhergesehenen Weglassung der Arie Rechnung zu tragen und diese zu singen. Die Arie wird gesungen, gelingt und wird durch Beifall bei offener Szene bedankt. Der Sänger erklärt nachher entrüstet, er habe sich durch das erzwungene Singen dieser Arie neuerlich geschadet und müsse die betreffenden Herren, die ihn dazu überredet haben, persönlich für alle Weiterungen haftbar machen. Am darauffolgenden Tag erfahren Sie als Theaterleiter, daß der betreffende Sänger im Rundfunk – noch dazu ohne Erlaubnis! – mehrere schwierige Arien seines Faches singt. Auf Ihre Anfrage, ob es sich vielleicht nicht um Schallplatten handelt, erhalten Sie die Bestätigung, daß der betreffende Sänger persönlich zu hören ist. Am darauffolgenden Tag erhalten Sie ein Attest des Sängers mit dem lakonischen Wortlaut: »Herr Peter Anders ist bis einschliesslich 7. I. 40 dienstunfähig« und mit einer Laufzeit, die gerade noch den ersten Tag eines weiteren Gastspiel-Urlaubs des betreffenden Sängers einschließt. Würden Sie als Theaterleiter nicht vielleicht auch auf den Gedanken gekommen sein, daß in diesem Krankheitsfalle mindestens ein bißchen Trotz mitgespielt haben mag? Hätten Sie nicht auch zu der sehr naheliegenden Maßnahme gegriffen, den Sänger nach Theaterbrauch vom Theater-Arzt untersuchen zu lassen, mindestens um festzustellen, welcher Art eigentlich seine Erkrankung ist (da in dem eingesandten Attest von der Art der Erkrankung mit keinem Wort die Rede ist), wie lange tatsächlich mit der Dienstunfähigkeit zu rechnen ist und inwieweit daher der seinerzeit gewährte weitere Urlaub aufrecht erhalten werden kann.

Ich glaube, sehr geehrter Herr Anders, wenn Sie sich diesen Tatbestand vor Augen halten und sich dabei in die Lage eines noch dazu ortsabwesenden Theaterleiters versetzen, werden Sie meine Massnahme nicht mehr als etwas Ungewöhnliches bezeichnen können.

Obwohl ich annehme, daß sich mit Rücksicht auf meine vorstehenden Ausführungen ein näheres Eingehen auf die Schlußfolgerungen Ihres Schreibens erübrigen dürfte, möchte ich doch nicht verfehlen, Ihnen zum Ausdruck zu bringen, daß ich gar nicht daran denke, Sie von Ihren vertraglichen Verpflichtungen gegenüber der Bayerischen Staatsoper auf Grund dieses Tatbestandes zu entbinden.

Der Ordnung halber möchte ich Ihnen noch mitteilen, daß ich mit Rücksicht auf das Attest des Herrn Sanitätsrat Dr. Bogner, das auf 8 bis 10 Tage lautet, selbstverständlich genötigt bin, den Ihnen bewilligten Urlaub vom 7. bis einschliesslich 10. Januar 1940 als gegenstandslos zu betrachten, da Sie ja noch so

*lange bis zu Ihrer endgültigen Wiederherstellung brauchen werden und wir Sie in
der kommenden Woche in den Vorstellungen, in denen Sie angesetzt sind, wieder
dringend benötigen.*
Ich begrüße Sie mit

Heil Hitler!

Clemens Krauss

*PS. Zu dem vierten Absatz Ihres Schreibens
nimmt Herr Maschat noch persönlich Stellung.
Der Inhalt seines Schreibens an Sie ist mir
bekannt.*

D. O.

Herr Maschat wies insbesondere einige von Peter Anders gebrauchte stilistische
Wendungen energisch zurück und berief sich auf die Erfüllung seiner »nackten
Pflichten zur ordentlichen Aufrechterhaltung des täglichen Theaterbetriebes«. Er
fuhr dann fort: »Wenn allerdings jemand den Ausdruck ›Schikane‹ dort für angebracht hält, wo ihm nicht auf jeden Wunsch ein bedingungsloses ›Ja‹ entgegen-
schallt, dann wird er für meine Auffassung meiner Pflichten wenig Verständnis
aufbringen«. Maschat bot mit Zustimmung des Intendanten an, den Verkehr mit
der Theaterleitung künftig über das Betriebsbüro »unter Ausschaltung meiner Per-
son« weiterzuführen. Allein dieser Umstand zeigt schon, wie vergiftet das Klima
zwischen den an diesem Streit Beteiligten war.

Auf das Intendantenschreiben reagierte Peter Anders am 5. Januar in einem
äußerst harten Ton:

Sehr geehrter Herr Intendant!
*In Beantwortung Ihres gestrigen Schreibens nehme ich zu den einzelnen Punkten
wie folgt Stellung:*
*Zuerst habe ich meinen Brief vom 4. ds. Mts., um den augenblicklichen Erre-
gungszustand auszuschalten, erst einen Tag später geschrieben, und zwar mit voller
Absicht.*
*Weiter soll ich durch meine Absagen dem Theater in letzter Zeit schweren Scha-
den zugefügt haben. Ich stelle fest, daß ich in dieser Spielzeit folgende Vorstellungen
abgesagt habe:*

13. Dezbr.		*Arabella*
15.	”	*Königskinder*
17.	”	*Frau ohne Schatten*
u. 25.	”	*Rosenkavalier.*

*Statt Arabella war Rheingold, Frau ohne Schatten wurde vom Kollegen Carnuth
und Rosenkavalier vom Kollegen Krauß gesungen. Lediglich für die Königskinder
mußten Sie ein Pölzer-Honorar bezahlen. Wo also da der schwere Schaden liegt, ist
mir unbegreiflich. Auch der Theaterbesuch dürfte darunter nicht gelitten haben,*

denn meine Absagen werden erst am Abend bekannt gegeben. Und wenn Ihnen ein großer Schaden entstanden wäre, dürfte er durch meine geringe Gage auf Jahre hinaus gedeckt sein!

Sie schreiben, daß ich vor Antritt eines Urlaubs mit einer leichten Indisposition behaftet war, und trotz dieser meinen auswärtigen Verpflichtungen nachgekommen bin. Sollten Sie nicht wissen, daß es mir hier am Theater auch nicht möglich ist, wegen einer leichten Indisposition abzusagen? Ich kann Ihnen nicht schildern, wie mich Herr Maschat in einem solchen Fall bearbeiten würde! Überhaupt stehe ich an diesem Theater unter einem solchen Zwang, daß ich mich nur bei schwerster Indisposition getraue abzusagen. Für die Intendanz gilt nur die eigene Schwierigkeit zu überwinden, die Not und Sorge, in der sich der Künstler befindet, ist ihr gleichgültig. Denn sonst könnte man nicht so oft überredet und halb gezwungen werden, Vorstellungen zu singen. Nun habe ich aber einen Vertrag auf Gegenseitigkeit abgeschlossen und verlange von der Intendanz, daß man meine Sorgen und Nöte ebenfalls respektiert! Denn aus Laune oder Trotz sage ich nicht ab, nur wenn es mir wirklich schlecht geht.

Wenn ich meinen auswärtigen Verpflichtungen in gedrängter Form nachkommen muß, so einzig und allein nur deswegen, weil ja ewig die enormen Urlaubsschwierigkeiten bestehen. Sehr oft ist es unmöglich, und manchmal nur nach langem hin und her bitten, Urlaub zu erhalten, obwohl dieser mir vertraglich zusteht. Das möchte ich hiermit auch einmal zur Sprache gebracht haben, denn alle diese Dinge haben sich im Laufe der Zeit so angehäuft, daß ich sie sowieso mit Ihnen im Laufe dieser Tage besprechen wollte.

In bezug auf die Ernesto-Arie muß ich vorwegnehmen, daß ich in den Proben des öfteren äußerte, daß diese schwere Arie nur bei absolut guter Disposition zu singen ist, und daß sie an den meisten Bühnen überhaupt fortgelassen wird. Übrigens steht im Klavier-Auszug Seite 72, daß der zweite Akt nach der Arie beginnt, und diese Anmerkung dürfte dem Kapellmeister und dem Regisseur nicht entgangen sein. Wenn ich nun nach meinem Abgang, also mitten im ersten Akt, bitte, in höchster Nervosität bitte, mir diese schwere Arie zu erlassen, so habe ich auch daran gedacht, daß man diese schwere Arie ohne jede Schwierigkeit fortlassen kann. Abgesehen, daß sie dramaturgisch ohne jeden Wert ist, war ein genügender Zeitraum, in dem der Kapellmeister ohne weiteres ansagen konnte, daß der zweite Akt nach der Arie beginnt. Ich sehe es wirklich nicht ein, warum Sie darin solche Schwierigkeiten erblicken. Daß ich mir durch diese Arie stimmlich sowie nervlich geschadet habe, hat der Abend darauf bewiesen. Genau wie am Tage der Pasquale-Premiere habe ich mich am Vormittag des 1. Januar etwas eingesungen und geglaubt, daß es am Abend auch wieder gehen wird. Leider habe ich mich dann im Rundfunk sehr quälen müssen, und daraufhin beschlossen, sofort zum Arzt zu gehen. Das Ergebnis dieser Untersuchung war mein Attest. Aber nicht auf meine blauen Augen hin, sondern weil ein Krankheitsbefund vorlag! Sie hätten mir allenfalls mißtrauen können, wenn ich ohne Attest abgesagt hätte, aber niemals mit Attest. Denn bisher habe ich noch von keinem Arzt gehört, der ohne Krankheitsbefund Atteste schreibt. Übrigens war es wirklich nicht schwer, in der Art meiner

Erkrankung einen Rückfall meiner schon bestehenden Krankheit zu erblicken. Auch hätte Sie Herr San.-Rat Dr. Zimmermann durch ein Telefongespräch sofort informiert.

Im Rundfunk habe ich nicht ohne Erlaubnis gesungen! Sie können sich doch vorstellen, daß ich in München, wo mich jeder hören kann, und noch dazu, wo ich mit einem Opernkollegen zusammen gesungen habe, nicht ohne Urlaubsgenehmigung singen werde!

Herrn Maschat habe ich vor etwa 16 Tagen auf dem Herren-Sologang gefragt, was am Neujahrstag gespielt wird, worauf er mir antwortete: Tannhäuser. Darauf sagte ich ihm, daß dann für mich keine Schwierigkeiten bestünden, in einem Rundfunk-Abendkonzert drei Arien zu singen. Er verneinte und genehmigte mir diesen Urlaub. Wenn man mir jetzt einen Vorwurf daraus machen will, daß ich keinen schriftlichen Urlaub eingereicht habe, so kann ich nur sagen, daß ich schon einige Male Urlaub telefonisch von Herrn Maschat erhalten habe, dessen schriftlichen Antrag ich erst später gestellt habe. Vielleicht kann sich Herr Maschat jetzt daran erinnern. Jedenfalls kann ich meine Ausführungen jederzeit beeiden.

Da Sie auf Grund des Attestes von San.-Rat Dr. Bogner genötigt sind, mir meinen Urlaub vom 7.-10.I. zurückzunehmen, zwingen Sie mich, hierzu Stellung zu nehmen. Ich erblicke hierin eine Böswilligkeit, die ich auf das schärfste zurückweise. Den Tag meiner Tätigkeitsaufnahme bestimme ich mit meinen drei Ärzten, Dr. Zimmermann und San.-Rat Dr. Zimmermann sowie Dr. Forell, und nicht San.-Rat Dr. Bogner, der mich nur kurz untersucht und nicht behandelt hat! Außerdem erblicke ich in der Urlaubszurücknahme ein unsoziales Verhalten, da mir z.B. von der Berliner Staatsoper 800.– Mark Honorar verloren gehen. Von mir aus habe ich sowieso schon dem Prager Sender am 7./8. I. und Telefunken am 10. I. vormittags abgesagt. Ich werde also den Leukippos in Berlin singen oder nicht singen, je nachdem es mir meine Ärzte erlauben!

Daß Sie mich nicht von meinem Vertrage entbinden wollen, ist durch die Anerkennung, die Sie mir dadurch zollen, erfreulich, aber für Sie keineswegs empfehlenswert. Denn nachdem Sie mir diese Art von Behandlung zuteil werden ließen, können Sie sich vorstellen, mit welchen Gefühlen ich meine Arbeit bei Ihnen wieder aufnehmen werde.

Wäre es nicht doch besser, mich gehen zu lassen?

> *Mit besten Grüßem*
> *u. Heil Hitler*
> *Ihr*
> *Peter Anders*

Nun blieb Clemens Krauss garnichts anderes mehr übrig, als den Sänger freizustellen. Unter normalen Umständen wäre es zu einer fristlosen Kündigung gekommen, aber da Peter Anders ja schon selber den Wunsch nach Auflösung des Vertrages geäußert hatte, blieb ihm die Kündigung durch die Staatsoper erspart. Clemens Krauss schrieb ihm am 6. Januar 1940:

Sehr geehrter Herr Anders!
Ihr Brief vom 5. ds. Mts. ist in einem Ton gehalten, der mir in meiner 25jährigen Theaterpraxis noch nicht untergekommen ist und den ich mir unter keinen Umständen bieten lassen will und kann. Der Gedanke liegt nahe, daß Sie diesen Brief sogar in diesem Bewußtsein so geschrieben haben.
Ich gebe Ihrem mit Schreiben vom 4. I. 40 gestellten Antrag auf sofortige Entbindung von Ihrem Vertrag hiermit statt. Alle gegenseitigen Verpflichtungen zwischen der Intendanz der Bayerischen Staatsoper und Ihnen endigen daher mit sofortiger Wirksamkeit.

Clemens Krauss

Einige Tage später gab Peter Anders einen Liederabend im Bayerischen Hof, bei dem er Lieder von Schubert und Brahms sang, daneben auch Arien aus »Zauberflöte«, »Don Giovanni«, »Barbier von Bagdad«, »Manon Lescaut« und »Carmen«. Begleitet wurde er von Dr. Franz Hallasch. Es war dies sein Abschied von München.

»Das Lied ist seine Leidenschaft« überschrieb Dr. Anton Würz seinen Abschiedsbericht. Darin ging Anders übrigens sehr vornehm mit dem Grund seines Ausscheidens aus der Bayerischen Staatsoper um und begründete ihn mit seinem Freiheitsdrang.

»Peter Anders, der beliebte und wegen seiner reichen stimmlichen Begabung und seiner hochentwickelten Gesangskunst mit Recht angesehene Tenor, der bisher an der Staatsoper tätig war, hat sich mit einem Lieder- und Arienabend im Bayerischen Hof vom Münchener Publikum (vorläufig nur, hoffen wir) verabschiedet. Sein feinnerviger, tief verständiger und empfindungsreicher Vortrag Schubertscher und Brahmsscher Lieder weckte hier ebenso den Beifall des Publikums, wie seine glanzvollen Interpretationen einiger Arien, die Gelegenheit gaben, sich dankbar noch einmal seiner Leistungen auf der Bühne zu erinnern. In Dr. Franz Hallasch hatte der Künstler am Klavier einen vorzüglich mitgestaltenden Begleiter.

Nun werden wir also Peter Anders wohl lange nicht mehr hören. Was mag's nur sein, was ihn so plötzlich von München forttreibt? fragen sich jetzt alle Verehrer des hochbegabten Künstlers. Hat es nicht gefallen hier oder ...? Nun, er hat es uns, als wir ihn dieser Tage trafen, selbst erklärt, was ihn zu diesem Entschluß geführt hat. Kurz gesagt: sein Freiheitsdrang! ›Ein anderer‹, meint er, ›wäre wohl glücklich gewesen, in so jungen Jahren eine so schöne Position zu bekommen wie ich hier in München. Und glücklich war ich ja auch darüber, ich habe mich sehr gut hier eingelebt – aber schließlich bedeutete es für mich doch einen Verzicht, immer an einen Ort gebunden zu sein und nicht mehr so viele Gastspiel- und Konzertreisen unternehmen zu können, wie ich das gerne möchte. Denn am Reisen habe ich nun einmal eine unbändige, nicht leicht zu stillende Freude, und andererseits habe ich mit meinen 31 Jahren noch nicht das Verlangen, das ich vielleicht später auch noch bekomme, für lange Zeit oder gar für immer in einem schönen Port zu landen.

Daß mich der Intendant darin verstanden hat und mir den Weg zu einem freieren künstlerischen Leben freigegeben hat, werde ich ihm immer danken, und ebenso werde ich nie die Zeit meines Hierseins und meines herrlichen Arbeitenkönnens unter seiner hervorragenden Führung vergessen!‹

In der kommenden Zeit wird der Künsler nun zunächst einmal für mehrere Wochen nach Berlin übersiedeln, wo er an der Staatsoper, mit der ihn ein Gastspielvertrag verbindet, in der bevorstehenden Erstaufführung der jugoslawischen Volksoper ›Ero, der Schelm‹, von Gotovac, singen wird. Später, im April, unternimmt er dann eine größere Tournee nach Rumänien und im Mai eine Reise nach Holland. ›Ich werde dort, ebenso wie im Reich, nicht nur Operngastspiele, sondern auch Konzerte geben, und auf die Konzerte freue ich mich besonders; denn ich habe eine leidenschaftliche Liebe zum Lied und habe auch die Energie, mich dem Liedstudium mit der Hingabe zu widmen, die es - was leider oft unterschätzt wird - erfordert.‹

›Wenn man als Sänger etwas leisten will‹, sagt er, ›muß man zwar unermüdlich arbeiten, man muß aber auch vernünftig leben, um seinem ganzen Körper die zum Singen notwendige Kraft und Spannung zu erhalten. Die geringste körperliche Schwäche oder Erkrankung wirkt ebenso wie eine seelische Verstimmung nachteilig auf die künstlerische Leistung - man muß sich wohlfühlen und immer muß das Singen eine Freude für den Sänger sein!‹

Und wenn man nun so mit Peter Anders plaudert, spürt man's fast bei jedem Wort, daß er ein Mensch voll Kraft zur echten Lebensfreude ist: gleichviel ob er von seiner Kunst erzählt oder von seinen Reisen, von seinem kleinen Töchterchen, von seinem Vergnügen am Photographieren oder von seiner heimlichen Hoffnung, einst einmal ein eigenes Flugzeug besitzen und steuern zu können. Ein froher, glücklicher, harmonischer, zukunftsgläubiger Mensch - das ist der Eindruck, der uns von der Begegnung mit Peter Anders haften geblieben ist - hoffen wir, daß wir ihn noch recht oft und auch schon bald wieder in München hören können.«

Für Peter Anders war das Kapitel »München« beendet. Er zeigte aber auch im Streit eine gewisse Noblesse, denn als die Erregung abgeklungen und der Pulverdampf verzogen waren, wollte er sich bei seinem Intendanten verabschieden. Clemens Krauss, weniger nachgiebig, hatte aber für den Sänger, den er einst nach München geholt hatte, keine Zeit. So schrieb ihm Peter Anders am 23. Januar 1940 zum Abschied einen Brief:

Sehr geehrter Herr Intendant!
Da Sie mich nicht empfangen konnten, wähle ich diesen Weg, um mich von Ihnen zu verabschieden.

Ich sage Ihnen hiermit Dank für die gemeinsame schöne und interessante künstlerische Arbeit, die ich in den zweieinhalb Jahren durch Sie hatte, und für die angenehme Art, mit der Sie mich stets auf der Bühne leiteten.

Mit den besten Grüßen
stets Ihr ergebener
Peter Anders

Berlin

Peter Anders war nun ohne feste vertragliche Bindung, da sein Vertrag mit der Berliner Staatsoper erst zur Spielzeit 1940/41 wirksam wurde. Er überbrückte diese Lücke aber mit zahlreichen Gastauftritten in der Lindenoper und mit Konzerttourneen.

In Berlin sang er im Februar 1940 den Herzog und dreimal den Linkerton, zwischendurch gab er Liederabende, so in Hannover, wo er neben Wolf- und Strauss-Liedern Beethovens Liederzyklus »An die ferne Geliebte« sang, aber auch Rezitativ und Arie aus »Rinaldo« von Händel »Lascia ch'io pianga« und »O cessate di piagarmi« von Alessandro Scarlatti. Am 27. Februar sprang er in Dresden als Rudolf für den berühmten Tino Pattiera ein.

Am 6. März 1940 sang er in Berlin erstmals den Cavaradossi in einer Aufführung von Edgar Klitsch und unter der musikalischen Leitung von Hans Lenzer. Viorica Ursuleac und Robert Burg als Scarpia waren seine Partner. Die Berliner Presse schrieb:»In der Staatsoper sang Peter Anders zum ersten Male den Cavaradossi in Puccinis ›Tosca‹. Er legt die Partie in kluger Steigerung an. In den ersten Szenen von lyrischer Zurückhaltung, im ›Viktoria‹ des zweiten Aktes zu großem gesanglichen Aufschwung entflammt, läßt er am Schluß dramatischen Ausdruck und stimmlichen Einsatz zu packender Einheit werden. Sein Tenor hat die Biegsamkeit für Puccinis leichten Plauderton, den Schmelz für seine Kantilenen, den stählernen Glanz für die melodischen Gipfelpunkte. Mit Sicherheit und Geschmack fügt er sich in die Aufführung, die getragen wird von dem starken Bühnentemperament der Tosca Viorica Ursuleacs.«

Am nächsten Tag, dem 7. März 1940, hatte er seinen ersten Auftritt in der Wiener Staatsoper. Die Direktion hatte ihn für eine Gage von 1.000 Reichsmark sowie den Ersatz der Flugkosten Berlin-Wien-Berlin für die Rolle des Linkerton in »Madame Butterfly« verpflichtet. Dirigent der Aufführung war Rudolf Moralt als Gast, Cho-cho-san, genannt Butterfly, war die Finnin Lea Piltti.

Ein weiterer geplanter Auftritt als Herzog in »Rigoletto« mußte aus Termingründen verschoben werden.

Nach weiteren Auftritten in der Lindenoper sang Peter Anders am Karfreitag 1940 bei einem Konzert im Metropol-Theater, das sonst als Bühne für Revuen und Operetten diente. Im ersten Teil trug Anders, begleitet von Michael Raucheisen, den Liederzyklus »An die ferne Geliebte« vor, im zweiten Teil sang er Cavaradossis »Und es blitzten die Sterne« und zusammen mit Angela Dalbo von der Mailänder Scala »Mit deinen Augen, den wundersamen« aus »Tosca«. Werner Schmidt-Boelcke dirigierte ein großes Begleitorchester. Es war übrigens das erste Mal, daß Peter Anders im Liedteil dieses Konzertes mit Michael Raucheisen auftrat, dem »Meister des Liedes«, der zum unvergleichlichen Begleiter nahezu aller großen Liedinterpreten wurde und mit dem Peter Anders später noch sehr oft und sehr eng zusammenarbeiten sollte.

Nach dem Konzert bot ihm der Chef des Metropol-Theaters, Heinz Hentschke, einen Vertrag als Operettensänger für sein Haus mit einer verlockend hohen

Gage. Damals war die große Zeit der Operetten und Revuen auf der Bühne und vor allem in Berlin. Doch Peter Anders, der im Rundfunk oder für die Schallplatte sehr gerne Operettenlieder sang, lehnte dieses Angebot ab, da er seine Karriere als Opernsänger nicht aufgeben und nicht nur Operetten singen wollte.

In der Staatsoper Berlin stand erstmals die selten gespielte Oper »Ero, der Schelm« des jugoslawischen Komponisten Jakov Gotovac auf dem Programm. Edgar Klitsch hatte die Spiel-, Johannes Schüler die musikalische Leitung. Peter Anders sang, anstelle von Marcel Wittrisch, den Ero mit strahlender, müheloser Höhe, die zu Beifall auf offener Szene herausforderte. Die Presse lobte ihn:

»Er bringt für diesen tenoristischen Tausendsassa alles mit: Beweglichkeit der Gebärde, Laune des Spiels, echten Humor und eine in allen Lagen mühelos ansprechende Stimme, die den spielerischen Übermut der Rolle auch gesanglich treffend interpretiert.«

Peter Anders nahm Konzertverpflichtungen nicht nur in großen Städten, sondern auch in kleineren Orten, gewissermaßen in der Provinz, wahr. Er gastierte im Großen Haus des Württembergischen Staatstheaters Stuttgart und im Rahmen der durch die NS-Organisation »Deutsche Arbeitsfront – Kraft durch Freude« veranstalteten Konzerte in Magdeburg, Troisdorf und Düren. Sein ständiger Begleiter in dieser Zeit war Dr. Franz Hallasch aus München. Das Repertoire umfaßte Lieder von Schubert und Brahms, zuweilen auch von Richard

Mit Maria Müller
in »Ero, der Schelm«

103

Strauss, und Arien von Mozart, Puccini, Weber und Bizet. Als Beispiel eines Konzertprogramms kann das folgende gelten:

1. Franz Schubert: a) Wohin?
                    b) Der Neugierige
                    c) Liebesbotschaft
                    d) Frühlingsglaube
2. Joh. Brahms: a) O wüßt' ich doch den Weg zurück
                    b) Feldeinsamkeit
                    c) Die Mainacht
                    d) Von ewiger Liebe
3. W. A. Mozart: Dies Bildnis ist bezaubernd schön, aus »Die Zauberflöte«
4. W. A. Mozart: Folget der Heißgeliebten, aus »Don Juan«
5. C. M. v. Weber: Arie des Max, aus »Der Freischütz«
6. Giacomo Puccini: Wo lebte wohl ein Wesen?, aus »Manon Lescaut«
7. Georges Bizet: Hier an dem Herzen treu geborgen, aus »Carmen«

Ende April 1940 brachte die Berliner Staatsoper aus Anlaß des 80. Geburtstages von Emil Nikolaus von Reznicek dessen Oper »Donna Diana« in einer Neuinszenierung von Wolf Völker und unter der musikalischen Leitung von Robert Heger heraus. Maria Cebotari, Willi Domgraf-Faßbaender, Otto Helgers, Gustav Rödin, Otto Hüsch, Else Tegethoff, Irmgard Armgart, Hilde Scheppan und Peter Anders bildeten das Ensemble bei der Premiere. Peter Anders nahm wieder einmal durch die Frische seines lyrischen Tenors gefangen und trug mit seinen schönen tenoralen Glanztönen zum Erfolg dieser Aufführung bei.

Seit der Unterwerfung Polens herrschte zwar in Europa Waffenruhe, doch dieser »Frieden« war nur trügerisch. Deutsche und Franzosen, offiziell im Kriegszustand, standen sich am Oberrhein Aug' in Auge gegenüber. Man sprach vom »Sitz-Krieg« im Westen.

Hitlers Bestreben, seine Macht in Europa auszudehnen, führte am 9. April 1940 zur Operation »Wesermündung«, hinter der sich nichts anderes als die Besetzung Dänemarks und Norwegens verbarg. Dänemark ergab sich kampflos, aber Norwegen leistete militärischen Widerstand.

Am 10. Mai 1940 nahm das Verhängnis für Europa endgültig seinen Lauf. Deutsche Truppen begannen um 5.35 Uhr den Angriff gegen Frankreich und marschierten ohne Kriegserklärung in die neutralen Länder Belgien, Luxemburg und Niederlande ein. Was 200 Jahre vorher der Preußenkönig Friedrich II. im Falle Schlesiens vorexerziert hatte, ahmte Hitler nun gegenüber diesen drei kleinen Nachbarstaaten nach. Aus dem »Sitz-Krieg« war ein heißer Krieg geworden, der der deutschen Wehrmacht dank ihrer Panzer- und Luftüberlegenheit unerwartete »Blitz-Siege« bescherte.

Im Mai 1940 stellte der berühmte Friedrich Herzfeld in der Deutschen Radiozeitung Berlin Peter Anders als »Künstler der Woche« vor. Herzfeld schrieb u. a.: »Peter Anders gehört zu den Tenören, die in der letzten Zeit im Rundfunk immer fester Fuß gefaßt haben. Das ist bekanntlich nicht bei allen Tenören so. Die Stimmen, die wir gern hören, müssen etwas Sonniges haben, wenn sie uns am Lautsprecher Freude bereiten sollen. Nur Singen, das mit Strahlen und Lachen einhergeht, bezaubert am Lautsprecher die Menge. Ein solcher Sänger ist eben Peter Anders.«

Hier wurde von einem kompetenten Kritiker das Besondere an Stimme und Wesen von Peter Anders treffend beschrieben, das ihn zum Liebling eines Millionenpublikums werden ließ.

Peter Anders wurde im Juni 1940 an der Berliner Staatsoper an drei Abenden hintereinander eingesetzt, um seine Verwendbarkeit für künftige Aufgaben zu testen. Den Auftakt bildete am 7. Juni der Rudolf in »La Boheme«.

In der folgenden Nacht kam es zum ersten alliierten Luftangriff auf Berlin, als ein französischer Fernaufklärer Bomben auf die Stadt warf, ohne allerdings größeren Schaden anzurichten.

Einen Tag später, am 8. Juni, folgte die Neuinszenierung der »Entführung aus dem Serail« von Wolf Völker mit der Ausstattung von Emil Preetorius. Johannes Schüler dirigierte. Peter Anders alternierte in der Rolle des Belmonte mit Helge Roswaenge, hatte aber in der Premiere den Vorzug vor diesem berühmten Kollegen erhalten. Seine Partnerin als Constanze war Erna Berger. Weiter wirkten mit Carla Spletter als Blondchen, Erich Zimmermann als Pedrillo und Josef von Manowarda als Osmin. Im Berliner Lokalanzeiger schrieb Heinz Joachim: »Die noble Melodik des Belmonte findet in Peter Anders einen Sänger von hoher Kultur in Stimme und Spiel«.

Die dritte »Probe« für Peter Anders war der Matteo in der Strauss-Oper »Arabella« in der Inszenierung von Heinz Tietjen. Peter Anders sang diese Rolle für einen verhinderten Kollegen mit großer Sicherheit. Er kannte diese Partie von München, so daß er sich neben der strahlenden Arabella Tiana Lemnitz', neben Käthe Heidersbach, Jaro Prohaska, Fritz Krenn, Rut Berglund und Irmgard Armgart gut in diese Aufführung einpassen konnte. Das Besondere an diesem Abend war, daß der Komponist Richard Strauss wenige Tage vor seinem 76. Geburtstag selbst am Pult stand. Gertrud Runge schrieb über den »Meister«: »Die souveräne Meisterschaft, die den Komponisten Strauss auszeichnet, eignet auch dem Dirigenten. Er gehört zu den wenigen, die das eigene Werk so darzustellen vermögen, wie es in ihrer inneren Vorstellung lebt. Mit welch sparsamen Mitteln ihm das gelingt, ist immer wieder überraschend. Hier waltet die gleiche weise Oekonomie, die den gewaltigen Orchesterapparat der ›Arabella‹ instrumentatorisch auflichtete.«

Peter Anders sang im Juni noch zweimal den Belmonte, den Leukippos in »Daphne« und zum Schluß der Spielzeit den Lyonel in »Martha«.

Inzwischen hatte er seine Zelte in München endgültig abgebrochen. Während er auf Konzertreise war, fand seine Frau Susi in Berlin-Dahlem in der Hüninger Straße 43 ein passendes Haus, in das die Familie mit Töchterchen Ursula im Sommer einzog. Direkt nebenan wohnte der Filmschauspieler Harald Paulsen. Weitere Nachbarn waren der Pianist Gerhard Puchelt und der Bariton Willy Domgraf-Faßbaender, dessen Tochter Brigitte, die später als Altistin berühmt werden sollte, gerade ein Jahr alt war.

		Beleg		
1.	Berliner Sender		586 - ✓	
3.	Staatsoper Berlin „Rigoleto"	76		1052 -
7.	„ „ „Boheme"	77		926 -
8.	„ „ „Entführung"- Premiere	78		878 -
9.	„ „ „Arabella"	79		800 -
15.	„ „ „Entführung"	84		926 -
16.	Deutschlandsender		500 - ✓	
18.	Konzert Braunschweig		600 -	
19.	Staatsoper Berlin „Daphne"	85		926 -
21.	„ „ „Entführung"	86		926 -
23.	Leipziger Sender		566 80 ✓	
26.	Deutschlandsender		626 - ✓	
	Reise-Erstatg. Yd.-Staatsoper Bln. w/Marta-/Sen.-Probe			126 -
	2 Tage Probengeld „ „ Y/Marta			60 -
30.	Staatsoper Berlin „Marta"	87		870 -
				7490 -
			2878 80	2878 80
				10368 80

Lohnst. 1 × 18.62 = 708 .96
Krigsst. 8 × 44.37   354 .48
Fachst. 6 × 8.00 17.60   72 .5c
2 × 20.90

Peter Anders hatte versucht, das Haus käuflich zu erwerben, aber der Eigentümer hatte einen Verkauf abgelehnt. Als später der Bombenkrieg einsetzte, zeigte er sich auf einmal verkaufsbereit, aber jetzt wollte Peter Anders nicht mehr.

Dem penibel genau geführten Kontenbuch des Sängers ist zum Beispiel aus dem Monat Juni 1940 zu entnehmen, über welche Einnahmen Peter Anders verfügte. Künstlerisch wichtiger aber ist die Aussage darüber, was der Künstler damals sang. Neben Rundfunk- und Konzertverpflichtungen, die er wahrzunehmen hatte, stand er achtmal in sechs verschiedenen Rollen auf der Bühne der Staatsoper. Interessant ist, daß die Nettoeinnahme für die Premiere der »Entführung« niedriger war als die Gage für die folgenden Repertoire-Vorstellungen.

Nun war der Sänger am Ziel aller seiner Träume und Wünsche, an der Berliner Staatsoper, die damals zu Recht als das bedeutendste deutschsprachige Operninstitut bezeichnet wurde. Hier traf er nicht nur auf Dirigenten und Regisseure, auch Bühnenbildner, der Extraklasse, sondern auch auf ein Ensemble mit absoluten Weltklasse-Sängern. Heute findet man eine solche Ansammlung erstklassiger Künstler nur noch bei Festspielen oder bei Schallplattenaufnahmen. Damals war dies in Berlin sozusagen Alltag!

Erna Berger, Maria Cebotari, Carla Spletter, Tiana Lemnitz, Hilde Scheppan, Käthe Heidersbach, Maria Müller, Marta Fuchs, Margarete Arndt-Ober, Else Tegethoff, Irmgard Armgart bei den Damen, Willi Domgraf-Faßbaender, Heinrich Schlusnus, Eugen Fuchs, Walter Großmann, Jaro Prohaska, Fritz Krenn, Josef von Manowarda, Rudolf Bockelmann und Wilhelm Hiller im Bariton- und Baß-Fach, deren Stimmen fast ausnahmslos auch auf Schallplatten festgehalten wurden und deren Ruhm ihre Karrieren überdauert hat. Bei den Tenören war die Konkurrenz besonders groß: Helge Roswaenge, Franz Völker, Marcel Wittrisch, Gino Sinimberghi, Vasso Argyris, Gerhard Witting, Fritz Soot, Ludwig Suthaus, Erich Witte und Erich Zimmermann. In diesem »Feuerofen«, wie Frau Anders die Berliner Bühne einmal genannt hat, mußte sich Peter Anders bewähren.

Berliner Opernchef war Heinz Tietjen in seiner Eigenschaft als Generalintendant der Preußischen Staatstheater. 1881 in Tanger geboren, hatte er bei Arthur Nikisch studiert und dann als Dirigent und Regisseur gearbeitet. Von 1907 bis 1922 war er Intendant in Trier, von 1922 bis 1924 in Breslau und von 1925 bis 1927 an der Städtischen Oper in Berlin. 1927 kam er an die Berliner Staatsoper.

Unter den Regisseuren ragte Wolf Völker heraus. Nach Studien in Bonn und Köln war er zunächst Schauspieler, und dann von 1928 bis 1938 als Opernregisseur in Essen tätig. 1938 war er Oberspielleiter der Berliner Staatsoper geworden. Er sollte später der letzte Regisseur werden, mit dem Peter Anders in einer Neuinszenierung, dem André Chenier in Hamburg, zusammengearbeitet hat.

Völker zur Seite standen Edgar Klitsch, Hans Friederici und Irene Eden. Auch der berühmte Gustaf Gründgens tat sich zuweilen in Berlin als Opernregisseur hervor.

Bei den Kapellmeistern waren der als Komponist bekannt gewordene »Olympia-Sieger« Werner Egk, Robert Heger, Johannes Schüler und ab 1941 Herbert von Karajan fest engagiert. Sie wurden ergänzt durch Richard Jäger und Hans Lenzer, sowie durch zahlreiche Gastdirigenten, darunter des öfteren Richard Strauss, Wilhelm Furtwängler, Clemens Krauss und Jakov Gotovac.

Am 14. Juni 1940 marschierten die deutschen Truppen in Paris ein. Hitler befahl eine dreitägige Beflaggung in Deutschland. Er fuhr selbst nach Frankreich, um dort im Wald von Compiègne die französische Kapitulation entgegenzunehmen, in dem gleichen Salonwagen, in dem 1918 vor den alliierten Siegern das deutsche Heer kapituliert hatte. Der Chef des Oberkommandos der Wehrmacht, Generalfeldmarschall Keitel, huldigte Hitler: »Mein Führer, Sie sind der größte Feldherr aller Zeiten!« Der Volksmund erfand dazu die Abkürzung »Gröfaz«.

Die Reichshauptstadt Berlin feierte den »Führer« und die siegreiche Wehrmacht am 24. Juni 1940 mit einer bombastischen Parade. Nur einen Monat später kam es zum ersten großen Luftangriff der Royal Air Force auf Berlin. Der moderne Krieg beschränkte sich nicht mehr nur auf Kampfhandlungen an der Front. Die Menschen in Deutschland sollten dies noch auf grausame Art zu spüren bekommen.

Die neue Opernspielzeit in Berlin begann für Peter Anders nach einem Konzert mit den Münchener Philharmonikern im Kurhaus in Bad Kissingen am 15. September 1940 mit dem Belmonte in der »Entführung«. In der Berliner Erstaufführung der Oper »Dalibor« von Friedrich Smetana sang er den Veit, den Knappen Dalibors. Dalibor war Franz Völker.

Die Berliner Konzertgemeinde veranstaltete am 22. Oktober in der Philharmonie einen »italienischen Opernabend« mit Irma Beilke von der Städtischen Oper Berlin, Elisabeth Hoengen und Arno Schellenberg von der Staatsoper Dresden, Peter Anders und dem Klavierbegleiter Dr. Franz Hallasch. Peter Anders sang die beiden »Turandot«-Arien »O, weine nicht, Liu« und »Keiner schlafe«, dann mit Irma Beilke das Duett Gilda-Herzog aus »Rigoletto« und mit Arno Schellenberg das Duett Alvaro-Carlos aus »Die Macht des Schicksals«. Die erstmalige öffentliche Interpretation des Alvaro deutete erneut auf die weiter gewachsene Stimme und auf den späteren Fachwechsel hin.

Erstmals erschien auf den Programmzetteln der Hinweis für das Publikum, wie es sich bei Fliegeralarm zu verhalten habe. »Bei Fliegeralarm ist der an Ihrem Platz angezeigte Luftschutzraum aufzusuchen.«

Einen herben persönlichen Schicksalsschlag erlebte Peter Anders am 10. Juli 1940. An diesem Tage kam sein Vater Emil Anders im Alter von nur 57 Jahren auf tragische Weise ums Leben. Emil Anders, der bei der Reichsbahn beschäftigt war, hatte Nachtdienst. In seiner Unterkunft strömten aus einem defekten Ofen Gase, die zu einer tödlichen Vergiftung führten. Marie Anders, die Mutter des Sängers, war nun mit erst 52 Jahren Witwe. Sie starb im Alter von fast 80 Jahren am 11. Februar 1968.

Zu seiner Mutter hatte Peter Anders ein besonders inniges Verhältnis. Nach dem Tode des Vaters veranlaßte er, daß sie zu einem längeren Kur- und Erholungsaufenthalt nach Bayern fuhr. Während dieser Zeit schrieb Peter Anders in einem seiner Briefe:

Liebes Mütterlein!
Gestern habe ich hier im Oscar-Helene-Heim vor Verwundeten gesungen, Johannes Strauß hat gespielt und mich begleitet. Wir haben den Armen eine große Freude bereitet, und das ist für uns eine innere Freude und Genugtuung, daß wir wenigstens somit auch etwas für die Verwundeten tun.

Sonst geht es uns sehr gut. Alles ist mobil und gesund. Der Herbst ist nun endgültig eingezogen, das Wetter schön, aber kühl. Vielleicht ist es jetzt bei Dir auch wieder besser mit dem Wetter, damit Du nicht zuviel im Zimmer hocken mußt. Daß Du schon so früh abreisen willst, gefällt mir nicht ganz. Ich möchte es gerne, wenn Du erst am 1. Oktober abreisen würdest!!! Also überlege es Dir bitte, und bleibe noch bis zum Dienstag. Dann fährst Du nach Regensburg und bleibst ein paar Tage dort, wohin ich Dir dann auch den Schlafwagen für die Rückfahrt senden werde. Und laß

Dich dort nicht zu sehr von Vaters Tod aufregen! Halte alles bewußt von Dir etwas
ab, damit die Erholung nicht gleich wieder hin ist. Man muß und kann sich immer
etwas in der Gewalt haben und somit Schaden an der Seele verhüten. Ich bin sehr
in Eile und schließe deswegen diesen Brief, den ich per Eilpost an Dich sende, damit
Du ihn bald erhältst.
  Sei herzlich gegrüßt und umarmt von uns dreien!
                                                          Dein Sohn
                                                            Peter.

Aus einem anderen Brief an seine Mutter ist auch die politische Einstellung von
Peter Anders zum Nazi-Regime herauszulesen. Er läßt erkennen, daß er die Pro-
paganda der Nazis durchschaut hat. Im Zusammenhang mit einem Luftangriff auf
Berlin schreibt er:
  »Und Du weißt ja selbst, daß man sich leider solche Zeitungsberichte und
Rundfunkdurchsagen immer noch schlimmer ausmalt, als sie in Wirklichkeit sind.
Außerdem sind sie so gewaltig aufgebauscht, daß man mit dem Kopf wackeln
müßte, wenn man nicht wüßte, daß sie uns ein Mittel in die Hand geben, nun wo-
chenlang auf London Vergeltungsmaßnahmen auszuüben. Also das war der wirkliche Zweck, warum man hier aus einer Mücke einen Elefanten machte. Von meinen letzten Zeilen an gerechnet waren die Engländer nicht mehr über Berlin und
somit können wir wieder wunderbar schlafen.«
  In Dresden folgte ein vielumjubelter Auftritt als Rudolf in »La Boheme« in
einer Inszenierung von Ludwig Eybisch und unter der musikalischen Leitung von
Willy Czernik. Maria Cebotari, Christel Goltz und Mathieu Ahlersmeyer standen
mit ihm auf der Bühne der Semper-Oper, mit der ihn nun ein fester Gastspielvertrag verband.
  Im Dezember 1940 unternahm er wieder eine Konzerttournee durch Westdeutschland, bevor es am 19. Dezember 1940 zur Uraufführung der Oper »Andreas Wolfius« von Fried Walter kam.
  Der Textdichter Christof Schulz-Gellen hatte als Grundlage für sein Werk die
Novelle »Das Fräulein von Scuderi« von E.T.A. Hoffmann verwendet, die Handlung allerdings aus dem Paris Ludwigs des XIV. in das Dresden Augusts des Starken verlegt.
  Generalintendant Tietjen hatte sein Interesse an dieser Schöpfung in eine Aufführung großen Stils und mit wahrhaft repräsentativem Charakter umgesetzt. Wolf
Völker führte Regie, Johannes Schüler dirigierte die Staatskapelle Berlin mit sou-
veräner Sicherheit. Peter Anders sang mit strahlend klingendem lyrischen Tenor
den Francesco Barrata, seine Partnerin als Sybilla Marianna war Erna Berger.
  Erna Berger und Peter Anders konnten als Liebespaar in ihren Arien und Duetten den ganzen Zauber ihrer stimmlichen Kultur entfalten. Alfred Otto lobte
Peter Anders »als der italienische Bildhauer Francesco Barrata, ein Tenor von heldischem Glanz«.
  Das Publikum bestätigte mit seinem starken Beifall den Aufführenden und
dem Komponisten Fried Walter, der an diesem Tage 33 Jahre alt wurde, einen

großartigen Erfolg. Anders sang noch drei weitere Vorstellungen dieser Oper hintereinander.

Mit Erna Berger gab er im Januar 1941 im Festspielhaus von Salzburg und im Konzerthaussaal in Wien »Arien-, Lieder- und Duett-Abende« zusammen mit Ferdinand Leitner am Klavier. Peter Anders sang Rezitativ und Arie aus »Rinaldo« von Händel »Armida disperata«, und mit Erna Berger Duette aus der »Entführung« und »La Traviata«. Seinen Drang, schwerere Tenorpartien zu singen, dokumentierte er mit der Arie des Radames »Holde Aida«.

Nachdem er den Rudolf Anfang Februar in Berlin gesungen hatte, wurde er für diese Rolle von der Wiener Staatsoper verpflichtet. Zur Aufführung kam es am 18. März 1941. In der von Erwin Kerber inszenierten und von Rudolf Moralt dirigierten Aufführung sangen neben Peter Anders Esther Réthy die Mimi, Else Schulz die Musette, Alfred Poell den Marcel und Georg Monthy den Schaunard. Die Presse berichtete über diesen Auftritt unter der Überschrift »Ein neuer Rudolf – Peter Anders in der Staatsoper«:

»Wir kennen ihn schon vom Konzertsaal her, vor einem Monat weilte der Tenor der Berliner Staatsoper gemeinsam mit Erna Berger in Wien. Der Eindruck von damals – obwohl die Lieder großen Raum einnahmen – bestätigte sich auch, als Anders den Rudolf in der »Boheme« sang. Eine typisch lyrische Stimme mit einer deutlichen Neigung zu gedämpftem Gesangsausdruck, der gerade den pastellartigen Szenen in Puccinis Oper so gut steht. Obwohl das erste Bild durch die etwas zu temperamentvolle Anlage des Künstlervölkchens unter dem Dach litt und das reine Theater zu stark hervortrat, fand Anders schon innige Töne der Zuneigung zur kleinen Blumenstickerin Mimi (Esther Réthy), um dann dem zweiten Bild, in dem mitunter die Liebesidylle Rudolf-Mimi untergeht, ein ganz neues Gesicht zu geben. Spiel und Gesang vereinten sich schön«.

Am 19. März 1941 dirigierte Jakov Gotovac selbst die von ihm komponierte Oper »Ero, der Schelm« mit einer glanzvollen Besetzung, die der Aufführung den Anschein einer Premiere gab. Alfred Burgartz von der Nachtausgabe lobte den »brillanten Naturburschen und eleganten Tenor Peter Anders«.

Im März gastierte Peter Anders erneut beim Cäcilienfest in Münster. Samstags sang er unter der Leitung des Generalmusikdirektors Hans Rosbaud das »Requiem« von Verdi, am Sonntag folgten drei Arien aus »Entführung«, »Der Barbier von Bagdad« und »Oberon«. Konzerte in Magdeburg und Leverkusen schlossen sich an. Im Rahmen der »Truppenbetreuung« gastierte er bei einem Konzert in Brüssel.

Immer wieder drängte er ins schwerere Fach und gab mit seiner reifer und metallischer gewordenen Tenorstimme im Rahmen seiner Konzertveranstaltungen Proben aus entsprechenden Opernpartien. Er wollte dies alles auch schon auf der Bühne singen, doch Heinz Tietjen bewahrte ihn vor einem allzu frühen Fachwechsel.

Tietjen setzte ihn in Berlin in den lyrischen Standardpartien ein. So sang Peter Anders in Berlin neben einigen zeitgenössischen Werken, z.T. Uraufführungen,

Foto mit Widmung
von J. Gotovac

vor allem den Linkerton, den Belmonte, den Hans in der »Verkauften Braut«, den Rudolf, Alfred und Herzog und den Ferrando.

Nach dem Einmarsch deutscher Truppen in Jugoslawien und Griechenland am 6. April 1941 erschien es wie eine Strafe des Himmels, als in der Nacht vom 9. auf den 10. April 1941 die stolze Berliner Staatsoper Unter den Linden bei einem Luftangriff bis auf die Grundmauern zerstört wurde. Peter Anders war von Dahlem in die Stadt gefahren, um bei den Bergungsarbeiten zu helfen und zu retten, was in den Trümmern noch zu retten war. Mit dem Luftangriff gingen auch alle existierenden Partituren von Fried Walters Oper »Andreas Wolfius« verloren, so daß dieses Werk nie mehr aufgeführt werden konnte.

Die Staatsoper nahm nach der Zerstörung ihrer Spielstätte ihren Spielbetrieb im nahegelegenen Schauspielhaus und in der Krolloper gegenüber dem Reichstagsgebäude auf. Eine der ersten Premieren im Mozartjahr 1941 (150. Todestag) war »Cosi fan tutte«. Wolf Völker hatte das Werk in Szene gesetzt, Robert Heger dirigierte. Käthe Heidersbach, Else Tegethoff, Erna Berger, Peter Anders, Willy Domgraf-Faßbaender und Eugen Fuchs bildeten das Emsemble. Die Berliner Illustrierte Nachtausgabe lobte Peter Anders als genußvollen, mozartechten Tenor. Der Steglitzer Anzeiger schrieb: »In Willy Domgraf-Faßbaender und Peter Anders standen ihnen zwei stimmgewaltige Liebhaber gegenüber, die vor allem in ihren Arien der Mozartschen Melodienseligkeit zu berückendem Leben verhalfen. Wie Peter Anders die berühmte Arie ›Der Odem der Liebe‹ sang, war allein ein Kabinettstück.«

Wenige Tage zuvor, am 22. Juni 1941, hatte der nationalsozialistische Größenwahn Europa in die schrecklichste Völkerschlacht seiner Geschichte gestürzt. Auf Befehl Adolf Hitlers wurde der »Fall Barbarossa« ausgelöst, der lange geplante Angriff auf die Sowjet-Union, mit der man im August 1939 noch einen Nichtangriffspakt geschlossen hatte. Die Menschen in Deutschland spürten, daß dieser »Rußlandfeldzug« nicht so bald beendet sein würde wie die übrigen »Blitzkriege«, und sie ahnten, welches unvorstellbare Leid mit diesem Schritt auf die Völker Europas zukommen sollte.

Die Blitz-Sieg-Strategie schien auch in den ersten Tagen dieses Krieges aufzugehen, und so konnte der Völkische Beobachter mit riesigen Schlagzeilen vermelden: »Siege nie erlebter Größe«:

In Deutschland ging das Leben, auch das kulturelle Leben, weiter. Peter Anders sang in Zoppot und Danzig und wurde von seinen begeisterten Zuhörern

Aus »Cosi fan tutte« 1941 in Berlin, von links Peter Anders, Käthe Heidersbach, Erna Berger, Eugen Fuchs, Else Tegethoff, Willi Domgraf-Faßbaender

stürmisch gefeiert. »Die hohe Kultur des Piano und der mezza voce ergaben Wirkungen von bestrickendem Zauber«, schrieben die Danziger Neuesten Nachrichten.

Am 29. Juli 1941 gab Peter Anders sein Debüt als Hans in der »Verkauften Braut«. Die Berliner Nachtausgabe berichtete über die Aufführung: »Peter Anders, der erst vor kurzem in ›Cosi fan tutte‹ Mittelpunkt des Ensembles gewesen ist, zeigte sich schon wieder in einer neuen Rolle: als Hans in der ›Verkauften Braut‹. Er findet hier eine günstige Gelegenheit, wie seinerzeit in ›Ero, der Schelm‹, sein charmantes Naturburschen- und Draufgängertum zu beweisen, daneben erfreut man sich seines immer schöner werdenden schlanken, gutgeführten Tenors in reizenden Liebes- und Buffo-Duetten. Dieser Staatsopernabend im Schauspielhaus wurde zu einem neuen großen Erfolg für Peter Anders.«

Dann folgte der bis dahin absolute Höhepunkt in der Laufbahn des gerade 33 Jahre alt gewordenen Sängers: der Auftritt bei den Salzburger Festspielen 1941.

Nachdem die Festspiele 1939 noch »rechtzeitig« vor Beginn des Krieges gegen Polen bis zum 31. August durchgeführt werden konnten, gab es im Jahre 1940 keine Theater- und Opernaufführungen, sondern nur einen Konzertzyklus und zwei Serenaden. Nun, vom 2. bis 24. August 1941, war wieder ein volles Festspielprogramm vorgesehen, trotz des Krieges gegen Rußland, der nur wenige Wochen zuvor begonnen hatte.

Zu Beginn der Festspiele stand im Mozartjahr »Die Zauberflöte« auf dem Programm. Diese Oper hatte es in Salzburg zuletzt 1937 in einer Inszenierung von Herbert Graf und unter der musikalischen Leitung von Arturo Toscanini gegeben. Klangvolle Namen standen damals auf der Besetzungsliste: Helge Roswaenge, Alexander Kipnis, Alfred Jerger, Willy Domgraf-Faßbaender und Jarmila Novotna, die nach dem Anschluß Österreichs 1938 ebenso wie Kipnis Salzburg verlassen mußte. Es war auch das letzte Auftreten Toscaninis, der ein Jahr später aus Protest gegen den zunehmenden Einfluß der Nationalsozialisten auf die Kultur seine Teilnahme telegrafisch abgesagt hatte.

Die Oper war jetzt von Heinz Arnold in Szene gesetzt mit Bühnenbildern von Ludwig Sievert. Karl Böhm, seit 1938 als idealer Mozartinterpret in Salzburg gefeiert, dirigierte die Wiener Philharmoniker. Peter Anders war für die beiden ersten Vorstellungen als Tamino engagiert. Die Premiere hatte eine glanzvolle Besetzung (s. S. 114).

Hilde Konetzni, Dora Komarek und William Wernigk waren vom Ensemble aus dem Jahre 1937 übriggeblieben. Maria Reining und Lea Piltti, eine finnische Sopranistin, kannte Peter Anders noch von seinem Engagement in Darmstadt, und unter Karl Böhm hatte er den Tamino schon in Dresden gesungen.

Die Festspielstadt Salzburg war in diesen Tagen vom Grau der Uniformen bestimmt. 850 Plätze, gut die Häfte der Zuschauerkapazität, waren für Soldaten der Wehrmacht reserviert, insgesamt mehr als 20.000 Plätze. Und der Reichspropagandaminister Dr. Joseph Goebbels wohnte als Vertreter des »Führers« der Premiere bei.

SALZBURGER FESTSPIELE 1941

DIE ZAUBERFLÖTE

OPER IN ZWEI AKTEN (VIERZEHN BILDERN) VON

W. A. MOZART

DIRIGENT:

KARL BÖHM

REGIE:

HEINZ ARNOLD

BÜHNENBILD UND KOSTÜME

LUDWIG SIEVERT

ORCHESTER:

DIE WIENER PHILHARMONIKER

DIE ZAUBERFLÖTE

Sarastro	Ludwig Weber
Königin der Nacht	Lea Piltti
Pamina	Maria Reining
Erste Dame	Hilde Konetzni
Zweite Dame	Dora With
Dritte Dame	Elena Nikolaidi
Tamino	Peter Anders
Papageno	Alfred Poell
Papagena	Dora Komarek
Sprecher	Kurt Böhme
Priester	William Wernigk
Monostatos	Karl Wessely
Erster Knabe	Erika Pirschl
Zweiter Knabe	Elfriede Trötschel
Dritter Knabe	Anny Schneller
Erster Geharnischter	Wilhelm Franter
Zweiter Geharnischter	Franz Normann
Priester, Gefolge, Sklaven	

Bühnenbild, ausgeführt von Theaterkunstgewerbe, Berlin
Kostüme von Theaterkunst G. m. b. H. Berlin, Schwedterstraße 9

Nach dem ersten Akt eine größere Pause

Die Aufführung wurde von den ausgezeichneten Gesangsleistungen getragen. »Die Gesangspartien waren mit namhaftesten Vertretern ihres Fachs besetzt. Besonders herauszuheben ist der lyrische Schmelz und tenorale Glanz, den Peter Anders (von der Berliner Staatsoper) in der Rolle des Tamino entfaltete«, schrieb ein Kritiker. Oscar von Pander, der von München nach Salzburg gereist war, schrieb in den Münchener Neuesten Nachrichten: »Mit seinem leuchtenden Tenor bezauberte Peter Anders als Tamino die Zuhörer ebenso wie Maria Reining als Pamina mit der Schönheit und Wärme ihres Soprans. Beide Künstler sind seit ihrer Münchener Zeit in gesanglicher wie auch in schauspielerischer Hinsicht beträchtlich gewachsen. Der Beifall war stürmisch«.

Das Lob der Kritik war einhellig, und die Kritiker vermerkten »rauschenden« und »begeisterten« Beifall des Publikums. Die Aufführung wurde am 9. August in gleicher Besetzung wiederholt.

Der Auftritt als Tamino in Salzburg wurde zu einem absoluten Triumph für Peter Anders und zum größten künstlerischen Erfolg in seiner Laufbahn als lyrischer Tenor. Der ideale Mozarttenor wurde im Mozartjahr 1941 zu einem Tamino von höchstem sängerischen und schauspielerischen Niveau, zu *dem* Tamino schlechthin.

In Friedenszeiten hätten Peter Anders jetzt die Opernhäuser und Konzertsäle in aller Welt offengestanden. So blieb aber infolge der Kriegswirren sein Wirkungsfeld auf Deutschland und einige angrenzende besetzte Gebiete beschränkt. Welche Möglichkeiten, sowohl künstlerischer wie auch finanzieller Art, gingen

Salzburger Festspiele 1941 mit »Zauberflöte«, von links Alfred Poell, Ludwig Weber, Karl Wessely, Peter Anders, Maria Reining

ihm dadurch verloren! So konzentrierte er sich mehr und mehr auf eine Tätigkeit beim Reichsrundfunk, wo mit dem neu entwickelten Tonbandsystem, zunächst noch auf Draht, probeweise gearbeitet wurde. Zusammen mit dem Pianisten Michael Raucheisen begann er in der Masurenallee mit Liedaufnahmen, die für ein Experimentieren mit der neuen Technik besonders geeignet waren. Seine Aktivitäten bei der Schallplattenfirma Telefunken schränkte er nach nunmehr über 100 Aufnahmen ein. Zuletzt hatte er im September 1940 mit Wilhelm Schirp das Duett »Komm, mein Söhnchen« aus »Die verkaufte Braut« aufgenommen, dann im Dezember 1940 zwei Liedtitel: »Meines Herzens brennende Sehnsucht« von Nico Dostal und Lehárs »Gern hab ich die Frau'n geküßt« aus »Paganini«. Er hatte bisher ein großes Repertoire an Platten gesungen, für weitere, größere Aufnahmen, etwa Gesamtaufnahmen, fehlte es an den technischen Möglichkeiten. Außerdem zeigten sich bei der Wiedergabe der nach dem alten Wachsmatrizenverfahren aufgenommenen Schallplattenaufnahmen und den neuen Tondbandaufnahmen doch erhebliche Qualitätsunterschiede. Dies läßt sich bei Vergleichen von Aufnahmen feststellen, die zwischen 1940 und 1943 entstanden sind. Dazu kam auch noch, daß sich der Verkauf von Schallplatten, gemessen an heutigen Größenordnungen, in Grenzen hielt. Eine Schellackplatte mit zwei Aufnahmen, mehr war technisch nicht möglich, kostete stolze 4,50 Reichsmark. Sie konnte nur mit einem durch eine Feder angetriebenen Grammophonspieler abgespielt werden, der von Hand angekurbelt werden mußte. Die für das Abspielen verwendeten Nadeln mußten nach zwei- oder dreimaligem Gebrauch gewechselt werden, um die leicht zerbrechlichen Platten nicht zu beschädigen.

Von Interesse sind in diesem Zusammenhang auch die Eintrittspreise für Oper und Konzert. Opernkarten in München und Berlin kosteten zwischen 80 Pfennig und 12 Reichsmark. Die Preise für Konzerte waren unterschiedlich. Bei Symphonie- oder Philharmonischen Konzerten lagen sie zwischen 1 und 11 Reichsmark, bei Solistenkonzerten, wie Peter Anders sie meist gab, zwischen 1 und 4 Reichsmark. In Bad Kissingen wurde bei einem Anders-Konzert beispielsweise ein erhöhter Eintrittspreis zwischen 2 und 5 Reichsmark verlangt. Peter Anders selbst erhielt für ein Konzert zwischen 500 und 1.000 Reichsmark. Das Einkommen der meisten Menschen in Deutschland lag bei etwa 200 Reichsmark im Monat.

Nach einem längeren Urlaub begann für Peter Anders die neue Spielzeit Anfang Oktober mit dem Belmonte, wieder mit Erna Berger. Mit Erna Berger verstand sich Peter Anders besonders gut, und das, obwohl er, wie vor ihm Richard Tauber, von der kleinen, aber resoluten Sängerin »zurechtgestutzt« worden war. Erna Berger berichtete über dieses anekdotische Ereignis: »Dann sangen wir ›Butterfly‹, und er sang natürlich mit mir. Da habe ich ein kleines Erlebnis gehabt. Er war ziemlich frech und nützte dies aus, als ich auf der Bühne einen Kuß bekam im erstem Akt zum Schluß. Ich mochte aber absolut keine Küsse auf der Bühne, ich fand die nicht so sehr schön. Da bekam er hinter der Bühne eine ›Watsch'n‹, und da hat er natürlich furchtbar gelacht. Er war überhaupt sehr lustig und sehr vergnügt. Später war ich mit seiner Frau und mit ihm sehr gut befreundet, während des Krieges und überhaupt.«

Von Peter Anders stammt auch der Stoßseufzer über den Sängerberuf, den er gegenüber Erna Berger einmal geäußert hat: »Ach, Erna, erst hast du die Stimme und keine Technik, und wenn du endlich weißt, wie man singen muß, hast du keine Stimme mehr. Es ist schon ein schwerer Beruf!«

Interessant ist auch, wie Erna Berger ihre gemeinsamen Auftritte mit Peter Anders sah. Sie hat sich hierüber in einem Rundfunkinterview geäußert: »Wenn er mit mir sang, hatte ich immer das Gefühl, daß unsere Stimmen zusammenschmolzen. Das war eigentlich nicht ganz günstig, und ich fand es besser, wenn er mit der Cebotari und wenn Roswaenge mit mir sang, weil die Stimmen verschieden waren. Ich fand das eigentlich interessanter fürs Publikum, ich habe nur gehört, wenn er mit der Cebotari sang, und das fand ich sehr schön.«

Im Rahmen einer kleinen Konzerttournee - Peter Anders mußte als festengagierter Sänger seine Termine ja immer nach dem Spielplan der Staatsoper ausrichten - sang er in der Aula der neuen Universität in Heidelberg Arien von Mozart und von Weber. Dirigent des verstärkten Städtischen Orchesters war Hans-Georg Ratjen aus Innsbruck, der später Generalmusikdirektor in Oldenburg wurde und Dirigent der letzten Premiere von Peter Anders in »André Chenier« in Hamburg war.

Es folgte ein bemerkenswerter Lieder- und Arienabend im Deutschen Nationaltheater in Weimar, bei dem er erstmals die Arie des Florestan »Gott, welch Dunkel hier« aus Beethovens »Fidelio« sang. Da konnte er selbst noch nicht ahnen, daß der Florestan einmal einer seiner größten Erfolge werden sollte.

Bei einem weiteren Konzert in Remscheid sang er Lieder von Richard Strauss mit Orchesterbegleitung unter der Leitung von Horst Tanu Margraf, den er ebenfalls später in Hamburg wiedertreffen sollte.

Am 28. November 1941 kam das zweite Kind des Ehepaares Anders, der Sohn Peter-Christian, zur Welt. Er wurde in eine Welt hineingeboren, die am Rande der Katastrophe stand. Die politischen Ereignisse hatten sich zu einem echten Weltkrieg ausgeweitet. Am 7. Dezember griffen die Japaner ohne Kriegserklärung den amerikanischen Flottenstützpunkt Pearl Harbor auf Hawaii an. Tags darauf erklärten die USA Japan den Krieg. Und nur drei Tage später, am 11. Dezember, verkündete Hitler vor dem Reichstag, daß das Deutsche Reich den Vereinigten Staaten den Krieg erklärt habe. Was einst als »Polenfeldzug« begonnen hatte, war nun zu einem Weltbrand ausgeartet.

Und das alles im Mozartjahr 1941!

Am 14. Dezember 1941 veranstaltete die Preußische Staatsoper Berlin (mal war sie »Deutsche«, mal »Preußische« Staatsoper) im Staatlichen Schauspielhaus für die Gesellschaft für Theatergeschichte eine Mozart-Morgenfeier. Robert Heger dirigierte die Staatskapelle. Gesangssolisten waren Erna Berger und Peter Anders, der die Arie für Tenor und Orchester (Köch. Verzeichnis Nr. 420) »Laß mir meinen stillen Kummer« sang. Dieses Konzert wurde am 4. Januar 1942 wiederholt.

Am Tag vor Heiligabend brachte die Berliner Staatsoper in einer deutschen Erstaufführung die Oper »La farsa amorosa« von Riccardo Zandonai heraus. Bemerkenswert dabei war, daß wegen der nächtlichen Fliegerangriffe die Aufführungen inzwischen am frühen Nachmittag begannen, so auch diese Premiere um 17 Uhr in der Krolloper.

Edgar Klitsch hatte die Oper inszeniert, mit der Ausstattung von Luigi Malipiero. Gilbert Gravina, ein Urenkel Liszts, als Gast, war der musikalische Leiter. Die Besetzung hatte Festspielcharakter: Peter Anders, Maria Cebotari, Willi Domgraf-Faßbaender, Else Tegethoff, Erich Zimmermann, Eugen Fuchs, Irmgard Armgart und Gustav Rödin.

Dr. Wolfgang Sachse schrieb in der Berliner Illustrierten Nachtausgabe: »Erwählte Besetzung rundete die Gesamtwirkung ab. Maria Cebotari lieh den innigen Zauber ihres kostbaren Soprans der jungen Bäuerin Lucia, Peter Anders seine Munterkeit und kantable Tenorfrische dem Renzo«. Und in der Nachtausgabe hieß es: »Den eifersüchtigen, jungen und hübschen Renzo sang Peter Anders mit jugendlicher Elastizität und strahlendem Tenor«. Für die ausgezeichnete Aufführung gab es anhaltend herzlichen Beifall des Publikums.

1938 war es in Berlin zu einer vielbeachteten Neuinszenierung der »Zauberflöte« durch Gustaf Gründgens und unter der musikalischen Leitung des jungen Herbert von Karajan gekommen. Fred Hamel schrieb damals in der Deutschen

Mit Maria Cebotari
als Renzo
in »La farsa amorosa«,
Deutsche Erstaufführung

Allgemeinen Zeitung: »So erhält die ganze Inszenierung etwas unendlich Leichtes, Schwebendes und Duftiges. Und es ist die große Kunst Gründgens', daß er damit auch Mozarts Musik in ihr volles Recht einsetzt. Nie wird sie von der Szene her überspielt, und immer tritt der Regisseur im letzten Augenblick zurück, wenn der Dirigent das Wort hat. Dieser Dirigent ist Herbert v. Karajan. Er übernimmt das Leichte, Schwebende in den Klang. Fast im Pianissimo läßt er die Singstimmen klingen.«

In dieser Neuinszenierung hatte die Staatsoper eine hervorragende Besetzung aufgeboten: Helge Roswaenge, Tiana Lemnitz, Erna Berger, Fritz Krenn, Josef von Manowarda, Carla Spletter, Gerhard Witting, Rudolf Bockelmann, Hilde Scheppan, Elfriede Marherr und Rut Berglund. Die Ausstattung hatte Traugott Müller besorgt.

Diese Inszenierung wurde im Mozartjahr wieder auf den Spielplan gesetzt. Am 1. Weihnachtstag 1941 kam es zur festlichen Aufführung. Auf der Bühne stand das gleiche Ensemble wie bei der Premiere 1938, mit zwei Ausnahmen: Karl August Neumann sang den Papageno und den Tamino sang strahlend wie immer der Salzburger Festspieltamino Peter Anders. Es wurde erneut ein großer Triumph für den nun wohl unbestritten ersten Mozart-Tenor Deutschlands.

DIE ZAUBERFLÖTE 25.12.1941

Dirigent: Herbert von Karajan
Inszenierung: Gustaf Gründgens
Gesamtausstattung: Traugott Müller
Chöre: Karl Schmidt
Kostümliche Einrichtung: Kurt Palm
Betriebstechnische Einrichtung: Rudolf Klein

Sarastro: Josef von Manowarda
Tamino: Peter Anders
Sprecher: Rudolf Bockelmann
Königin der Nacht: Erna Berger
Pamina: Tiana Lemnitz
Papageno: Karl August Neumann
Papagena: Carla Spletter
Monostatos: Gerhard Witting
Priester: Otto Hüsch, Felix Fleischer
Damen der Königin: Hilde Scheppan,
    Elfriede Marherr, Rut Berglund
Die Geharnischten: Gustav Rödin, Franz Sauer

Diese Einschätzung wurde eindrucksvoll untermauert durch seinen Auftritt als Tamino in der Semper-Oper in Dresden am Neujahrstag 1942. Böhm, der mit Anders die »Zauberflöte« schon 1939 in Dresden und im Sommer 1941 in Salzburg gegeben hatte, holte »seinen« Salzburger Tamino für diese Festaufführung eigens nach Dresden. Willy Czernik dirigierte die von Max Hofmüller inszenierte Oper.

Nach Konzerten in Danzig und Bremen, begleitet von dem Berliner Kapellmeister Rudolf Ehrenreich, holte Wilhelm Furtwängler den Tenor für sein Philharmonisches Konzert am 16. Februar 1942 in die Berliner Philharmonie. Peter Anders sang vier Lieder mit Orchesterbegleitung von Richard Strauss: »Verführung«, »Waldseligkeit«, »Liebeshymnus« und »Winterliebe«. Der Reichsrundfunk übertrug das Konzert und nahm es gleichzeitig auf Tonband auf. Es wurde später als Schallplatte und CD veröffentlicht. Das Konzert wurde einen Tag später wiederholt.

Der große Erfolg bei diesem Konzert bewog Furtwängler, Peter Anders auch für die Aufführung von Beethovens IX. Sinfonie aus Anlaß des Jubiläums des Bruno Kittelschen Chores in der Philharmonie zu verpflichten. Die Voraufführung fand am Sonntag, dem 22. März 1942, morgens um 11.30 Uhr, statt, die Hauptaufführung am 24. März 1942. Auch von diesem Konzert, das ebenfalls im Rundfunk übertragen wurde, existiert ein Mitschnitt, der auf Platte und in den USA auf CD veröffentlicht wurde. Die Gesangssolisten der Aufführung waren Tilla Briem, Elisabeth Hoengen, Peter Anders und Rudolf Watzke.

Es folgte eine ausgedehnte Konzerttournee durch Westdeutschland an fünf auf-
einanderfolgenden Tagen mit Auftritten in Siegen, Iserlohn, Dortmund, Essen
und Recklinghausen, zusammen mit seinem Münchener Begleiter Dr. Franz Hallasch, mit Gerhard Puchelt und mit Kapellmeister Erich Bohner von der Staatsoper Berlin.

Dann gab es am Samstag, dem 4. April 1942, eine weitere Premiere in der Berliner Staatsoper: »Jenufa« von Leos Janáček, inszeniert von Wolf Völker und dirigiert von Johannes Schüler. In der ausverkauften Vorstellung verkörperte Peter
Anders den Stewa Buryja, »der im Rausch geradezu verschwenderisch mit seinen
Stimmitteln umgeht« (Berliner Illustrierte Nachtausgabe). Weitere Mitwirkende
waren u. a. Vasso Argyris, Marta Fuchs, Margarete Arndt-Ober, Maria Müller und
Eugen Fuchs.

Peter Anders sang bei einem festlichen Konzert in der Philharmonie mit dem
Städtischen Orchester Berlin zwei Lieder von Edvard Grieg: »Eros« und »Ich liebe
dich«, und er stand in Dresden als Lyonel auf der Bühne der Semper-Oper. Es folgten weitere Auftritte in Dresden im Rahmen eines festen Gastspielvertrages als
Linkerton, Alfred und Cavaradossi. Bei seinen Gastspielen in Dresden wohnte er
im Hotel Bellevue am Neustädter Elbufer genau gegenüber der Semper-Oper.

Ein paar Wochen zuvor war er von der Ufa-Filmgesellschaft zu Aufnahmen
nach Babelsberg eingeladen worden. Dort wurde die Johann-Strauß-Operette
»Eine Nacht in Venedig« unter dem Film-Titel »Die Nacht in Venedig« verfilmt.
Aber Peter Anders spielte hier leider keine Filmrolle, obwohl er mit seiner strahlenden Erscheinung dazu bestens geeignet gewesen wäre, sondern er mußte seine
Stimme dem Filmschauspieler Harald Paulsen »leihen«, für den er die Gesangsnummern aufnahm. Tagelang dauerten diese Arbeiten, da die Synchronisierung
während der Filmaufnahmen gemacht wurde, ein aufwendiges Verfahren, aber
eine andere Technik stand damals nicht zur Verfügung.

Im Reichsrundfunk kam es zu einer Reihe hervorragender Opernaufnahmen.
Im Juli 1942 wurden große Teile von »La Boheme« und »Entführung« aufgenommen. Hier traf Peter Anders auch Franz Marszalek wieder, den er bereits 1939 in
München kennengelernt hatte. Marszalek, der in Breslau tätig war, nahm mit ihm
einige Arien in italienischer Sprache auf, darunter »Und es blitzten die Sterne«
und »Wie sich die Bilder gleichen« aus »Tosca« und »Heimlich aus ihrem Auge«
aus »Der Liebestrank«. Die beiden letzteren Aufnahmen blieben erhalten und erschienen später als Schallplatte.

Das Tonband ermöglichte auch die Aufnahmen längerer Liedstücke. So spielte
Peter Anders zusammen mit Michael Raucheisen das etwa 15 Minuten dauernde
Schubert-Lied »Die Einsamkeit« ein, eine Rarität, denn es dürfte sich hierbei um
die erste Schallaufnahme dieses Liedes überhaupt gehandelt haben.

Nach seinem grandiosen Tamino bei den Festspielen 1941 wollte Karl Böhm
Peter Anders auch 1942 nach Salzburg holen. Es standen aber nur die Opern »Die
Hochzeit des Figaro« und »Arabella« auf dem Programm, beide Male dirigiert von
Clemens Krauss und mit überwiegend Münchener Besetzung. Neben Krauss,
Richard Strauss und Ernest Ansermet zählte aber auch Karl Böhm zu den Diri-

genten der Orchesterkonzerte der Wiener Philharmoniker. Am 19. August 1942 kam im Festspielhaus unter seiner Leitung Verdis »Requiem« zur Aufführung.

Über die Aufführung schrieb die Landeszeitung Salzburg:

»Chor und Orchester hatten einen vollendet schönen Klang und bei aller Stärke, die diese beiden Klangkörper entwickelten, wurde das Soloquartett nie verdeckt und konnte so den ganzen Zauber seiner hervorragenden Stimmen zur Geltung bringen. Was man hier an Gesangskultur, an Ausdruckskraft, Musikalität, Stilgefühl und gepflegter Aussprache zu hören bekam, hatte Festspielniveau im wahrsten Sinne des Wortes. Dabei mischte sich der Klang der vier Solostimmen ausgezeichnet. Jeder Takt dieses gewaltigen Kunstgeschehens bewies aufs neue, daß sich hier die auserlesensten Künstler zusammengefunden hatten: Trude Eipperle, deren Sopran wie mühelos auch im stärksten Forte den gesamten Klangkörper übertönte und dabei immer seine bewunderswerte Klarheit behielt, Marta Rohs, deren hervorragende Deklamationskunst und Aussprache wir neben ihrer melodischen und gefühlsstarken Stimme bereits in den vorjährigen Festspielen zu rühmen Gelegenheit hatten, Peter Anders, dessen strahlender und ungemein tragfähiger Tenor das Publikum immer wieder aufhorchen läßt, und Hans Hotter, der mit seinem kräftigen, metallisch schimmernden Baß eine Meisterleistung an musikalischer Ausdruckskunst erstellte. Diese Aufführung war ein vollendeter künstlerischer Erfolg und wird den Zuhörern unvergeßlich bleiben.«

Die neue Spielzeit begann Peter Anders mit dem Ferrando in »Cosi fan tutte«. Dann unternahm er wieder ausgedehnte Gastspielreisen innerhalb Deutschlands, und es ist interessant, was und mit wem er musizierte.

In Hannover sang er das Tenorsolo in »Eine Faust-Symphonie« von Franz Liszt, im Beethovensaal in Berlin gab er einen Liederabend mit Michael Raucheisen als Begleiter. In Wiesbaden sang er Arien aus »Cosi fan tutte« und »Barbier von Bagdad« sowie drei Richard-Strauss-Lieder mit Orchesterbegleitung. Dirigent war Carl Schuricht. Die Strauss-Lieder sang er auch im Rahmen eines Sinfonie-Konzertes in Magdeburg und im Großen Saal des Mozarteums in Salzburg, dort unter dem Dirigenten Dr. Willem van Hoogstraten. In Berlin gab Peter Anders zusammen mit dem Städtischen Orchester einen Opernabend in der Philharmonie, und in Dresden sang er im Gewerbehaus wiederum die Strauss-Lieder »Verführung«, »Waldseligkeit«, »Liebeshymnus« und »Zueignung«. Die Dresdener Philharmoniker begleiteten ihn unter dem Gastdirigenten Fritz Lehmann. Lehmann war viele Jahre Generalmusikdirektor in Bad Pyrmont und Wuppertal und Intendant in Göttingen. Er hat nach dem Kriege viele Schallplattentitel eingespielt, darunter auch mit Peter Anders.

Im Bachsaal in Berlin schließlich sang Peter Anders unter Kapellmeister Rudolf Moralt, der nach Tätigkeiten in München, Kaiserslautern, Brünn, Braunschweig und Graz ab 1940 Erster Dirigent der Wiener Staatsoper war.

Die Berliner Staatsoper war nach der Zerstörung 1941 in der Rekordbauzeit von eineinhalb Jahren wieder aufgebaut worden. Am 12. Dezember 1942 wurde das Haus mit »Die Meistersinger von Nürnberg« unter Leitung von Wilhelm Furtwängler wiedereröffnet.

Das Kriegsglück der bislang so siegreichen deutschen Wehrmacht hatte sich inzwischen gewendet. Bereits im Herbst 1941 war der »unaufhaltsame« Vormarsch vor Moskau ins Stocken geraten, und die Rote Armee hatte der Wehrmacht erstmals empfindliche Niederlagen beigebracht. Im Sommer 1942 schien sich die Waage nochmals zugunsten der Deutschen zu neigen, denn sie marschierten bis an die Wolga und erreichten dort die Stadt Stalingrad. Doch hier sollte sich das Schicksal der deutschen Wehrmacht erfüllen: die 6. deutsche Armee wurde eingekesselt und durfte auf Befehl Hitlers, der gegen alle Empfehlungen der Militärs gegeben wurde, keinen Ausbruchversuch wagen. Ohne Verbindung zur eigenen Truppe, ohne ausreichenden Nachschub, verbluteten und erfroren fast 200.000 deutsche Soldaten im Kessel von Stalingrad. Der Rest ging in Gefangenschaft. Von nun an war für die meisten Menschen der Krieg entschieden, es ging an der Front nur noch rückwärts.

Die 6. deutsche Armee hatte am 2. Februar 1943 kapituliert, und es ist fast schon eine makabre Ironie des Schicksals, daß Peter Anders an diesem Tage, ohne von der Kapitulation zu wissen, in der Singakademie die Stretta aus der Oper »Der Troubadour« sang: »Lodern zum Himmel seh ich die Flammen«. Mit der zuvor aufgenommenen Arie »Schäumt der süße Wein im Becher« aus »Cavalleria rusticana« mit dem Orchester des Deutschen Opernhauses Berlin unter Walter Lutze waren dies die letzten Schallplattenaufnahmen, die Peter Anders für Telefunken gemacht hat. Nachdem der Reichspropagandaminister Dr. Goebbels am 18. Februar 1943 im Berliner Sportpalast den »totalen Krieg« ausgerufen hatte, wurden die Schallplattenproduktionen eingestellt.

Die Theater spielten weiter, wenn auch mehr und mehr Häuser durch Bombenangriffe zerstört wurden. Zwar begannen Opern- und Konzertvorstellungen schon am Nachmittag, aber trotzdem wurde so manche Aufführung durch Fliegeralarm gestört.

In der Berliner Staatsoper gab es am 1. April 1943 vor ausverkauftem Haus eine weitere Uraufführung: »Das Schloß Dürande« von Othmar Schoeck. Der Oper zugrunde lag die Eichendorff-Novelle »Schloß Dürande« von 1837. Die Handlung spielte während der Zeit der französischen Revolution, wo aufbegehrendes Revolutionsvolk nach Gleichheit und Freiheit verlangte. Daß ein solcher Stoff in den schlimmsten Zeiten der nationalsozialistischen Schreckensherrschaft, unter der Knute der Gestapo (Geheime Staatspolizei), auch anders gedeutet werden konnte als es die offizielle Lesart zuließ, lag auf der Hand. Der bekannte Theaterkritiker H. H. Stuckenschmidt hat Jahre später in einer Rundfunksendung »Musik im Dritten Reich« die Premiere von »Das Schloß Dürande« als »Tollkühnheit« der Mitwirkenden bezeichnet.

Die Oper war von Wolf Völker inszeniert und sie wurde von Robert Heger musikalisch geleitet. Die Gesamtausstattung besorgte Emil Preetorius. Peter Anders sang den jungen Grafen Armand, »ritterlich strahlend in Gesang und Spiel« (Berliner Börsenblatt). Mit ihm standen u. a. auf der Bühne: Erich Zimmermann, Rut Berglund, Marta Fuchs, Willi Domgraf-Faßbaender, Maria Cebotari als Gabrielle und Geliebte Armands, Josef Greindl, Vasso Argyris,

*Mit Martha Fuchs
in »Das Schloß Dürande«,
Uraufführung 1943*

Wilhelm Hiller und Gustav Rödin. Die Aufführung wurde ein beachtlicher Erfolg.

Neu im Ensemble der Staatsoper war seit einiger Zeit der Bassist Josef Greindl, der nach Studien bei Paul Bender in München und Engagements in Krefeld und Düsseldorf nach Berlin gekommen war. Als urechter Bayer, er war in München geboren, redete er anfangs Peter Anders immer devot mit »Herr Kammersänger« an. Denn bei vielen Anlässen und auf Plakaten und Programmzetteln war Peter Anders häufig als Kammersänger angekündigt worden. Anders, der unter Kollegen einen eher freundschaftlich-kumpelhaften Umgang bevorzugte und sich mit vielen seiner Partnerinnen und Partner duzte, war diese Art der Ehrerbietigkeit dann eines Tages doch zuviel, und er sagte nach einer neuerlichen Anrede mit »Herr Kammersänger« zu dem etwas jüngeren Greindl: »Ach, lassen Sie das doch mit dem ›Kammersänger‹, wir sind doch Kollegen, und außerdem bin ich es auch gar nicht!«

Den Ehrentitel »Kammersänger«, noch ein Relikt aus höfischen Zeiten, der verdienten Solisten verliehen wird, besaß Peter Anders nicht. Gerade in seiner großen Zeit an der Berliner Staatsoper hätte er sich um diesen Titel bemühen können und ihn sicherlich auch bekommen. Doch er war der Meinung, daß er auch ohne diesen Beinamen gut singen könne und daß er selber genau wisse, was er könne. Seine Frau Susi hat dazu gemeint, er hätte dafür bei Hitler antichambrieren müssen, aber ihr Mann habe darauf einfach keinen Wert gelegt.

Die Stimme von Peter Andes war dann in einem weiteren Spielfilm zu hören. In dem 1943 gedrehten Ufa-Streifen »Nacht ohne Abschied« sang Anders zusammen mit Elisabeth Schwarzkopf das Duett »O, du süßestes Mädchen« aus dem ersten Akt der Oper »La Boheme«. Die Bühne ist in dieser Spielszene des Films nur von der Loge aus zu erkennen; bei dem auf der Bühne agierenden Paar handelt es sich leider nicht um die beiden Sänger, sondern um Statisten.

Die Berliner Staatsoper veranstaltete am 2. Mai 1943 eine Gedenkfeier zum 10. Todestag ihres früheren Generalintendanten Max von Schillings mit Werken des auch als Komponisten hervorgetretenen Künstlers. Zusammen mit der Staatskapelle Berlin unter Leitung von Robert Heger sang Peter Anders die »Glockenlieder« nach Gedichten des Schweizer Nobelpreisträgers Carl Spitteler. Max von Schillings, Rheinländer von Geburt, von 1919 bis 1925 Generalintendant der Berliner Staatsoper und in seinem Todesjahr 1933 Intendant der Städtischen Oper in Charlottenburg geworden, hatte diese Lieder bereits 1907 komponiert.

Nur wenige Tage später, am 20. Mai 1943, nahm Peter Anders die »Glockenlieder« für den Reichsrundfunk auf. Es war die erstmalige Schallaufzeichnung dieser Komposition. Die Lieder erschienen 1959 auf Langspielplatte und 1992 auf Compact Disc.

Die künstlerische Tätigkeit in Deutschland ging angesichts des »totalen Krieges« und der nun doch bedrohlich zunehmenden Niederlagen der Wehrmacht, was ein Näherrücken der Front zur Folge hatte, spürbar zurück. Viele Mitglieder der Theater, etwa Statisten, Techniker, Musiker, Chorsänger, wurden zur Front eingezogen oder, wenn es sich um Frauen handelte, in kriegswichtige Betriebe abkommandiert.

Peter Anders sang in dieser Zeit an der Staatsoper seine lyrischen Partien Linkerton, Hans, Herzog, Rudolf, Alfred, Belmonte und Cavaradossi, Ende 1943 auch den Sänger im »Rosenkavalier«. Dann gab es am 4. März 1944 noch einmal eine Uraufführung: »Casanova in Murano«.

Die »Reichsstelle für Musikbearbeitung« hatte den Berliner Komponisten Mark Lothar und den Dichter Rudolf Lauckner beauftragt, Albert Lortzings Oper »Casanova in Murano« für die moderne Bühne umzuarbeiten. Die Berliner Presse war des Lobes voll über diese Aufführung, die von Wolf Völker in Szene gesetzt und von Johannes Schüler ausgezeichnet dirigiert wurde. Peter Anders, Else Tegethoff, Carla Spletter, Erna Berger, Josef Greindl, Eugen Fuchs, Erich Witte und Otto Hüsch waren die Sänger dieser letzten Uraufführung der Berliner Staatsoper vor dem endgültigen Zusammenbruch Deutschlands.

»Peter Anders als Titelheld des erfolgreich bearbeiteten Werkes von Lortzing« lautete eine der Schlagzeilen in der Presse. Und weiter hieß es: »Wunderbar, mit

»Casanova in Murano«,
Uraufführung 1944

welcher Sicherheit Wolf Völker das immer wiederkehrende Liebesspiel variiert und dabei doch die »männliche Persönlichkeit des Casanova« herrschen läßt. Allerdings konnte man sich keinen besseren Vertreter dieser Paraderolle denken als Peter Anders. Die strahlende Schönheit seines Tenors beherrschte Bühne und Parkett, dabei findet Anders Zwischentöne von bespinnender, faszinierender Zärtlichkeit, daß seinen Opfern keine Rettung zuteil werden kann ... Wie dankbar das Publikum war, bewies der begeisterte, nicht endenwollende Beifall, der alle Beteiligten immer und immer wieder vor den Vorhang rief.«

Auch in der Nachtausgabe reihte sich der Kritiker in das hohe Lob ein: »Auf der Bühne zeichnete sich Peter Anders in der Titelrolle als charmanter Herzensbrecher aus und ließ seinen Tenor in verführerischem Glanz auf die diversen Schönen wirken.«

Die Überlegenheit der alliierten Luftstreitkräfte über Deutschland ließ nun eine ausgedehnte Reisetätigkeit nicht mehr zu. Seit 1943 flogen die Bomberverbände der Amerikaner auch Tageseinsätze und bombardierten nicht nur militärische Ziele und Fabrikanlagen, sondern auch Städte, Straßen und Bahnlinien. Nach der Invasion der alliierten Streitkräfte am 6. Juni 1944 in der Normandie und dem Näherrücken der Front waren die Verkehrswege vor allem in Westdeutschland durch »Tiefflieger«, Jagdflugzeuge der Amerikaner und Briten, stark gefährdet, die ohne Vorankündigung urplötzlich auftauchten und mit ihren Bordkanonen Autos und Züge unter Beschuß nahmen. Peter Anders gab jetzt nur noch im Bereich Berlin und in den Gebieten Konzerte, die einigermaßen außerhalb der Reichweite der verheerenden Jagd-Luftwaffe der Alliierten lagen. Sein letztes Konzert im westlichen Teil Deutschlands gab er am 14. März 1944 mit Liedern von Schubert, Schumann, Wolf und Richard Strauss in Hamburg. Dann trat er außerhalb Berlins nur noch in Posen, der Stadt seiner Kindheit, und in Karlsbad auf. Er beschränkte sich auf seine Auftritte an der Staatsoper, wo es am 7. Juni 1944 zum 75. Geburtstag des Wagnersohnes Siegfried zur Erstaufführung der Oper »Andreasnacht« kam, die bei der Hamburger Uraufführung 1905 noch »Bruder Lustig« geheißen hatte.

Siegfried Wagners zweiter Sohn, Wolfgang, gab sein Regiedebüt. Paul Sträter hatte die Ausstattung entworfen, und unter der musikalischen Leitung von Johannes Schüler sangen Peter Anders, Maria Müller, Margarete Klose, Else Tegethoff, Josef Greindl, Eugen Fuchs und Willig Domgraf-Faßbaender. »Peter Anders, ein gewinnender Bruder Lustig, der eine kaiserliche Majestät zum besten hält, einen bösen Zauber zunichte macht und selber mit seinem Tenor wieder weibliche Herzen bezaubert«, schrieb Karl Westermeyer in der Morgenpost. »Strahlend und leuchtend, unbeschwert von jeder Dämonie siegte Peter Anders auf der Bühne und im Parkett« lautete eine andere Kritik.

In Deutschen Theater in Den Haag gastierte die Staatsoper mit der »Entführung aus dem Serail«. Erna Berger war dabei leicht indisponiert. Sie erinnerte sich später: »Ich bin mit ihm (Peter Anders) in Holland gewesen und habe ›Entführung‹ gesungen. Da hatte ich Schwierigkeiten mit dem d, mit der Höhe. Er hat mit mir noch einige Übungen gemacht, da haben wir noch furchtbar gelacht, da er immer sagte: ›Du mußt Urlaute der Lust machen, Urlaute der Lust‹, und er hat dies so ganz tief vorgemacht, da habe ich mich totgelacht. Aber er hatte recht, er meinte, ich müßte gut durchatmen. Das war sehr lustig von ihm.«

Und noch einmal gab die Staatsoper ein Gastspiel außerhalb Berlins, diesmal in Krakau, das zum sogenannten Generalgouvernement gehörte. Mit der Premierenbesetzung von 1941 spielte man in der einstigen polnischen Hauptstadt ein letztes Mal Mozarts Oper »Cosi fan tutte«.

Die Staatsoper mußte dann angesichts der Kriegslage Mitte Juli 1944 ihren Betrieb einstellen. Ab Ende August 1944 gab es nur noch Opernkonzerte oder Liederabende in der Staatsoper oder im Schauspielhaus am Gendarmenmarkt.

Manche Ereignisse jener Zeit wirken heute anekdotenhaft, damals aber erlebten die Menschen in Angst und Schrecken die fürchterlichen Luftangriffe in ganz anderen Gefühlswallungen.

So kamen eines Tages Peter Anders, Erna Berger und Willi Domgraf-Faßbaender zum Konzertsaal, wo sie erfuhren, daß nach einem Bombenangriff der gesamte Verkehr lahmgelegt war, so daß kein Publikum erscheinen konnte. Das Konzert war daher abgesagt worden. Da fuhren die bereits eingesungenen Künstler in das Haus von Peter Anders nach Dahlem und veranstalteten dort das volle Programm vor einem befreundeten Besucher als Publikum. Frau Susi Anders, die ja ihren

Mann stets begleitete, ersetzte am Klavier das Orchester. Es war sicherlich das schönste und am besten besetzte Hauskonzert, das je in Berlin stattgefunden hat.

Im Oktober 1944 nahm das Ensemble der Berliner Staatsoper auf der Hinterbühne Flotows Oper »Martha« komplett für den Reichsrundfunk auf. Johannes Schüler dirigierte Chor und Orchester der Staatsoper. Es sangen:

Ausführende · Performers · Artistes

Lady Harriet, *Martha* · Erna Berger, *Sopran*
Nancy, *Julia* · Else Tegetthoff, *Alt*
Lord Tristan Mickleford, *Sir Bob* · Eugen Fuchs, *Bariton*
Lyonel · Peter Anders, *Tenor*
Plumkett · Josef Greindl, *Baß*
Richter von Richmond · Franz Sauer, *Bariton*

Chor und Orchester der Staatsoper Berlin

Dirigent

Johannes Schüler

Aufgenommen · recorded in · date de l'enregistrement: 1944

Die Aufnahmen dauerten drei Tage, und Peter Anders hatte eine fürchterliche Erkältung. Erna Berger konnte sich später erinnern: »Er hat sich wahnsinnig gequält mit seiner Arie. Da haben wir gesagt: ›Nein, also heute ist Schluß, mach's den nächsten Tag.‹ Dann haben wir es verschoben, und am anderen Tag war er glänzend wie immer.« Die Gesamtaufnahme der Oper erschien nach dem Krieg als Schallplatte, zuerst bei der Deutschen Grammophon-Gesellschaft und später bei BASF, neuerdings auch als CD bei Fonoteam und Berlin Classics. Die Aufnahme von Berlin Classics erhielt den Preis der deutschen Schallplattenkritik 4/1994 – genau 50 Jahre nach ihrer Entstehung.

In dieser Zeit war der Reichsrundfunk äußerst produktiv. Es gab ja auch kaum Terminprobleme mit den Sängern; die meisten waren alle vor Ort und hatten keinerlei Gastspielverpflichtungen mehr. So entstand eine Reihe hervorragender Aufnahmen, nicht nur in Berlin, sondern auch in Dresden und München. In Berlin gab es Aufnahmen des »André Chenier« mit Roswaenge, Domgraf-Faßbaender und Heidersbach, »Die Entführung« mit Berger und Anders, »La Boheme« mit Anders, Eipperle, Güden, Domgraf-Faßbaender, eine zweite Einspielserie mit Anders und Cebotari, »Othello« mit Roswaenge, Reining, Reinmar, »La Traviata« mit Roswaenge, Cebotari und Schlusnus, »Der Troubadour« mit Roswaenge,

Scheppan, Schmitt-Walter, »Die Macht des Schicksals« mit Roswaenge, Scheppan und Schlusnus, »Lohengrin« mit Völker, Müller, Klose, Prohaska und schließlich »Martha«. Es soll auch eine Gesamtaufnahme des »Fidelio« mit Torsten Ralf als Florestan und Peter Anders als Jaquino gegeben haben. Das Quartett »Mir ist so wunderbar« mit Marta Fuchs, Trude Eipperle und Georg Hann sowie dem Dirigenten Artur Rother ist als Schallplatte erschienen.

Peter Anders war vom Kriegseinsatz verschont geblieben. Heinz Tietjen verhandelte jeweils zäh mit Goebbels oder Göring, um die Sänger vor einem Einzug an die Front zu bewahren. Angeblich soll auch eine Liste des »Führers« mit den Namen der Sänger existiert haben, die für einen Fronteinsatz nicht in Frage kamen. Man sprach von der sogenannten »Gottbegnadeten-Liste«.

Neben der Tätigkeit an der Oper wurde Peter Anders für die Lazarettbetreuung eingesetzt. Den schwerverletzten Frontkämpfern, die Front befand sich im Osten ja bereits auf deutschem Gebiet, sollte durch musikalische Darbietungen neuer Lebensmut vermittelt werden. Frau Anders hat sich hieran erinnert: »Als die Berliner Staatsoper nicht mehr bespielbar war, wurden Lazarett-Konzerte mit dem Ensemble organisiert. Der Anblick Schwerverletzter von der Ostfront, die laufend antransportiert wurden, der Anblick auf dem Innenhof, wo die notdürftig Versorgten umherlagen, machte den Sängern bewußt, wie bevorzugt sie vom Schicksal waren, ihren Beruf ausüben zu können, anstatt aktiv am Krieg teilnehmen zu müssen. Mit großer innerer Anteilnahme versuchten die Sänger, diesen bemitleidenswerten Menschen wenigstens über ein paar Stunden hinwegzuhelfen«. Aber auch das Rundfunkgebäude an der Masurenallee stand noch. Peter Anders nahm hier mit Michael Raucheisen im Januar und Februar 1945 noch eine Vielzahl von Liedern auf, darunter im Februar die komplette »Winterreise« von Franz Schubert.

Infolge der Luftangriffe sanken in Deutschland immer mehr Theater und Opernhäuser in Schutt und Asche. Wie durch ein Wunder blieben die Staatsoper Unter den Linden nach ihrem Wiederaufbau und das Große Schauspielhaus mitten in Berlin lange Zeit von den Bomben verschont. Die Kroll-Oper, die der Staatsoper ebenfalls als Spielstätte gedient hatte, war inzwischen zerstört worden. Am 3. Februar 1945 folgte dann auch die Staatsoper. Die Opernkonzerte fanden nun ausnahmslos im Schauspielhaus statt. Die Semper-Oper in Dresden verglühte in den Feuerstürmen der schrecklichen Bombennacht vom 13. auf den 14. Februar 1945, und am 12. März 1945 wurde die Wiener Staatsoper nach einem Bombenangriff ein Raub der Flammen. Sie brannte total aus.

Am 14. April 1945, einem Samstag, begann um 17 Uhr ein Opernkonzert mit Melodien aus »Ein Maskenball« mit Erna Berger, Lieselotte Enck, Willi Domgraf-Faßbaender und Helge Roswaenge. Nach der Pause sangen unter der Leitung von Johannes Schüler Erna Berger, Peter Anders, Josef Greindl und Erich Witte Arien und Duette aus der »Entführung«. Nach dem Konzert fuhren Peter Anders und Erna Berger in das Haus des Schweizer Diplomaten Burckhardt, wo sie in einem eigenen Luftschutzbunker einen weiteren Fliegerangriff erlebten, dem in dieser Nacht auch das Schauspielhaus zum Opfer fiel. Nun hatte die Staatsoper keinen Konzertsaal mehr.

Einen Tag später starteten die Russen vom nur 60 Kilometer entfernten Oder-ufer ihre Großoffensive gegen die Reichshauptstadt Berlin. Die Amerikaner hatten bereits bei Dessau die Elbe erreicht. Peter Anders sollte noch zum »Volkssturm« einberufen werden.

Reichsminister Dr. Goebbels hatte am Montag, den 16. April 1945, das gesamte Orchester der Staatsoper und sechs Solisten, darunter auch Peter Anders, zum Volkssturm eingezogen. Die Einberufungsbefehle für das Orchester trafen in der Staatsoper bei Generalintendant Tietjen ein, die für die Solisten aber nicht. Am 20. April wurde Peter Anders telefonisch zur Kommandantur des Volkssturms in der Berlinerstraße bestellt, wo er aber niemanden antraf. Er fuhr zunächst nach Hause, kehrte aber nochmals gegen 12.30 Uhr zurück. Auch diesmal war niemand anwesend. Daraufhin versuchte er verzweifelt, in der Generalintendanz jemanden zu erreichen. Aber auch dieser Versuch scheiterte, da alle Mitarbeiter der Intendanz nach einem Bombenangriff in ihre Wohnungen gegangen waren.

So drohte ihm Lebensgefahr, weil ein Nichterscheinen beim Volkssturm als Desertation galt, was mit der Todesstrafe geahndet wurde. In höchster Not schrieb Peter Anders am Samstag, den 21. April, an die Kommandantur, wobei er den Ablauf des vorangegangenen Tages schilderte und darlegte, warum er nicht beim Volkssturm erscheinen konnte.

Dem Brief legte er ein Attest seines Arztes bei, den er am Vormittag aufgesucht hatte. Aufgrund der Aufregungen der letzten Tage hatte er eine Gallenkolik bekommen, und nach dem ärztlichen Befund mußte er für 8 Tage das Bett hüten. Dieser Umstand hat ihn vor dem Volkssturm bewahrt und ihm wahrscheinlich das Leben gerettet.

Vier Tage später bereits war die Reichshauptstadt von den Russen eingeschlossen. Am 30. April 1945 entzog sich der »Führer und Reichskanzler« Adolf Hitler seiner Verantwortung durch Selbstmord. Im Führerbunker unter der Reichskanzlei erschoß er sich und seine langjährige Geliebte Eva Braun, die er einige Stunden zuvor noch geheiratet hatte. Am 2. Mai 1945 kapitulierte Berlin.

Die einst so stolze Reichshauptstadt, aus der Hitler die Welthauptstadt Germania machen wollte, war, von den alliierten Fliegern zerbombt und von den russischen Granaten zerschossen, nur noch ein rauchender Trümmerhaufen.

Am 8. Mai 1945 kapitulierte die deutsche Wehrmacht, und nach der Verhaftung der Regierung Dönitz am 23. Mai übernahmen die Alliierten die Regierungsgewalt in Deutschland, das in vier Besatzungszonen aufgeteilt wurde. Das Deutsche Reich existierte nicht mehr.

»... und neues Leben blüht aus den Ruinen«

War es schon ein Wunder, daß in diesem Inferno Menschen überlebten, so war es ein noch größeres Wunder, daß sich in dieser Trümmerwüste schon sehr bald wieder kulturelles Leben regte. In verschiedenen Stadtteilen fanden erste Kon-

MILITARY GOVERNMENT OF GERMANY
Fragebogen

WARNING: Read the entire Fragebogen carefully before you start to fill it out. The English language will prevail if discrepancies exist between it and the German translation. Answers must be typewritten or printed clearly in block letters. Every question must be answered precisely and conscientiously and no space is to be left blank. If a question is to be answered by either "yes" or "no", print the word "yes" or "no" in the appropriate space. If the question is inapplicable, so indicate by some appropriate word or phrase such as "none" or "not applicable". Add supplementary sheets if there is not enough space in the questionaire. Omissions or false or incomplete statements are offenses against Military Government and will result in prosecution and punishment.

WARNUNG: Vor Beantwortung ist der gesamte Fragebogen sorgfältig durchzulesen. In Zweifelsfällen ist die englische Fassung maßgebend. Die Antworten müssen mit der Schreibmaschine oder in klaren Blockbuchstaben geschrieben werden Jede Frage ist genau und gewissenhaft zu beantworten, und keine Frage darf unbeantwortet gelassen werden. Das Wort „ja" oder „nein" ist an der jeweilig vorgesehenen Stelle unbedingt einzusetzen. Falls die Frage durch „ja" oder „nein" nicht zu beantworten ist, so ist eine entsprechende Antwort, wie z. B. „keine" oder „nicht betreffend" zu geben. In Ermangelung von ausreichendem Platz in dem Fragebogen können Bogen angeheftet werden. Auslassungen sowie falsche oder unvollständige Angaben stellen Vergehen gegen die Verordnungen der Militärregierung dar und werden dementsprechend geahndet.

A. PERSONAL / A. Persönliche Angaben

1. List position for which you are under consideration (include agency or firm). — 2. Name (Surname). (Fore Names) — 3. Other names which you have used or by which you have been known. — 4. Date of birth. — 5. Place of birth. — 6. Height. — 7. Weight. — 8. Color of hair. — 9. Color of eyes. — 10. Scars, marks or deformities. — 11. Present address (City, street and house number). — 12. Permanent residence (City, street and house number). — 13. Identity card type and Number. — 14. Wehrpass No. — 15. Passport No. — 16. Citizenship. — 17. If a naturalized citizen, give date and place of naturalization. — 18. List any titles of nobility ever held by you or your wife or by the parents or grandparents of either of you. — 19. Religion. — 20. With what church are you affiliated? — 21. Have you ever severed your connection with any church, officially or unofficially? — 22. If so, give particulars and reason. — 23. What religious preference did you give in the census of 1939? — 24. List any crimes of which you have been convicted, giving dates, locations and nature of crimes.

1. Für Sie in Frage kommende Stellung: Opern-Oratorien-und Konzert-Sänger
2. Name Anders .... Peter .... 3. Andere von Ihnen benutzte Namen
   Zu-(Familien-)name   Vgr-(Tauf-)name
   oder solche, unter welchen Sie bekannt sind. Peter Anders
4. Geburtsdatum 1.7.1908 5. Geburtsort Essen
6. Größe 176 cm 7. Gewicht 82 kg. 8. Haarfarbe d'blond 9. Farbe der Augen blau
10. Narben, Geburtsmale oder Entstellungen keine
11. Gegenwärtige Anschrift Berlin-Dahlem Leichhardtstraße 17
    (Stadt, Straße und Hausnummer)
12. Ständiger Wohnsitz Berlin-Dahlem Leichhardtstraße 17
    (Stadt, Straße und Hausnummer)
13. Art der Ausweiskarte Reisepaß Nr. II 6257/42 14. Wehrpaß-Nr. unbekannt 15. Reisepaß-Nr. II 6257/4
16. Staatsangehörigkeit Deutschland 17. Falls naturalisierter Bürger, geben Sie Datum und Einbürgerungsort
    nicht betreffend an.
18. Aufzählung aller Ihrerseits oder seitens Ihrer Ehefrau oder Ihrer beiden Großeltern innegehabten Adelstitel. keine

19. Religion evang. 20. Welcher Kirche gehören Sie an? evangel. 21 .Haben Sie je offiziell oder inoffiziell Ihre Verbindung mit einer Kirche aufgelöst? 22. Falls ja, geben Sie Einzelheiten und Gründe an nein, keine. 23. Welche Religionsangehörigkeit haben Sie bei der Volkszählung 1939 angegeben? evang. 24. Führen Sie alle Vergehen, Uebertretungen oder Verbrechen an, für welche Sie je verurteilt worden sind, mit Angaben des Datums, des Orts und der Art. keine

B. SECONDARY AND HIGHER EDUCATION / B. Grundschul- und höhere Bildung

Name & Type of School (If a special Nazi school or military academy, so specify) Name und Art der Schule (im Fall einer besonderen NS oder Militärakademie geben Sie dies an)	Location Ort	Dates of Attendance Wann besucht?	Certificate Diploma or Degree Zeugnis, Diplom oder akademischer Grad	Did Abitur permit University matriculation? Berechtigt Abitur od. Reifezeugnis zur Universitätsimmatrikulation?	Date Datum
Volksschule	Posen	1914-1919	Zeugnis	nicht betreffend	
Volksschule	Berlin	1919-1922	Zeugnis	nicht betreffend	
Hochschule für Musik Berlin	Berlin	1931-1932	Bühnenreife. Zeugnis	nicht betreffend	

25. List any German University Student Corps to which you have ever belonged. — 26. List (giving location and dates) any Napola, Adolph Hitler School, Nazi Leaders College or similar academy in which you have ever been a teacher. — 27. Have your children ever attended any of such schools? Which ones, where and when? — 28. List (giving location and dates) any school in which you have ever been a Vertrauenslehrer (formerly Jugendwalter).

25. Welchen deutschen Universitäts-Studentenburschenschaften haben Sie je angehört? keiner
26. In welchen Napola, Adolf-Hitler, NS-Führerschulen oder Militärakademien waren Sie Lehrer? Anzugeben mit genauer Orts- und Zeitbestimmung. nicht betreffend
27. Haben Ihre Kinder eine der obengenannten Schulen besucht nein Welche, wo und wann? nicht betreffend
28. Führen Sie (mit Orts- und Zeitbestimmung) alle Schulen an, in welchen Sie je Vertrauenslehrer (vormalig Jugendwalter) waren. nicht betreffend

C. PROFESSIONAL OR TRADE EXAMINATIONS / C. Berufs- oder Handwerksprüfungen

Name of Examination Name der Prüfung	Place Taken Ort	Result Resultat	Date Datum
Opernsänger	Berlin	bestanden	1932

	1 Yes or no ja oder nein	2 From von	3 To bis	4 Number Nummer	5 Highest Office or rank held Höchstes Amt oder höchster Rang	6 Date Appointed Antrittsdatum
41. NSDAP	nein					
42. Allgemeine SS	nein					
43. Waffen-SS	nein					
44. Sicherheitsdienst der SS	nein					
45. SA	nein					
46. HJ einschl. BDM	nein					
47. NSDStB	nein					
48. NSDoB	nein					
49. NS Frauenschaft	nein					
50. NSKK	nein					
51. NSFK	nein					
52. Reichsb. der deutschen Beamten	nein					
53. DAF	nicht bekannt, *wahrscheinlich ja*					
54. KdF	nein					
55. NSV	ja	1941	1945	nicht bekannt	keinae	keine
56. NS-Reichsb. deutsch. Schwestern	nein					
57. NSKOV	nein					
58. NS-Bund Deutscher Technik	nein					
59. NS-Aerztebund	nein					
60. NS-Lehrerbund	nein					
61. Rechtswahrerbund	nein					
62. Deutsches Frauenwerk	nein					
63. Reichsbund deutscher Familie	nein					
64. NS-Reichsb. für Leibesübungen	nein					
65. NS-Altherrenbund	nein					
66. Deutsche Studentenschaft	nein					
67. Deutscher Gemeindetag	nein					
68. NS-Reichskriegerbund	nein					
69. Reichsdozentenschaft	nein					
70. Reichskulturkammer	ja	1934	1945	54 085	keine	keine
71. Reichsschrifttumskammer	nein					
72. Reichspressekammer	~~nein~~	~~1934~~	~~1945~~	~~54 085~~	~~keine~~	~~keine~~
73. Reichsrundfunkkammer	nein					
74. Reichstheaterkammer	ja	1934	1945	54 085	keine	keine
75. Reichsmusikkammer	nein					
76. Reichskammer d. bildend. Künste	nein					
77. Reichsfilmkammer	nein					
78. Amerika-Institut	nein					
79. Deutsche Akademie München	nein					
80. Deutsches Auslandsinstitut	nein					
81. Deutsche Christen-Bewegung	nein					
82. Deutsche Glaubensbewegung	nein					
83. Deutscher Fichte-Bund	nein					
84. Deutsche Jägerschaft	nein					
85. Deutsches Rotes Kreuz	nein					
86. Ibero-Amerikanisches Institut	nein					
87. Institut zur Erforschung der Judenfrage	nein					
88. Kameradschaft USA	nein					
89. Osteuropäisches Institut	nein					
90. Reichsarbeitsdienst (RAD)	nein					
91. Reichskolonialbund	nein					
92. Reichsluftschutzbund	nicht bekannt, *wahrscheinlich ja*					
93. Staatsakademie für Rassen- und Gesundheitspflege	nein					
94. Volksbund für das Deutschtum im Ausland (VDA)	nein					
95. Werberat der Deutschen Wirtsch. Others (Specify) andere:	nein					
96.						

Die Kinder Peter-Christian,
Ursula und Sylvia

zerte und Theateraufführungen statt, meist im Freien und zwischen den Trümmern, wobei das heiße Wetter in jenen Mai- und Junitagen den Künstlern sehr entgegenkam.

Peter Anders war als einer der ersten wieder mit dabei. Von dem einst so stolzen Tenorensemble der Staatsoper waren nur er, Erich Witte und Ludwig Suthaus übriggeblieben. Die Namen vieler Künstler waren von den Theaterzetteln verschwunden. Die Ausländer, wie Sinimberghi oder Argyris, waren noch vor Kriegsende nach Hause zurückgekehrt, anderen hatten die Besatzungsmächte das Auftreten verboten. Zu den prominentesten Künstlern, die mit einem Auftrittsverbot belegt waren, gehörten die Dirigenten Wilhelm Furtwängler und Herbert von Karajan. Furtwängler wurde Ende 1945 dank der Fürsprache des Theaterintendanten Boleslaw Barlog und des neuen Leiters der Berliner Philharmoniker, Sergiu Celibidache, von der »Spruchkammer für Geistesschaffende« freigesprochen. Für Herbert von Karajan, der sehr früh Mitglied der NSDAP geworden war und von den Nazis als Stardirigent gegen Furtwängler aufgebaut werden sollte, galt das Dirigierverbot bis Oktober 1947. Peter Anders, der nicht Mitglied der NSDAP gewesen war, wurde im Entnazifizierungsverfahren freigesprochen.

Das erste öffentliche Konzert der Staatsoper fand am 16. Juni 1945 im Großen Sendesaal des Funkhauses Berlin statt. Der frühere Leiter des Staatsopernchores, Karl Schmidt, dirigierte das »Orchester der bish. Staatsoper Berlin«, und als Solisten traten Erna Berger, Margarete Klose, Peter Anders und

Die Familie im Garten in der Leichhardtstraße in Dahlem
(1946)

Ludwig Suthaus auf. Peter Anders sang nach der einleitenden »Freischütz«-Ouvertüre die Bildnis-Arie aus »Zauberflöte« und im zweiten Teil des Programms die Blumenarie aus »Carmen«.

Im nächsten Großen Opernkonzert am 21. Juni wirkte zusätzlich der Tenor Erich Witte mit. Anders wiederholte die beiden bereits erwähnten Arien.

Am 8. Juli 1945, vormittags um 10.30 Uhr, fand im Deutschen Theater eine Heinrich-Heine-Morgenfeier statt. Im ersten Teil las Horst Caspar Gedichte des im Dritten Reich verfemten Dichters, und im zweiten Programmabschnitt sang Peter Anders, am Flügel begleitet von Gerhard Puchelt, die »Dichterliebe« von Robert Schumann, deren Liedertexte von Heinrich Heine stammen. Wegen des großen Erfolges wurde auch diese Feier einige Tage später wiederholt, aber nachmittags. Nach dem Konzert kam es für die Künstler zu einer schreckhaften Begebenheit. Frau Anders hat diese beschrieben:

»Dieser Abend ist mir unvergeßlich nach all dem Elend, der Angst und Ohnmächtigkeit. Das Konzert, von den Russen genehmigt, hatte ein unangenehmes Nachspiel. Auf der Heimfahrt wurde unser Wagen mit Horst Caspar, seiner Frau Antje Weisgerber, Gerhard Puchelt, meinem Mann und mir von russischen Posten angehalten, da noch nächtliche Ausgangssperre bestand. Weil wir uns nicht verständigen konnten, brachten sie uns auf eine Kommandantur, sperrten uns dann kurzerhand in einen Keller, und zwar getrennt von unseren Männern. Am nächsten Morgen wurden wir mit Hilfe eines Dolmetschers verhört und durften nach Klärung der Sachlage Gott sei Dank unbeschadet wieder nach Hause.«

Berlin wurde dann in vier Sektoren aufgeteilt, und der Stadtteil Dahlem, in dem Peter Anders wohnte, wurde von den Amerikanern besetzt, während der Stadtkern zum russischen Sektor gehörte. Da passierte einige Tage später eine heiter nachdenkliche Episode, die Frau Anders ebenfalls einmal erzählt hat:

»In unserem Haus in Dahlem veranstalteten wir mit Erna Berger, Tiana Lemnitz, Domgraf-Faßbaender und Gerhard Puchelt am Flügel ein Hauskonzert für die Amerikaner, die ihr Hauptquartier in Dahlem hatten. Die uns befreundeten Sänger wohnten alle in unmittelbarer Nachbarschaft, und dieser Arien- und Duette-Abend hatte einen tieferen Sinn, nämlich unsere Häuser vor amerikanischer Beschlagnahme zu schützen. Das Haus wurde kurz vor Konzertbeginn mit bewaffneten Posten gesichert, und auch das ›Publikum‹ trug umgeschnallte Pistolen. Nun kommt das heiter Rührende: im Verlauf des Konzerts gingen die Offiziere nach und nach in den Flur, um angesichts der friedlich musischen Atmosphäre ihre Pistolen diskret abzulegen. Der eigentliche Zweck wurde trotzdem nicht erreicht, unser Haus wurde beschlagnahmt, und wir mußten uns mit unseren drei Kindern und der Schwiegermutter eine neue Bleibe suchen.«

Die Familie fand in der Leichhardtstraße 17 in Berlin-Dahlem ein neues Zuhause, eine Wohnung, in der Fenster und Türen fehlten, und die erst einmal notdürftig hergerichtet werden mußte.

Die Mutter von Peter Anders nahm bei den Amerikanern in der Hüninger-Straße eine Stelle als Hausdame an. Sie wollte damit sorgen, daß die Besatzer sehr pfleglich mit den ebenfalls beschlagnahmten Möbeln und Einrichtungsgegenständen umgehen sollten, um größere Schäden oder gar »Vandalismus« zu verhindern.

Nach zwei weiteren Sinfonie-Konzerten am 29. Juli und 5. August in Max Reinhardts Deutschem Theater in der Schumannstraße mit der Staatskapelle unter der Leitung von Johannes Schüler, bei denen Peter Anders die Arie des Lenski »Wohin seid ihr entschwunden« aus »Eugen Onegin« sang, kam es am 23. August 1945 zum Eröffnungskonzert der Deutschen Staatsoper im Admiralspalast. Oberbürgermeister Dr. Werner übergab dem neuen Leiter der Berliner Staatsoper, Ernst Legal, den Admiralspalast in der Friedrichstraße als neue Spielstätte. Der Admiralspalast, ein früheres Revuetheater, hatte bereits von 1943 bis 1944 der Städtischen Oper Berlin als Ausweichspielstätte gedient. Diese Feierstunde wurde im Film festgehalten. Peter Anders sang erneut die Arie des Lenski, und diese Szene ist die einzige Filmaufnahme, die von Peter Anders existiert. Die Aufnahmen wurden später in den Musikfilm »Befreite Musik« übernommen.

Bei dem Eröffnungskonzert spielte die Staatskapelle unter der Leitung von Karl Schmidt und Johannes Schüler. Neben dem Chor der Staatsoper, der das Konzert mit »O, wenn in diesen dunklen Hainen« aus »Orpheus und Eurydike« von Christoph Willibald Gluck eröffnet hatte, wirkten als Solisten mit: Ludwig Suthaus, Wilhelm Hiller, Otto Hopf, Irmgard Langhammer, Ilse Mentzel, Willi Domgraf-

Faßbaender, Josef Greindl, Peter Anders, Margarete Klose, Jaro Prohaska, Erna Berger, Karola Goerlich und Josef Burgwinkel. Peter Anders sang neben der Lenski-Arie zusammen mit Erna Berger, Karola Goerlich und Josef Burgwinkel noch das Quartett aus »Rigoletto«: »Holdes Mädchen, sieh mein Leiden«. Dieses Konzert wurde bis zum 10. Oktober noch zehnmal wiederholt.

Die erste Opernaufführung der Staatsoper erfolgte am 8. September 1945. Es war Glucks »Orpheus und Eurydike«. Auf der Bühne standen: Eurydike: Tiana Lemnitz, Orpheus: Anneliese Müller, Eros: Ilse Mentzel. Inszeniert hatte das Werk Wolf Völker, musikalischer Leiter war Karl Schmidt. Anneliese Müller hat über diese Aufführung einmal gesagt: »Wohl selten ist der Gehalt dieses Werkes stärker empfunden worden als in jenen Wochen und Monaten. Dabei war der äußere Rahmen nur allzu dürftig.«

Am 20. September folgte als nächste Premiere »Rigoletto«. Die Besetzungszettel waren auch in russischer und englischer Sprache gedruckt. In der ausverkauften Vorstellung, von Wolf Völker inszeniert, sangen unter der musikalischen Leitung von Johannes Schüler:

Donnerstag, den 20. September 1945

Zum ersten Mal: In der Neu-Inszenierung

Ausverkauft! *Rigoletto*

Oper in 4 Bildern

Musik von Giuseppe Verdi

Text von Fr. M. Piave

Musikalische Leitung: *Johannes Schüler*   Inszenierung: *Wolf Völker*

Bühnenbilder und Kostüme: *Lothar Schenk von Trapp*

PERSONEN

Der Herzog von Mantua	*Peter Anders*
Rigoletto, sein Hofnarr	*Josef Burgwinkel*
Gilda, dessen Tochter	*Erna Berger*
Sparafucile, ein Bandit	*Josef Greindl*
Maddalena, seine Schwester . . .	*Karola Goerlich*
Giovanna, Gildas Gesellschafterin	*Elfriede Marherr*
Der Graf von Monterone	*Jaro Prohaska*
Marullo, Kavalier	*Walter Stoll*
Borsa, Höfling	*Friedrich Buschmann*
Der Graf von Ceprano	*Otto Hopf*
Die Gräfin, seine Gemahlin	*Helene Wlaschek*
Ein Schließer	*Herbert Brauer*
Ein Page der Herzogin	*Rita Streich*
Herren und Damen vom Hofe, Pagen, Hellebardiere	

Kostümgestaltung: *Kurt Palm*

Technische Leitung: *Max Hübner*

Pause nach dem 2. Bild

Beginn 16.30 Uhr . Ende 19 Uhr

Auf der Bühne gab es nur ein einziges Versatzstück, vorne einen Brückenbogen und hinten das Schloß des Herzogs. Die Kostüme, sofern nicht noch Teile aus dem Fundus vor der Zerstörung gerettet worden waren, bestanden zum größten Teil aus Sackleinen. Es wurde wieder sehr früh am Nachmittag gespielt, diesmal nicht wegen Fliegeralarms, sondern weil ab 20 Uhr Ausgangssperre für die Deutschen bestand.

Peter Anders, der in der Rolle des Herzogs mit Erich Witte alternierte, hat 1945 noch weitere achtmal in »Rigoletto« gesungen, bis 1948 insgesamt dreißigmal.

In einem Festkonzert am 8. November 1945 sang Peter Anders neben der Blumenarie aus »Carmen« mit Erna Berger das Liebesduett aus »Madame Butterfly«, daneben wirkte er im Finale des zweiten Aktes der Operette »Die Fledermaus« mit.

In den Wiederholungen dieser stets ausverkauften Konzerte sang Peter Anders erstmals auch die Arie des Vasco da Gama »Land so wunderbar« aus »Die Afrikanerin« von Giacomo Meyerbeer. Die Aufführung der Werke Meyerbeers war im Dritten Reich verboten.

Die von den Wirren des Krieges verschonten und übriggebliebenen Sänger gingen mit einer neuen Aufbruchstimmung an die Arbeit. Die fürchterlichen Schrecken des Krieges waren vorbei, ebenso die Greuel der sowjetischen Besatzungstruppen beim Einmarsch, und mit Zuversicht ging man nun daran, trotz des Drunter und Drüber dieser ersten Nachkriegsmonate wieder zu einer Normalität zurückzufinden. Das war bestimmt nicht leicht. Häuser und Wohnungen waren zerstört, Strom-, Gas- und Wasserversorgung fielen aus, die Betriebe konnten nicht mehr arbeiten, öffentliche Verkehrsmittel konnten auf den zerstörten oder mit Trümmern übersäten Straßen nicht verkehren. Reisen aus einer Stadt in die andere bedurften der Genehmigung durch die Militärbehörden. Die Versorgung der Bevölkerung mit Lebensmitteln konnte nur notdürftig aufrechterhalten werden, es kam zu langen Schlangen vor den wenigen unzerstört gebliebenen Geschäften und zu Schwarzmarktgeschäften, auch mit den Soldaten der Besatzungsarmeen. Niemand wußte so recht, wie es weitergehen sollte, und doch keimte, nachdem die Schreckensherrschaft des Nationalsozialismus abgestreift und der Bombenkrieg beendet waren, Hoffnung auf eine irgendwie bessere Zukunft.

Ernst Legal, der neue Leiter der Staatsoper, einst Lehrer des jungen Peter Anders an der Berliner Musikhochschule, hat die Atmosphäre jener Zeit einmal so beschrieben:

»Es war ihnen nichts anderes geblieben als das, was ihnen der liebe Gott mit auf den Weg gegeben hatte: eine begnadete Stimme, mit der sie die Menschen begeistern vermochten, und die Hoffnung, aus all dem Chaotischen der Zeit doch noch wieder etwas Geordnetes, etwas künstlerisch Hochanspruchsvolles zu schaffen. Das allein war der Motor, der die deutsche Gesangs-Elite nach dem totalen Zusammenbruch von 1945 bewegte. Sie waren alle so bewegt, so voller ursprünglicher Leidenschaft, wie durstende Kinder, die nichts anderes als ein Ziel kennen, ihren lebenserhaltenden Trieb zu befriedigen.«

Erste Nachkriegspremiere im Admiralspalast:
»Rigoletto« am 20. September 1945
mit Peter Anders

So stürzten sie sich in die künstlerische Arbeit. In Wien hatte die Staatsoper unter ihrem ersten Direktor Franz Salmhofer mit »Fidelio« am 6. Oktober 1945 ihren Betrieb wieder aufgenommen. Gespielt wurde im Theater an der Wien.

Das Silvesterkonzert der Berliner Staatsoper, als »Friedens-Sylvester 1945« angekündigt, gestalteten im Admiralspalast die Dirigenten Johannes Schüler und Karl Schmidt mit den Solisten Erna Berger, Willi Domgraf-Faßbaender und Helene Wlaschek. Peter Anders sang »Gern hab' ich die Frau'n geküßt«. Im zweiten Teil wurde der zweite Akt der Operette »Die Fledermaus« konzertant aufgeführt.

Am 21. März sang Peter Anders in der von Wolf Völker inszenierten und von Richard Jäger geleiteten Aufführung »Madame Butterfly« den Linkerton, mit Erna Berger, Anneliese Müller, Joseph Burgwinkel und Paul Schmidtmann. Insgesamt sang Anders den Linkerton im Berlin der Nachkriegszeit bis 1948 achtundzwanzig Mal.

Die nächste Premiere für Peter Anders war am 8. Juni 1946 »Die Entführung aus dem Serail«. Inszeniert wurde die Oper von Karl August Neumann, der im Kriege noch als Papageno in der »Zauberflöte« mit Anders zusammen auf der

137

»Die Entführung aus dem Serail«
mit Peter Anders, Erna Berger, Rita Streich und Paul Schmidtmann,
Berlin 1946

Bühne gesungen hatte. Karl Schmidt dirigierte, und neben dem Belmonte Peter Anders sangen Erna Berger, die junge Rita Streich, Paul Schmidtmann und Ludwig Hofmann. Als Selim Bassa stand Fritz Soot auf der Bühne.

Nun gab es auch wieder Zeitungen, in denen die Aufführungen der Staatsoper rezensiert wurden. Es entsprach dem Gefühl der damaligen Zeit, daß die Tägliche Rundschau ihren Bericht über die Premiere mit der Überschrift versah: »Das hohe Lied der Menschlichkeit«. Die Kritiker waren jetzt andere, denn die meisten der »gleichgeschalteten« Journalisten der Nazizeit hatten keine Anstellung mehr gefunden und mußten, sofern sie Parteimitglieder waren, das Entnazifizierungsverfahren über sich ergehen lassen.

Die Berliner Zeitung schwärmte geradezu von dem Belcanto-Sänger Peter Anders: »Peter Anders singt seine herrliche Arie ›Wenn der Freude Tränen fließen‹ ganz in das liebevolle Anschauen seiner Konstanze versenkt. Und wie singt er sie! Mit einem idealen Mozarttenor, strahlend und beseelt.«

Walter Harth schrieb im Kurier: »Die Begeisterung des Publikums hatte Friedensmaß, Kalorien wurden beim Klatschen wild vertan. Vierundfünfzig Vorhänge habe ich gezählt, es waren aber mehr.« Über die junge Rita Streich hieß es übrigens: »Hier reift ein großes Talent.«

Die Staatsoper hatte neben »Tiefland« und »Eugen Onegin« am 10. April 1946 auch Offenbachs »Hoffmanns Erzählungen« neu in den Spielplan aufgenommen. Es war die erste Aufführung dieser Oper in Berlin seit der schon legendären Reinhardt-Inszenierung 1931. Diesmal war Ernst Legal der Regisseur. Aber nicht

Peter Anders, der in der Reinhardt-Aufführung noch als Musikschüler mitgewirkt hatte, sang den Hoffmann, sondern Erich Witte. Dafür sang Peter Anders die Titelpartie dieser Oper, als der Berliner Rundfunk die erste Gesamtaufnahme dieses Werkes herstellte, eine der ersten Operngesamtaufnahmen, neben »Figaros Hochzeit«, der Nachkriegszeit. Artur Rother, nach seiner Tätigkeit als Generalmusikdirektor in Dessau seit 1938 am Deutschen Opernhaus Berlin, war gerade Chefdirigent des Berliner Rundfunks geworden und hatte die Mitglieder der ehemaligen Orchester in Berlin um sich versammelt und zum Orchester des Berliner Rundfunks neu formiert.

Unter seiner Leitung wurde »Hoffmann« aufgenommen. Aufnahmeort war ein alter Luftschutzbunker, in den es hereinregnete, der aber über eine vorzügliche Akustik verfügte. Rother hatte eine Reihe hervorragender Gesangssolisten verpflichtet und hierüber selber gesagt: »Das Gesangsensemble war so erlesen, wie man es in den Kriegsjahren selbst in der altehrwürdigen Staatsoper Unter den Linden nur sehr selten hatte erleben können.«

Für den »Bunker-Hoffmann«, wie er bald genannt wurde, erntete Rother höchstes Lob der Kritik. Die Aufnahme wurde zu einem Zeugnis stilistischer Präzision und genialischer Musikalität. Sie wurde Jahre später als Schallplatte – in Ausschnitten auch in England – veröffentlicht. Bernd W. Wessling schrieb dazu: »Über der Arbeit der Sänger und Sängerinnen von damals stand dieses Motto: ›Klanggewordene Liebe!‹ Es gibt inzwischen eine Reihe von Gesamtaufnahmen der Oper, aber keine kann sich rühmen – trotz aller stereophonen Effekte, aller technischen Raffinements – in sich so geschlossen, so spannungsgeladen, so erregend, will sagen: so hautnah zu sein wie Artur Rothers Aufnahme von 1946.«

Ausführende · Performers · Artistes:

Hoffmann · Peter Anders, *Tenor*	Niklaus · Annelies Müller, *Alt*
Olympia · Rita Streich, *Sopran*	Stimme der Mutter · Margarete Klose, *Alt*
Giulietta · Irmgard Klein, *Sopran*	Spalanzani · Fritz Soot, *Tenor*
Antonia · Erna Berger, *Sopran*	Nathanael · Kurt Reichmann, *Tenor*
Andreas, Cochenille, Pitichinaccio, Franz	Crespel · Franz Stumpf, *Baß*
Gerhard Witting, *Tenor*	Luther · Willi Pollow, *Bariton*
Lindorf, Coppelius, Dapertutto, Dr. Mirakel	Hermann · Walter Stoll, *Tenor*
Jaro Prohaska, *Bariton*	Schlemihl · Otto Hopf, *Bariton*

Chor und Orchester des Berliner Rundfunks

Dirigent

Artur Rother

Aufgenommen · Recorded in · Date de l'enregistrement: 1946

Es war von großem Vorteil, daß es sich hier nicht um ein zusammengewürfeltes Ensemble handelte, sondern um eine Schar von Sängern, die sich bereits seit Jahren eng kannten und häufig miteinander gesungen hatten. Hier kann man beim Abhören der Aufnahme förmlich den Ensemblegeist spüren, der eine solch großartige Aufführung möglich machte, und wie er heute leider kaum noch anzutreffen ist.

Am 23. November 1946 sang Peter Anders in der Premierenvorstellung der von Wolf Völker neuinszenierten Verdi-Oper »La Traviata« den Alfred, wieder mit Erna Berger. Unter der Leitung von Johannes Schüler wirkten ferner Karola Goerlich und Josef Metternich als Vater Germont mit. Metternich, der in Bonn und Köln als Chorsänger gewirkt hatte und seit 1945 an der Städtischen Oper Berlin als Solist engagiert war, gab hier sein erstes Gastspiel an der Staatsoper nach dem Kriegsende. In der Presse wurde Peter Anders kritisiert, er würde zu sehr forcieren. So schrieb das Neue Deutschland: »Nur vereinzelt, so im Anfang des Duetts mit Violetta im vierten Bild, leuchtete in einem weichen Piano die natürliche Schönheit der Stimme des Sängers auf, die sonst durch eine Härte des Klanges beeinträchtigt war. Die Stimme hat heute mehr Glanz als Wärme, und dieser Glanz geht leider oft auf Kosten der Schönheit.«

Diese Kritik machte deutlich, daß sich Peter Anders zu diesem Zeitpunkt in einer ersten leichten Stimmkrise befand. Die schrecklichen Ereignisse der letzten Kriegstage und der ersten Nachkriegszeit, die nervliche Anspannung, die Entbehrungen und Beschränkungen waren die Ursache. Anders bemühte sich, zusammen mit seiner Frau Susi, diesen Einschnitt in seiner Stimmentwicklung durch intensive Hausarbeit zu überwinden.

Sylvester 1946 veranstaltete die Staatsoper wieder einen Musikabend im Admiralspalast. Peter Anders sang die Arie des Vasco da Gama »Land so wunderbar«. Mit von der Partie war der junge, neu verpflichtete Tenor Rudolf Schock, der die Arie des Sängers aus »Rosenkavalier« vortrug. Rudolf Schock war vom Opernhaus Hannover gekommen, nachdem er seine 1937 in Braunschweig begonnene Karriere von 1940 bis 1945 wegen seines Wehrmachtsdienstes hatte unterbrechen müssen. Er wurde in Berlin, oft alternierend mit Peter Anders, in lyrischen Partien eingesetzt.

Die Reisebeschränkungen waren inzwischen etwas gelockert worden. Nun durfte man innerhalb der Besatzungszonen wieder verhältnismäßig frei reisen, für Reisen in andere Zonen bedurfte es nach wie vor einer Erlaubnis der zuständigen Militärbehörden, die meist nur in besonderen Notfällen bewilligt wurde. Jetzt gab es in den größeren Orten auch wieder Konzertsäle, oft nur in Behelfsräumen eingerichtet, so daß sich langsam für die Sänger wieder Möglichkeiten für Konzerttourneen boten. Mit einer Sondergenehmigung der alliierten Militärbehörden durfte Peter Anders im März 1947 in die amerikanische Besatzungszone einreisen. Er nahm beim neugegründeten Süddeutschen Rundfunk in Stuttgart mit Hubert Giesen als Klavierbegleiter Lieder für den Rundfunk auf.

Die ersten bedeutenderen auswärtigen Konzerte gab Peter Anders am 13. April 1947 im Schauspielhaus in Leipzig und am 15. April 1947 im Festsaal des Deutschen Hygiene-Museums in Dresden. Dieser Saal war vor der Zerstörung bewahrt und zum Konzertsaal umfunktioniert worden. Anders sang jeweils Schuberts »Winterreise«, in Leipzig von Erhard Michel und in Dresden von Gerhard Puchelt begleitet. Die Presse schrieb: »Nicht viele Opernsänger haben wie er den Sinn für die intime Lyrik des Schubertliedes, und nur wenige verzichten so sehr auf die handfesten Wirkungen tenoraler Eitelkeit. Es bleibt der Eindruck einer starken, vom Geist der Musik erfüllten und zur Form vordringenden Spannung, die über 24 Lieder bis zum Schluß durchgehalten wird, eines kultivierten, technisch überaus sicheren Gesangs von beinahe instrumentaler Ebenmäßigkeit.«

Anfang Mai 1947 sang Peter Anders dann »Die Winterreise« im ausverkauften Renaissance-Theater in Berlin. »Winterreise im Frühling« lautete eine der Presseschlagzeilen.

Sehr ausführlich befaßte sich der Kritiker im Berliner Kurier mit diesem Konzert, in dem das Berliner Publikum einen anderen Anders kennenlernte als es von der Staatsoper her gewohnt war: nicht der jungenhaft strahlende, von Munterkeit sprühende Opernsänger, sondern ein gereifter Konzertsänger ersten Ranges stellte sich hier vor, der sich in die düsteren Szenen dieses Schubertschen Meisterwerkes zu versenken wußte:

»Ein ›Meisterkonzert‹, das seinen Namen verdient: Peter Anders sang Schuberts ›Winterreise‹. Er singt die vierundzwanzig Lieder des Zyklus ohne Pause, konzentriert sich immer stärker auf das Geistige, wird stimmlich immer gelöster, biegsamer, strahlender. Er übertreibt nicht im Ausdruck, läßt der Stimme bei aller Intensität einen Rest Abstraktheit, der doppelt schaurig wirkt, wenn es um die letzten Dinge geht, im ›Wirtshaus‹, im ›Wegweiser‹, in den ›Nebensonnen‹ etwa. Mit rein musikalischen Mitteln wird diese Wirkung erzielt: mit laut und leise, schnell und langsam, Phrasierung, Klangfärbung bis hin zum stockenden, grellen, näselnd intonierten, grausig zwischen Wahn und Wirklichkeit schwebenden ›Leiermann‹. Als befreiender Kontrast dann noch zwei Frühlingslieder, mit allem Schmelz des lyrischen Tenors, der frisch und leuchtend aus den Trübungen einer nun völlig überwundenen Stimmkrise hervorging.«

Peter Anders unternahm danach eine Liedertournee nach Zwickau, Schmölln und Altenburg. Es folgten Auftritte an der Staatsoper als Alfred, Herzog und Belmonte. Daneben war er mit den Probenarbeiten für die nächste Neuinszenierung an der Berliner Staatsoper befaßt: »Die Zauberflöte«.

Die erste Vorstellung der »Zauberflöte« fand am 21. Juni 1947 statt. Für Peter Anders sollte es die letzte Premiere in Berlin werden. Insgesamt hat er an der Staatsoper bei sechzehn Neuinszenierungen, darunter drei Uraufführungen, auf der Bühne gestanden, dazu in einigen Werken, die nach einer länger zurückliegenden Spielserie wieder neu auf den Spielplan gesetzt wurden und dadurch zum Teil auch Premierencharakter bekamen.

Inszeniert war die Oper von Ernst Legal, und Johannes Schüler war ihr musikalischer Leiter. Die Bühnenbilder stammten von Werner Töfflin, die Kostümgestaltung lag in den Händen Kurt Palms, der auf einen Teil seiner von ihm gestal-

Tiana Lemnitz als Pamina
und Peter Anders als Tamino
in »Die Zauberflöte«
1947 in Berlin

teten Kostüme von der Gründgens-Inszenierung von 1938/1941 zurückgreifen konnte.

Die Kritik bewertete die Inszenierung unterschiedlich. In der Berliner Zeitung schrieb Kurt Westphal: »Ernst Legal liefert diesmal leider ein Beispiel dafür, wie man mit einer Fülle guter und z.T. ausgezeichneter Sänger eine kaum mittelmäßige Gesamtwirkung zustande bringen kann.«

Das Neue Deutschland schrieb über Peter Anders: »Peter Anders als Tamino leidet in der Gesamtwirkung als Sänger unter einer immer wieder auftretenden Härte der höheren Lage, was um so mehr zu bedauern ist, als vieles von edelster gesanglicher Schönheit war.«

Aber es gab auch sehr positive Äußerungen. H. H. Stuckenschmidt urteilte in der Neuen Zeitung – Berliner Blatt: »Peter Anders ist Tamino. Er hat den rechten Stil, die entrückte Verhaltenheit, den Adel und den schlanken tenoralen Ton für den ›javonischen‹ Prinzen. Von der Bildnisarie bis zur Läuterung der letzten Szenen hält er die Partie auf einer Linie unaufdringlichen Belcantos.«

Ob bei dieser unterschiedlichen Beurteilung dieser »Zauberflöte« durch die Kritiker allein künstlerische Gesichtspunkte eine Rolle gespielt haben? Oder war hier, ähnlich wie in der einst gleichgeschalteten Presse ab 1933 schon wieder die Ideologie entscheidend? Die Staatsoper mit ihrer Spielstätte im Admiralspalast lag im Osten Berlins, ebenso hatten viele der in Berlin erscheinenden Tageszeitungen ihren Sitz im russischen Sektor. Und in dem von den Russen besetzten Teil Deutschlands hatte es im Vorjahr eine gravierende politische Veränderung gegeben: die große, traditionsreiche Sozialdemokratische Partei Deutschlands und die einst aus ihr hervorgegangene Kommunistische Partei waren gegen den heftigsten Protest der in den Westzonen lebenden Sozialdemokraten vereinigt worden zur Sozialistischen Einheitspartei Deutschlands, der SED. Und die war sehr bald total kommunistisch beherrscht unter dem Schutz der sowjetischen Besatzungsmacht. Dieser sogenannte Vereinigungsparteitag von SPD und KPD hatte – für Opernfreunde pikanterweise – im Admiralspalast stattgefunden.

In den westlichen Besatzungszonen waren inzwischen überall Länder gebildet, Parlamente gewählt und Regierungen eingesetzt worden. Die amerikanische und britische Zone waren als »Bizone« zu einem einheitlichen Wirtschaftsgebiet zusammengeschlossen worden.

Die Versorgung der Bevölkerung mit Lebensmitteln war geradezu katastrophal. Davon waren natürlich auch die Künstler betroffen. Jeder versuchte, so gut es ging, sich durch Tausch- oder Schwarzmarktgeschäfte oder auf andere Weise »über Wasser« zu halten. Peter Anders hatte aus der Vorkriegszeit ein Luftgewehr über die Kriegswirren gerettet und ging damit nun auf Vogeljagd. Er schoß Spatzen, die von der Familie verspeist wurden. So kam wenigstens etwas Fleisch auf den ansonsten recht mageren Speisezettel.

Peter Anders hatte inzwischen seine feste Bindung an die Berliner Staatsoper gelöst und trat hier nur noch im Rahmen eines Gastspielvertrages auf. Im Renaissance-Theater gab er einen Liederabend, bei dem er erstmals von Günther Weißenborn begleitet wurde. Er sang am 20. Dezember 1947 in der Staatsoper zum zehnten Male den Tamino in der Legal-Inszenierung, und hatte dann nur noch wenige Auftritte im Admiralspalast, im März 1948 zweimal als Linkerton und einmal als Tamino, am 8. April schließlich als Belmonte.

Wie sehr sich das geistige Klima in Berlin geändert hatte, zeigt sich am Beispiel eines Konzertes, das Peter Anders am 7. April 1948 im Berliner Renaissance-Theater gab. Unter der Überschrift »Ein unvorsichtiger Tenor« schrieb das Neue Deutschland, das Zentralorgan der SED:

»Nicht alles, was Peter Anders singt, will uns beglücken. Im Forte der hohen Lage hat seine Stimme eine gewisse Härte, die ein feineres Ohr als recht unangenehm empfindet. Der Sänger beging aber die Unbedachtsamkeit – oder soll man sagen Geschmacklosigkeit – die heute unmöglichen ›Zwei Grenadiere‹ von Schumann zu bringen, deren Text auch Heine in unserer Zeit bestimmt nicht geschrieben hätte. Ein Teil des bürgerlich-faschistischen Publikums kannte in seiner Beifallsraserei bei dem Vortrag dieses Stückes keine Grenzen. Das war kein schöner Ausklang des Konzertes.«

Peter Anders ging im April mit Günther Weißenborn auf eine ausgedehnte Konzerttournee durch Westdeutschland. Lieder von Richard Strauss, Robert Schumann, Franz Schubert und Hugo Wolf standen auf seinem Vortragsprogramm. Er trat auf in Esslingen (12. April 1948), Detmold, Regensburg, Nürtingen, Ansbach, Hannoversch-Münden, Hamburg (Musikhalle) und in Kiel.

Während dieser Tournee wurde die Mutter von Peter Anders 60 Jahre alt. Aufgrund dieser Verpflichtungen war es ihm nicht möglich, seine Mutter in Berlin zu besuchen. Am 25. Mai 1948, er gastierte gerade in Düsseldorf, schrieb er seiner Mutter einen Brief:

Liebe Mutter!

Zu Deinem 60. Geburtstage übersende ich Dir aus weiter Ferne meine herzlichsten Glückwünsche! Möge Dir Gesundheit und Wohlergehen zur Seite stehen. Mit Betrübnis hörte ich, daß es Dir gerade gesundheitlich nicht gut ergeht. Das tut mir sehr leid, umsomehr, als Du gerade für uns Deine Gesundheit aufs Spiel setzst. Ich will nur hoffen und wünschen, daß Du Dich bald wieder erholt hast und solchen Aufregungen nach Möglichkeit aus dem Wege gehst.

Von mir kann ich Dir Gottlob nur Gutes berichten. Überall wo ich singe, begeistere ich die Menschen, und unberufen bin ich gesundheitlich gut dran. Diese Tournee ist ja sehr anstrengend, aber doch sehr lohnend in künstlerischer wie in finanzieller Hinsicht. Es ist auf die Dauer nicht einfach, monatelang aus den Koffern zu leben. Aber Schwierigkeiten sind dazu da, überwunden zu werden. Meine Erfolge waren überall riesengroß und bald soll ich wiederkommen. So wird wohl in Zukunft Dein Sohn viel unterwegs sein.

Zum Schluß will ich Dir noch für all Deine Liebe und Güte Dank sagen, Du gute Seele. Du hast im vergangenen Jahr wieder so viel Gutes an uns getan, so daß ich den Wunsch habe, nun auch an Dir Gutes zu tun. Wie wäre es, wenn Du in der Hü-Str. aufhören würdest. Tue das bitte. Was aus den Sachen wird, ist doch egal. Mir geht Deine Gesundheit jetzt vor.

Sei lieb umarmt, gegrüßt und geküßt, Geburtstagskind,

von Deinem Sohn.

Frau Anders arbeitete immer noch bei den Amerikanern in der Hüninger-Straße, und Peter Anders wollte dies jetzt offenbar nicht mehr länger hinnehmen.

Im weiteren Verlauf der Tournee war auch Susi Anders zu ihrem Mann gestoßen. Ein Konzert in Bad Pyrmont mußte nach dem fünften Lied abgebrochen werden. Peter Anders war total indisponiert, jedoch nicht erkältet. Er war nachts in seinem Hotel durch ein Geräusch aufgewacht und zum Fenster gegangen, hinter dem draußen auf dem Fensterbrett Butterreste zur Abkühlung aufbewahrt wurden. Als er das Fenster öffnete, fuhr ihm eine dicke schwarze Ratte entgegen. Ein wilder Schreckensschrei weckte nicht nur seine Frau Susi aus tiefstem Schlaf, sondern ramponierte auch seine Stimme, so daß er am folgenden Tage das Konzert nicht zu Ende singen konnte.

In Europa war es inzwischen zu großen politischen Spannungen gekommen. Die Siegermächte des Zweiten Weltkrieges hatten sich politisch entzweit, und sie waren auch in der Frage über die Zukunft Deutschlands zerstritten. Unter dem Schutz der sowjetischen Besatzungsmächte hatten überall in den osteuropäischen

Staaten die Kommunisten unter Ausschaltung der bürgerlichen Parteien und Gruppierungen die Macht an sich gerissen. Als letztes Land folgte 1948 die Tschechoslowakei. Die kommunistische Machtübernahme in Griechenland war durch einen Bürgerkrieg abgewendet worden. Winston Churchill prägte das Wort vom »eisernen Vorhang«, der in Europa niedergegangen war. Und mitten durch Deutschland.

Bemühungen, die Ministerpräsidenten aller deutschen Länder an einem Tisch zu vereinigen, scheiterten; die ostdeutschen Länderchefs sagten ab. Um die Lebensverhältnisse zu verbessern und zu vereinheitlichen, um eine gesunde Währung nach der ruinösen Geldpolitik der Nationalsozialisten als Grundlage für wirtschaftlichen Aufschwung zu erhalten, plante man in den drei westlichen Besatzungszonen eine Währungsreform. Den genauen Termin wußte niemand, aber die Gerüchte Mitte Juni 1948 besagten, daß der Tag der Währungsumstellung unmittelbar bevorstehe. Peter Anders wollte daher noch vor diesem Stichtag zu seinen drei Kindern Ursula, Peter-Christian und Sylvia und zur Mutter zurück nach Berlin. Die restlichen Konzerte seiner Tournee hatte er daher abgesagt.

Am 18. Juni 1948 wartete er mit seiner Frau in seinem Auto acht Stunden lang an der Zonengrenze bei Helmstedt. Aber die Russen hatten die Grenze dichtgemacht und ließen niemanden durch, auch nicht einen berühmten Tenor. So mußte er nach Hannover zurückkehren.

Der 20. Juni 1948 war der Tag der Währungsreform. Die alte Reichsmark wurde durch die neue Deutsche Mark ersetzt. Das Umtauschverhältnis war auf 10 : 1 festgesetzt worden. Jeder Bürger erhielt zunächst ein »Kopfgeld« von 40 DM. Für Peter Anders als Berliner galt diese Regelung in Westdeutschland nicht. Er stand völlig mittellos da. Zusammen mit Willi Domgraf-Faßbaender, der zufällig in Hannover war, zeigte er den Passanten in der Bahnhofstraße seine leere Geldbörse. Die Stadt Hannover war jedoch großzügig: Sie übernahm die Kosten für Unterkunft und Verpflegung im Hotel »Rheinischer Hof« als Kredit. Das Städtische Wohlfahrtsamt zahlte eine Unterstützung von 10 DM, und nach längerem Verhandeln wurde auch eine Lebensmittelkarte für drei Tage bewilligt.

Rührend, wie sich die Bevölkerung um das Wohlergehen des bekannten und beliebten Sängers kümmerte, den viele noch von seinem Engagement am Opernhaus von 1935 bis 1937 kannten. Eine große Sympathiewelle schlug Peter Anders entgegen. Eine Hannoveranerin stellte ihm sogar ihre »Kopfquote« zur Verfügung, von der er allerdings nur sechs DM in Anspruch nehmen brauchte.

Der Intendant des Opernhauses in Hannover, Rainer Minten, bot Peter Anders Gastrollen in seinem Hause an. Am 25. Juni 1948 sang Anders auf der restlos ausverkauften Behelfsbühne in Herrenhausen den Hans in der »Verkauften Braut« für eine Gage von 150 DM. Nun konnte er alle ihm gewährten Kredite zurückzahlen. Frau Anders hat später einmal über dieses Gastspiel in der »Verkauften Braut« gesagt: »Mehr als seine Braut hätte er auch garnicht verkaufen können, denn wir saßen mit zwei Koffern im Westen und der Weg nach Berlin war zu.«

Am 30. Juni sang Peter Anders den Alfred in »La Traviata« für 300 DM Gage, es folgten Liederabende in Celle und Hannover und am 8. Juli noch einmal ein Auftritt als Turiddu in »Cavalleria rusticana« in der Oper von Hannover.

Bei den Liederabenden sang er, wieder begleitet von Günther Weißenborn, u. a. die Liederzyklen »An die ferne Geliebte« und »Dichterliebe«. Nach weiteren Konzerten in Göttingen, Timmendorfer Strand und Hamburg im Schauspielhaus, das von den Engländern in Garrison Theatre umgetauft worden war, gelang es, auf dem Luftwege nach Berlin zurückzukehren.

Die Sowjets hatten am 24. Juni 1948 eine totale Sperre der Land- und Wasserwege zwischen Berlin-West und Westdeutschland verhängt. Diese sogenannte »Berliner Blockade« wurde jedoch von den Westmächten auf dem Luftweg umgangen. In einer gigantischen Anstrengung gelang es ihnen, den westlichen Teil Berlins über die »Luftbrücke« zu versorgen und die Stadt vor dem völligen Zusammenbruch und damit die (von den Sowjets beabsichtigte) Einverleibung in den kommunistischen Machtbereich zu verhindern.

Nach der Währungsumstellung gehörte Berlin-West zum Währungsgebiet der neuen Deutschen Mark (West). Die Künstler, die wie Peter Anders im Westen Berlins wohnten, aber in der Ostberliner Staatsoper auftreten sollten, erhielten ihre Gagen in Deutscher Mark-Ost, die im Westen nur im Verhältnis 1 : 4 getauscht werden konnte. Interessant dabei war, daß auch die neue »Ost-Mark« zunächst »Deutsche Mark« hieß und erst viel später in »Mark« umgemünzt wurde.

Eine Rückkehr an die Berliner Staatsoper kam für Peter Anders nicht mehr in Frage. Der Intendant der Hamburgischen Staatsoper, Dr. Günther Rennert, hatte ihm einen Vertrag angeboten, aber auch Gustaf Gründgens, der Intendant in Düsseldorf geworden war, machte ihm anläßlich eines Lieder- und Arienabends ein Angebot. Aber nirgendwo war eine Wohnung zu finden, da beide Städte im Krieg sehr in Mitleidenschaft gezogen und viele Häuser durch Bomben zerstört worden waren. Peter Anders entschied sich schließlich für Hamburg, da ihm dort eine Wohnung in Aussicht gestellt worden war.

Im Juli 1948 hatte Peter Anders seine Kinder aus dem unsicheren Berlin geholt und in Ladenburg bei Heidelberg in einem Kinderheim untergebracht. Seine Frau Susi wohnte bei Bekannten in Stuttgart, und Anders selbst hatte zunächst in der Nähe der Staatsoper in Hamburg ein Zimmer, war aber in der Spielzeit 1948/49 auch sehr viel auf Konzert- und Gastspielreisen. Am 7. August 1948 starb die Schwiegermutter Lula Mysz-Gmeiner im Alter von 72 Jahren in Schwerin.

In Bonn trat am 1. September 1948 der Parlamentarische Rat zusammen, der eine Verfassung für einen westdeutschen Staat ausarbeiten sollte. Tagungsort war das im Krieg unzerstört gebliebene Museum König, ein zoologisches Museum. Später ging in die Annalen der Geschichte ein, daß dieses verfassunggebende Gremium »mitten unter ausgestopften Affen« getagt habe. Präsident des Parlamentarischen Rates wurde der Vorsitzende der Christlich Demokratischen Union in der Britischen Zone, Dr. Konrad Adenauer.

Peter Anders nahm im Oktober 1948 beim Westdeutschen Rundfunk in Köln (damals noch Nordwestdeutscher Rundfunk) zusammen mit Günther Weißenborn eine Vielzahl von Liedern auf. Die meisten dieser technisch hervorragenden Aufnahmen, es sollen an die sechzig Liedtitel von Beethoven, Schubert, Schumann, Brahms, Wolf und R. Strauss gewesen sein, wurden leider gelöscht. Ebenso erging es mit den aufgenommenen Liederzyklen »Dichterliebe« und »Die schöne Müllerin«.

Als besonders bemerkenswertes Zeugnis Anders'scher Liedinterpretation ist »Die Winterreise« erhalten geblieben, die Anders am 24. Oktober 1948 für eine Gage von 2.500 DM mit Weißenborn aufnahm. Knapp drei Jahre zuvor, in den letzten Kriegstagen in Berlin, hatte er den gleichen Liederzyklus mit Michael Raucheisen aufgenommen. Es gibt wohl bei keinem anderen Sänger ähnlich erhaltene Gesangsdokumente, auf denen sich die Entwicklung der Stimme in einem Zeitraum von nur drei Jahren an ein und demselben Musikstück ablesen läßt. Gerade auf der Aufnahme von 1948 ist zu erahnen, wie Peter Anders diese Schubert-Lieder in den schweren Jahren nach 1945 in den schlimmen Notlagen der Nachkriegszeit in behelfsmäßig und notdürftig eingerichteten, oft unbeheizten Sälen vor einem nach geistiger Erneuerung dürstenden Publikum vorgetragen hat. 1948, als in München die Trambahnfahrer streikten, kamen seine Verehrer und Verehrerinnen, darunter viele der inzwischen zu Bürgerfrauen gereiften ehemaligen »Backfische«, in Scharen zu Fuß in sein Konzert mit eben dieser »Winterreise«.

Hamburg

Günther Rennert hatte Peter Anders mit einem Gastspielvertrag an die Hamburgische Staatsoper gebunden. Am 2. November 1948 stand Anders als Belmonte in »Die Entführung aus dem Serail« erstmals auf der Notbühne des im Kriege zerstörten Opernhauses. Kurt Puhlmann hatte die Oper inszeniert, Wilhelm Brückner-Rüggeberg dirigierte und mit Peter Anders sangen und spielten Irma Handler als Konstanze, Anneliese Rothenberger als Blondchen, Alfred Pfeifle als Pedrillo und Theo Herrmann als Osmin. Einen Tag später sang Peter Anders den Cavaradossi in »Tosca« mit Elfriede Wasserthal und Hermann Uhde. Ende November folgte der Tamino in der »Zauberflöte«, also alles Partien, die in das herkömmliche Fach des Sängers fielen. In der »Zauberflöte« sangen unter der musikalischen Leitung von Wilhelm Brückner-Rüggeberg Sigmund Roth den Sarastro, Martina Wulf die Königin der Nacht und Ilse Koegel ihre Tochter Pamina. Mathieu Ahlersmeyer hatte die Rolle des Sprechers und die Papagena sang Lisa Bischof. Papageno war Johannes Drath, der bereits 1934 mit Peter Anders in Darmstadt in der gleichen Rolle auf der Bühne gestanden hatte; damals war es der erste Tamino des noch jungen Tenors Peter Anders gewesen.

Die Hamburgische Staatsoper spielte zu dieser Zeit in einem Provisorium. Der große Zuschauerraum war bei einem schweren Luftangriff am 2./3. August 1943 total ausgebrannt. Das Bühnenhaus war aber erhalten geblieben. Hier wurde auf der Bühne samt Hinterbühne eine Spielstätte mit einem Zuschauerraum von 606 Plätzen eingerichtet. Dieses Provisorium konnte später in den zerstörten Zuschauerraum hinein erweitert werden, so daß ab Oktober 1949 in dem so vergrößerten Gebilde 1230 Zuschauer Platz finden konnten.

Intendant der Hamburgischen Staatsoper war seit 1948 Dr. Günther Rennert, der bereits im Juli 1946 als Operndirektor nach Hamburg gekommen war. Rennert, am 1. April 1914 in Essen geboren, studierte zunächst Jura und promovierte zum Doktor der Rechtswissenschaften, arbeitete dann als Regie-Assistent bei Walter Felsenstein in Frankfurt/M und kam über Wuppertal, Mainz und Königsberg 1943 zum Deutschen Opernhaus nach Berlin, wo er mit Dr. Hans Schmidt-Isserstedt, Leopold Ludwig und Caspar Neher zusammenarbeitete. Alle sollten sich nach dem Kriege in Hamburg wiedersehen. Rennert wurde zu einem der bedeutendsten Opernregisseure der Nachkriegszeit.

Das Sänger-Ensemble - Hamburg verfügte in den ersten Jahren nach dem Kriege über etwa 40 fest verpflichtete Sängerinnen und Sänger - hatte ein bemerkenswertes Format. Bei den Damen waren Erna Schlüter, Helene Werth, Ilse

Koegel, Maria von Ilosvay, Anneliese Rothenberger, Clara Ebers, Martina Wulf, Lore Hoffmann, Elfriede Wasserthal, Martha Mödl, Valerie Bak und die Altistinnen Gusta Hammer und Gisela Litz, bei den tieferen Männerstimmen Theo Herrmann, den Peter Anders noch von Darmstadt her kannte, Sigmund Roth, Josef Metternich, Mathieu Ahlersmeyer, Horst Günter, Toni Blankenheim, James Pease, Arnold van Mill und der junge Hermann Prey engagiert.

Im Tenorfach traf Peter Anders seinen ehemaligen Darmstädter »Tenor-Rivalen« Joachim Sattler wieder. Mit Anders war Rudolf Schock von Berlin nach Hamburg gekommen. Der Heldentenor Helmut Melchert gehörte ebenso zum Ensemble wie Fritz Lehnert, Walter Geisler, Peter Markwort, Alfred Pfeifle und Kurt Marschner.

Auch Johannes Schocke, der Tenor aus Köln, war jetzt an der Hamburger Oper engagiert. Angesichts der Namensähnlichkeit mit diesem »gestandenen« und erfolgreichen Sänger mußte sich der damals noch junge Rudolf Schock manchen Scherz der Sängerkollegen gefallen lassen. So neckten sie den erfolgversprechenden jungen Nachwuchstenor: »Rudi, Dir fehlt nicht nur das hohe C, Dir fehlt auch noch das E am Namensende!«

Mit Johannes Schocke, der später sein Nachbar wurde, verband Peter Anders seit den gemeinsamen Tagen in Köln eine Freundschaft. Wenn Anders gerade etwas Neues einstudiert hatte, telefonierte er oder lief er schnell zu Schocke hinüber und sagte: »Komm mal rüber, ich sing Dir jetzt mal was Neues vor!«

Vielleicht dachte er dabei auch an die Episode in Köln, wo Schocke ihm ja einst vorgeworfen hatte, die großen Tenorpartien nur auf der Schallplatte und nicht auch auf der Bühne zu singen.

In der Hamburger Musikhalle trat Peter Anders zusammen mit Helene Werth Ende November 1948 in einem großen Opernkonzert auf, bei dem das Hamburger Symphonie-Orchester von Günther Weißenborn dirigiert wurde. Anders sang Arien aus »Aida«, »Tosca« und »Manon Lescaut« und zusammen mit Helene Werth Duette aus »Tosca« und »Madame Butterfly«.

Ein geplantes Gastspiel in Wien, wohin ihn Carl Ebert verpflichten wollte, scheiterte an den Einreiseformalitäten der damaligen Zeit. Auch seine geplante Mitwirkung in der Uraufführung der Oper »Circe« von Werner Egk, die Heinz Tietjen im Dezember 1948 in Berlin inszenierte, kam nicht zustande.

Es war schon davon die Rede, welche Weltkarriere Peter Anders ohne Krieg möglich gewesen wäre. Auch die Umstände nach dem Kriege ließen eine große internationale Laufbahn nicht zu. In einem Brief an den amerikanischen Offizier Joe Dasher, mit dem sich Peter Anders im Berlin der ersten Nachkriegsjahre befreundet hatte und der inzwischen nach Amerika zurückgekehrt war, schilderte Anders die geradezu dramatische Situation, in der er und seine Familie sich nach seinem Weggang von Berlin befanden:

Wie Susi schrieb, haben wir Berlin verlassen, da ich dort nicht mehr in Kunst machen konnte. Die Lebensverhältnisse werden immer schwieriger und im Moment ist das Leben geradezu katastrophal dort. So leben wir jetzt im Westen, ich habe Verträge mit der Staatsoper Hamburg und dem Opernhaus Düsseldorf und so geht es mir beruflich sehr gut. Ich bin froh, aus Berlin heraus zu sein und nehme die unan-

genehmen Dinge, wie keine Wohnung bis jetzt, ebenso keine Möbel, dafür in Kauf.
Hier in Hamburg sollen wir Wohnung bekommen, doch geht das recht langsam, da
die Stadt übervölkert ist. Die Kinder sind noch im Kinderheim nearly Heidelberg
und Susi fährt zu Weihnachten dorthin. Ich selbst fahre am 14. XII. nach Düssel-
dorf zu Proben von »La forza del destino«. Die Premiere soll am 15. Januar sein und
so bin ich vom 14. XII. bis 18. I. 49 etwa in Düsseldorf.
    Im Januar kehre ich dann etwa um den 20. herum wieder nach Hamburg zurück.
Hier werde ich den Herzog in »Rigoletto« singen. Am 16. XII. wird Fidelio von Ham-
burg im Radio gespielt, wo ich den Florestan singe. Im März soll ich den Stolzing im
Hamburger Radio singen. Also alles sehr interessante Aufgaben, die mir viel Freude
machen. Dazwischen kommen auch Auslandsangebote, Spanien, Portugal, Eng-
land, Irland und im Juni/Juli Südafrika. Leider sind die finanziellen Bedingungen
für die Auslandsangebote ungünstig, es gibt nur Tagesdiäten, die Gage geht über die
Teia und wird in deutschem Geld ausgezahlt. Man verdient zunächst in Deutsch-
land mehr als »draußen«. Und da ich ja alles wieder anschaffen muß für meine um-
fangreiche Familie vom Kochtopf bis zum Bett und Kleiderschrank, ist es momen-
tan für mich besser, in Deutschland to make money. Die Lebensbedingungen sind
nach der Währungsreform im Westen wesentlich besser geworden. Allerdings ist
alles teurer geworden. Aber man kann doch besser essen als damals in Berlin. Ich
bin froh darüber, besonders auch für die Kinder. Sobald wir Wohnung haben, kom-
men die Kinder hierher. Es geht uns gesundheitlich und auch sonst gut. Wir blicken
zuversichtlich in die Zukunft und hoffen und wünschen, daß es keinen Krieg geben
möge.
    Ein Rollendebüt besonderer Art gelang Peter Anders am 13. Dezember 1948
mit dem Florestan in Beethovens »Fidelio«. Der Nordwestdeutsche Rundfunk in
Hamburg nahm die Oper mit Peter Anders auf. Das Sinfonie-Orchester des Hamburger Senders unter der Leitung von Hans Schmidt-Isserstedt begleitete das Sängerensemble um Peter Anders und Walburga Wegener als Leonore. Anders stand
kurz vor seinem Fachwechsel vom lyrischen in das schwerere Fach und hatte mit
dieser Aufnahme Gelegenheit, eine der Partien seines neuen Fachs vor dem Rundfunkmikrophon auszuprobieren.
    Am 2. Januar 1949 sang Peter Anders erstmals in Hamburg den Rudolf in »La
Boheme« unter der musikalischen Leitung von Arthur Grüber. Rennert hatte den
»Kampf« mit Gründgens um Peter Anders gewonnen, aber der Düsseldorfer Intendant bot dem begehrten Tenor einen Gastspielvertrag an.
    Anders sollte in Düsseldorf den Alvaro in »Die Macht des Schicksals« singen,
eine für ihn völlig neue Partie. Am 3. Januar 1949 begannen die Proben. Aus Düsseldorf, wo er sich in einer Pension eingemietet hatte, schrieb er seiner Mutter am
12. Januar 1949:

Liebe Mutter!
Deinen Brief vom 6. ds. Mts. habe ich mit vielem Dank am 10. bereits erhalten. Da
ich es anscheinend schriftlich vergessen habe, beeile ich mich, auch Dir fürs neue
Jahr alles Gute, vor allem die Gesundheit, zu wünschen. Wir wollen hoffen, daß wir

das Schwierigste hinter uns haben, und daß Du in diesem Jahr aus Berlin heraus kommst. Ich würde ja gerne mal rüber kommen, doch geht es jetzt unmöglich. Ich muß all die Dinge, die man von mir in Hamburg und Düsseldorf erwartet, abwickeln, und da kann es frühestens Mai werden, ehe ich nach dort kommen kann. Also Geduld, Mutter, es geht beim besten Willen nicht.

Die Proben vormittags und nachmittags seit dem 3. Januar sind recht anstrengend, doch machen sie mir große Freude, und die neue Partie, der Don Alvaro, liegt mir großartig. Ich freue mich schon sehr auf die Premiere am 20. Januar. Heute Abend fahre ich per Schlafwagen nach Hamburg zurück, um morgen früh auf der Generalprobe den Herzog und nächsten Tag, also am 14. I., die Premiere zu singen. Dann habe ich einen freien Tag, den 15. I., am 16. I singe ich die erste Wiederholung von Rigoletto. Abends gleich nach der Vorstellung gehts trapp trapp per Auto vom Theater zum Schlafwagen und dann wieder nach Düsseldorf zurück. Den nächsten Morgen, also am 17. I. singe ich hier die Hauptprobe, am 18. die Generalprobe, der 19. ist frei und am 20. die Premiere. Das geht also Schlag auf Schlag. Hoffentlich klappt alles! Gott geb's!

Ernähren tue ich mich erstklassig. Mittags und abends warm, immer mit reichlich Fleisch und zum Frühstück genug Butter. Zum Kaffee ein Stückchen ausgezeichnete Torte. Alles ohne Marken hier in meiner Pension, allerdings dadurch etwas teurer. Rumpsteak 6,– bis 7,–, Gänsebraten 7,50, Leber 4,50, Torte Stück 1,40 mit Buttercreme und Schokoladenüberguß.

Das Zimmer ist gemütlich und warm, ebenso warmes Wasser, und so kannst Du Dir vorstellen, daß ich mich äußerst wohl fühle. In Berlin wäre ich eingegangen, langsam aber sicher.

Hier, meine Gute, schicke ich Dir mal 200,– Mark, dafür sollst Du Dir 10,- Ztr. Kohlen kaufen, damit Du es in der nächsten Zeit warm hast. Von dem Rest kaufe Dir, was Dir Freude macht. Hast Du die Strümpfe eigentlich bekommen, die wir Dir zu Weihnachten in einem Brief schickten? Dort sind sie vielleicht billiger als hier. Die Preise sind von 10,– Mark aufwärts bis 40,– für Perlon oder Nylon (sprich Neilon) Strümpfe.

Leb wohl meine Tapfere, sei herzlichst gegrüßt und umarmt

von Deinem Sohn.

Knapse nicht zu sehr mit dem Geld, wenn Du welches brauchst, hebe es von der Bank ab! Ich verdiene jetzt wieder gut und da sollst Du auch wieder besser leben. Ich habe ja keine Ahnung, wieviel Du noch hast und was Du so im Monat brauchst.

Aus diesem Brief spricht das innige Verhältnis, das Peter Anders zu seiner Mutter hatte. Aber er zeigt auch, unter welchen Verhältnissen man damals lebte und unter welchem Druck ein Sänger stand, der in einer Woche an zwei verschiedenen Opernhäusern zwei Premieren zu singen hatte.

Am 14. Januar 1949 stand er als Herzog in »Rigoletto« zum ersten Male in einer Premiere in Hamburg vor begeistertem Publikum auf der Bühne. Kurt Puhlmann hatte das Werk inszeniert und Arthur Grüber war der musikalische

Leiter. Hermann Uhde als Rigoletto und Clara Ebers als Gilda waren die Partner von Peter Anders. »Peter Anders singt mit viel Glanz den Herzog und verzichtet aus Liebe zum Ganzen auf die beliebten Untugenden großer Tenöre« (Hamburger Echo). Die Hamburger Freie Presse urteilte: »Peter Anders streut das fast schon heldisch geprägte Gold einer kostbaren Tenorstimme verschwenderisch aus.«

Am 20. Januar 1949 war im Düsseldorfer Opernhaus Premiere: »Die Macht des Schicksals« von Giuseppe Verdi. Unter der musikalischen Leitung von Heinrich Hollreiser gab Peter Anders als Alvaro sein Rollendebüt im Fach des jugendlichen Heldentenors. Nicht Hamburg, wie in den ungezählten Nachrufen und auf Schallplattenhüllen immer wieder behauptet, sondern Düsseldorf erlebte den Fachwechsel des Tenors Peter Anders, der ihm nach seinen großen Erfolgen als lyrischer Tenor den Weg zu neuen Triumphen auf Europas Opernbühnen ebnen sollte.

Er hat den Alvaro in Düsseldorf zehnmal gesungen, meist unter Hollreiser, mit Kurt Gester oder Heinrich Nillius als Don Carlos und mit Margarete Teschemacher oder Erna Dietrich als Leonore. Marchese von Calatrava war in allen Vorstellungen Fritz Kronenberger.

Das ganze Frühjahr 1949 arbeitete Peter Anders an der weiteren Entwicklung seiner Stimme. In Düsseldorf sang er den heldischen Alvaro, in Hamburg seine lyrischen Partien Rudolf, Herzog und Tamino sowie den Cavaradossi. Mit Erna Berger und unter dem Dirigenten Horst Tanu Margraf trat er am 13. März 1949 bei einem Opernkonzert in der Musikhalle auf, das zehn Tage später wiederholt wurde. Die Arien und Duette aus »Zauberflöte«, »Entführung aus dem Serail«, »Manon Lescaut« und »La Traviata« waren rein lyrisch ausgerichtet, und der Sänger, der nun alle stimmlichen Probleme überwunden hatte, glänzte wie einst in seinen besten Berliner Tagen. Das Hamburger Abendblatt berichtete: »Mit beispiellosem Erfolg sangen Erna Berger und Peter Anders Arien und Duette ihres Opernfaches. Stürmischer Dank eines grenzenlos begeisterten Publikums galt vor allem diesen einzigartigen Stimmphänomenen.«

Endlich hatte Peter Anders in Hamburg eine feste Bleibe gefunden. Am 1. März 1949 konnte er in seine neue Wohnung Bellevue 61 im Hamburger Stadtteil Winterhude am nördlichen Rand der Außenalster einziehen, und die Familie, die so lange getrennt war, wohnte nun wieder gemeinsam unter einem Dach. Jetzt konnte Peter Anders auch wieder zusammen mit seiner Frau Susi zu Hause in Ruhe und intensiv arbeiten und die Übergangsschwierigkeiten, die durch das Studium der Partien im neuen Rollenfach hin und wieder seine Stimme belasteten, durch strenge Arbeit überwinden. Tatsächlich entwickelte sich die Stimme nun ohne alle Störungen und ungetrübt in den schwereren Fachbereich.

Die Einkommensverhältnisse des Sängers hatten sich inzwischen so verbessert, daß er nach der Einrichtung der neuen Wohnung nun auch ein neues Auto anschaffen konnte. Er kaufte sich einen grünen Volkswagen, der etwa 4.000 DM kostete. Es war sein erstes Nachkriegsauto, nachdem er den Topolino nach den Ereignissen in Berlin nicht mehr benutzen konnte. Mit diesem Auto unternahm die

Die neue Wohnung in Hamburg: Bellevue 61 (1. Stock)

Familie häufig Ausflüge an die Ostsee, und da kam es schon einmal vor, daß eines der drei Kinder nach schlechtem Betragen »bestraft« wurde und nicht mitfahren durfte.

Anfang Mai weilte Peter Anders zu zwei Gastspielen als Rudolf an der Städtischen Oper Berlin. »Bereits nach der ersten Arie riß der warme sinnliche Schmelz der Stimme Peter Anders' die Besucher der Städtischen Oper zu stürmischem Beifall hin, und man war dankbar, in einer tenorarmen Zeit wieder die Faszination des Tenors zu spüren. Die Höhe, nicht ganz so mühelos wie früher, hat heute mehr kraftvollen Glanz, die noblen Kantilenen betören noch genau so wie damals, als Anders noch zum Berliner Musikleben gehörte.« (Tagesspiegel). Das Berliner Publikum tobte vor Begeisterung und jubelte dem »verlorenen« Sohn enthusiastisch zu: »Wiederkommen! Hierbleiben!«

Den Abstecher nach Berlin nutzte Peter Anders, um mit Günther Weißenborn bei dem von den Amerikanern gegründeten Sender RIAS (Rundfunk im amerikanischen Sektor) sieben Lieder von Richard Strauss aufzunehmen. Inzwischen hatte er auch einen neuen Schallplattenvertrag mit der englischen Firma »His Master's Voice« abgeschlossen, deren Platten in Deutschland unter dem Etikett »Electrola« verkauft wurden. Die ersten Aufnahmen, Lieder von Strauss und Schumann, entstanden 1949, ebenfalls mit Günther Weißenborn, in Berlin. Mit dem Dirigenten Bruno Seidler-Winkler nahm er dann noch Emmerich Kalmans »Grüß mir mein Wien« und den Filmschlager »Immer und ewig« von Peter Kreuder auf.

153

Anfang 1949 war die von den Amerikanern und Briten besetzte »Bizone« mit der französisch besetzten Zone zur »Trizone« vereinigt worden. Die rheinischen Karnevalisten hatten als Parodie dazu einen Schlager komponiert: »Wir sind die Eingeborenen von Trizonesien«. Aufgrund der Lockerungen der Reisebeschränkungen kam es nun auch häufiger zu internationalen Sportveranstaltungen, bei denen im Rahmen der Siegerehrung jeweils die Nationalhymne aus dem Land des Siegers gespielt wurde. Als im Sommer 1949 bei einem Radrennen in Köln überraschender Weise ein Deutscher gewonnen hatte, brachte dies die Veranstalter zunächst in Verlegenheit, denn es gab ja keine deutsche Nationalhymne. Doch die einfallsreichen Kölner schickten den Sieger mit dem besagten Karnevalsschlager »Wir sind die Eingeborenen von Trizonesien« auf die Ehrenrunde.

Am 12. Mai 1949 beendeten die Sowjets ihre Blockade um West-Berlin. In Bonn verkündete der Parlamentarische Rat am 23. Mai 1949 das Grundgesetz für die Bundesrepublik Deutschland, eine vorläufige Verfassung für einen neuen demokratischen Staat, dem die Gebiete Mittel- und Ostdeutschlands, die sich im kommunistischen Machtbereich befanden, nicht angehörten. Bonn wurde zur vorläufigen Bundeshauptstadt bestimmt.

Der neue VW
nach dem Krieg

154

Wenige Tage später, am 29. Mai 1949, nahm der Volkskongreß der sowjetischen Besatzungszone eine Verfassung für eine deutsche demokratische Republik an. Die Teilung Deutschlands war damit besiegelt.

Nachdem Peter Anders am 4. Juni 1949 in Hamburg den Tamino gesungen hatte, kam es am 9. Juni zu seinem ersten Hamburger Rollendebüt auf dem Weg in ein neues Tenorfach: Florestan in »Fidelio«. Er hatte die Partie schon im Rundfunk und die große Arie bereits während des Krieges bei Konzerten gesungen, nun aber stand er erstmals in dieser Rolle auf der Bühne. Es war ein eher stiller, nicht besonders groß bemerkter Auftritt, zumal dieses Debüt nicht im Rahmen einer Premiere stattfand. In der Neuinszenierung von Kurt Puhlmann hatte zuerst Helmut Melchert den Florestan gesungen. Peter Anders kam erst in einer der weiteren Aufführungen – auch unter der musikalischen Leitung von Arthur Grüber – zum Zuge. Die Presse bescheinigte ihm den Belcanto-Charakter seines Singens: »Er erfüllte alle Lagen seiner höchst exponierten Partie mit der Leuchtkraft seiner schönen, kultivierten Tenorstimme.«

Nach Herzog und Rudolf in Hamburg gab es dann in Düsseldorf unter der Regie von Gustaf Gründgens den Linkerton, die erste lyrische Partie, die Anders 1932 auf der Bühne gesungen hatte. Aber es waren dies die letzten »Rückzugsgefechte« vor dem nun für die neue Spielzeit fest geplanten endgültigen Übergang in das dramatische und jugendlich-heldische Tenorfach.

Im Sommer 1949 hatte Peter Anders erneut in einem Brief an seinen amerikanischen Freund Joe Dasher die weitere Entwicklung der Lebensverhältnisse in Deutschland geschildert:

Also im Februar bekamen wir in Hamburg eine schöne Wohnung, 5 1/2 Zimmer. Nun mußten wir uns neu möblieren! Dazu wenig Geld, weil zu hohe Steuern. Wir haben nur sehr wenig gekauft und es sieht sehr kahl bei uns aus. Einen Flügel haben wir gemietet, unserer steht in Berlin und vielleicht bekomme ich ihn hierher. Leider ist unser Haus Hüningerstraße noch beschlagnahmt und damit unsere Möbel. Wenn wir die hier hätten, das wäre schön.

Künstlerisch habe ich viele schöne Erfolge gehabt. So habe ich im Radio Hamburg am 16. XII. 48 und hier auf der Bühne am 9. VI. 49 den Florestan aus »Fidelio« gesungen, mit großem Erfolg. In Düsseldorf sang ich am 22. I. 49 den Don Alvaro aus »La forza del destino« zum ersten Mal. Diese Partie liegt mir sehr gut und ich hatte viel Freude daran. Hier in Hamburg habe ich vom November bis 14. Juno etwa 25mal und in Düsseldorf vom 22. Januar bis 25. Juni etwa 25mal gesungen. Hier habe ich: Fidelio, Entführung, Zauberflöte, Boheme, Rigoletto, Tosca, in Düsseldorf: La forza del destino und ein Mal Butterfly gesungen. Vom 6. – 16. Mai war ich in Berlin! Mit Flugzeug natürlich hin und zurück. Habe dort in der Städt. Oper (British Sector) 2 Mal Boheme gesungen, mit viel Jubel. Die Situation ist wohl jetzt etwas besser, doch noch nicht günstig und man muß sehr Obacht geben. Eines Tages machen die Russen die Mausefalle wieder zu und dann sitzt man wieder fest. Lieber Joe, meine records werden jetzt in Amerika bei der Firma Capitol hergestellt. Das ist eine feine Sache und ich hoffe, Sie werden diese Platten in Washington bekommen.

Susi ist sehr down, sie hat mit den Kindern und Haushalt so viel zu tun, daß sie oft 17 Stunden auf den Beinen ist. Wir haben allerdings ein Mädchen (in Berlin waren es zwei), doch es gibt viel zu tun. Die Situation ist viel besser geworden, wir bekommen jetzt schon gute Sachen zu kaufen und zu essen, allerdings sehr teuer und für 85 % der Deutschen nicht zu kaufen, weil sie nicht so viel verdienen. Der Marshall-Plan ist eine große Hilfe, ja wohl unsere Rettung geworden. Europa geht zugrunde, wenn Amerika nicht hilft. Aber das wissen Sie besser als ich!

Übrigens, die meisten Künstler sind von der Staatsoper zur Städtischen Oper gegangen. Erna Berger war in England und Australien, sie ist jetzt in Hamburg und wir geben am 23.VI. ein gemeinsames Konzert in Bremen. Erna Berger ist auf drei Jahre an die Met engagiert! Im Herbst singt sie noch in England, ab November in New York. Sie hat es leichter als Norwegerin. Außerdem ist sie in guter, in bester Form. Ich bin gespannt, wie sie in New York gefallen wird.

Ob ich wohl jemals nach Amerika gehen werde und ob ich eines Tages dort bin, weiß ich nicht so recht. Hier in Deutschland wird ausgezeichnet Theater gespielt und das Publikum ist großartig, so daß ich mich sehr wohl fühle.

Am 14. August 1949 fanden in den »Westzonen« die Wahlen zum ersten Deutschen Bundestag statt. Bei der ersten Bundesversammlung am 12. September 1949 in Bonn wurde Professor Dr. Theodor Heuß zum Bundespräsidenten gewählt. Drei Tage später, am 15. September 1949, wählte der Deutsche Bundestag den CDU-Politiker Dr. Konrad Adenauer zum ersten Bundeskanzler der Bundesrepublik Deutschland.

Die neue Spielzeit in Hamburg begann wegen des Umbaus des Staatsopernprovisoriums mit Opernkonzerten in der Musikhalle. Für Peter Anders war am 31. August 1949 »Premiere« mit den konzertant aufgeführten Opern »Die Macht des Schicksals« und »Aida«. Anders sang die Partien des Alvaro und des Radames, beides Rollen im neuen Fach des jugendlichen Heldentenors. Neben den großen gesanglichen Leistungen der Damen Werth, von Ilosvay und Wasserthal und der packenden Darstellung durch Sigmund Roth und Georg Mund fand vor allem Peter Anders, der in Klang und Ausdruck große Wirkungen erreichte, starken Beifall. Die Niederdeutsche Zeitung gab mit ihrer Kritik einen treffenden Eindruck von diesen als Notbehelf gedachten Aufführungen: »Bei den konzertanten Aufführungen von Verdis ›Macht des Schicksals‹ und ›Aida‹ herrschte eine Stimmung wie in den besten Tagen der großen Oper. Mehr als manche Aufführung mit allen technischen Attributen der Bühne dokumentierte sich hier in einem Aufgebot erstrangiger Sänger Leistung und Niveau des großstädtischen Theaters. Arthur Grüber stand am Pult. Er musizierte einen blutvollen, federnden Verdi. Dazu triumphierte ein Belcanto-Gesang, den man zuweilen am deutschen Operntheater schon verloren gegangen glaubte. Etwa Peter Anders, dessen herrlicher Tenor alle Stimmkrisen überwunden zu haben scheint und im alten Glanz erstrahlte.« Bis Ende September sang Peter Anders insgesamt fünfmal bei diesen Konzerten.

Im Oktober nahm er in Hamburg eine komplette »Daphne« von Richard Strauss auf. Aus dem einstigen lyrischen Leukippos der Münchener und Berliner Ur- und Erstaufführungen war jetzt ein metallisch-strahlender Apollo geworden, der diese außerordentlich schwere Tenorpartie erfolgreich bewältigte. Maud Cunitz, Res Fischer, Josef Greindl und Lorenz Fehenberger waren unter dem Dirigenten Arthur Grüber die weiteren Mitwirkenden.

Am 6. November kehrte er nach mehr als anderthalbjähriger Pause an die Berliner Staatsoper zurück und sang dort den Tamino, am 7. November nahm er mit Martha Musial und dem RIAS-Unterhaltungsorchester unter Kurt Gaebel Ausschnitte aus Umberto Giordanos Oper »André Chenier« auf. Einen Tag später wurde im Titaniapalast eine von Heinz Tietjen inszenierte »Fledermaus« komplett aufgenommen. Das RIAS-Symphonie-Orchester wurde von Ferenc Fricsay geleitet. Es war dies die einzige Operettengesamtaufnahme, die von dem gebürtigen Ungarn dirigiert wurde. Neben Peter Anders als Gabriel Eisenstein wirkten u. a. Anny Schlemm, Hans Wocke, Anneliese Müller, Helmut Krebs und Rita Streich mit. Die Sänger sprachen auch die Dialoge selbst, so daß eine Aufnahme von ungeheurer Dichte und großer Lebendigkeit entstand. Sie erschien viele Jahre später in Italien als Schwarzpressung auf Compact Disc.

Wieder einen Tag später, am 9. November, der noch Nacharbeiten an der »Fledermaus« erforderte, sang Anders abends in der Staatsoper den Cavaradossi in einer Völker-Inszenierung der »Tosca«, mit Hilde Scheppan als Tosca und Josef Metternich als Scarpia.

Vom 17. bis 21. Dezember 1949 arbeitete er beim Nordwestdeutschen Rundfunk in Köln mit dem Dirigenten Franz Marszalek an einer Gesamtaufnahme der Operette »Der Zigeunerbaron« mit Sena Jurinac, Karl Schmitt-Walter, Georg Hann, Ilse Hollweg, Marianne Schröder, Christo Bajew und Willy Schneider. Es war der Beginn einer engen Zusammenarbeit mit Marszalek beim Kölner Sender, aus der eine Vielzahl hervorragender Operettenaufnahmen hervorging, die wesentlich zu der großen Popularität von Peter Anders beigetragen haben.

Die nächste neue Aufgabe war der Don José in Bizets Oper »Carmen«. Peter Anders hatte schon 1934 die berühmte Blumenarie für die Schallplatte gesungen und diese Arie bei vielen Konzerten während seiner Berliner Zeit vorgetragen. Später nahm er mit Aulikki Rautawaara noch das Duett »Wie, du kommst von der Mutter« auf. Jetzt sang er den Don José erstmals in einer von Alfred Noller inszenierten Repertoire-Vorstellung in Hamburg. Am 27. Dezember 1949 gab er sein Rollendebüt unter Franz Konwitschny mit Maria von Ilosvay und Hermann Uhde. Nach der Vorstellung am 6. Januar 1950, die durch die Mitwirkung von Peter Anders und Martha Mödl sowie den für den erkrankten Franz Konwitschny eingesprungenen Dirigenten Arthur Grüber fast Premierencharakter hatte, jubelte die Hamburger Allgemeine Zeitung: »Peter Anders redivivus«. Sie widmete dem Sänger eine längere Kritik und schrieb u.a.: »Die eigentliche Überraschung des Abends war die Wiederentdeckung des großen Sängers Peter Anders, der – offenbar in strenger Studioarbeit – zu sich selbst zurückgefunden hat. Die kostbare Stimme erstrahlte im Glanz neu gewonnener Kultur. Der Sänger ist auf dem Wege zu einer zweiten künstlerischen Ära, in der sich ihm – nachdem er den Florestan gesungen hat – nun auch die großen tenoralen Charakterrollen erschließen werden.«

Weihnachten 1949

Das ohne Zweifel bedeutendste Ereignis in der Laufbahn des Opernsängers Peter Anders war der Othello. »Rennert kam eines Tages zu uns und sagte: Jetzt machen wir beide zusammen den Othello. Dieser Vorschlag erschreckte uns beide zunächst einmal sehr, aber von da an ging eine wochen-, ja monatelange Arbeit und Auseinandersetzung mit dieser menschlich, künstlerisch und stimmlich schwierigen Partie los. Wir haben erst mal zu Hause viel daran gearbeitet,« schilderte Susanne Anders die Reaktion auf Rennerts Vorhaben. Auch Peter Anders selbst hat in einem Interview mit einer Wiener Zeitung im April 1951 erklärt: »Als mein Hamburger Intendant den Klavierauszug des Othello schickte, sagten wir beide, meine Frau und ich, ganz erschrocken: Diesen Brocken! Nein! Noch nicht!«

Der Fachwechsel mit den neuen Rollen Alvaro, Radames, Florestan und dem zuletzt so glänzenden Don José war bisher hervorragend gelungen, und die weitere stimmliche Entwicklung ließ auch einen Othello erahnen, doch Freunde und Kritiker des Sängers und auch er selbst hielten diese Partie zu diesem Zeitpunkt eigentlich noch für zu schwer und daher für zu früh.

Aber Peter Anders ging das Wagnis ein. Er stellte auch seine sängerische Arbeit entsprechend um. Im Januar und Februar sang er in reduzierter Anzahl abwechselnd in Hamburg und Düsseldorf den Don José und den Linkerton sowie den Alvaro, ergänzt durch einige wenige Liederabende und Konzerte. Von besonderer Bedeutung war dabei der Liederabend in der Hamburger Musikhalle am 4. März mit Schuberts »Winterreise«.

Die Hamburger Freie Presse befaßte sich in einer ausführlichen Würdigung mit diesem Konzert: »Es ist ein intimes und sogar nachdenkliches Erlebnis, Peter Anders die ›Winterreise‹ von Schubert singen zu hören. Intim, weil ein Opernsänger (und Liedersänger von Format) diesmal auf glänzende Programmhefte verzichtet hat und sich bewußt auf eine Auswahl seines Publikums beschränkt. Nachdenklich, weil die ›Winterreise‹, diese schwermütige ausweglose ›Novelle‹ der Empfindsamkeit, in ihren 24 Abschnitten pausenlos von einem Tenor gesungen wird und dadurch in ihrer Stimme, ihrem Klima (bis auf die auch für den Bariton gleichlautenden Lieder) merklich transponiert erscheint.

Anders stellt sich, um diesem Klangproblem zu begegnen, auf den berichtenden Ton ein, auf eine in ihrer künstlerischen Selbstdisziplin hochachtbare Lied-›Reportage‹, die an besonders pointierten Stellen (›Post‹, ›greiser Kopf‹, ›Wegweiser‹, ›Leiermann‹) den Durchbruch gestaltender Temperamentkräfte und tenoraler Entfaltungen zuläßt.«

In Berlin nahm Peter Anders am 17. März mit dem RIAS-Unterhaltungsorchester unter Hans Carste zusammen mit Anny Schlemm und Brigitte Mira eine Vielzahl von Liedern und Duetten aus der Kalmán-Operette »Gräfin Mariza« auf; am 18. und 19. März folgten Arien und Duette aus »Verkaufte Braut« mit Madlon Harder und Fritz Hoppe sowie den Dirigenten Fried Walter und Kurt Gaebel. Florestan und Don José waren die nächsten Aufgaben in Hamburg, bevor die Bühnenproben zu »Othello« begannen. Sie wurden nur Mitte April bis Anfang Mai durch Rundfunkaufnahmen in Köln und durch eine von der Konzertdirektion Kempf in Frankfurt/M organisierte Konzerttournee nach Baden-Baden, Singen, Konstanz, Ludwigshafen und Ulm unterbrochen.

Der Kölner Sender, damals noch ein Teil des Nordwestdeutschen Rundfunks, produzierte eine Gesamtaufnahme der Operette »Das Land des Lächelns« mit Franz Marszalek als Dirigenten. Der Intendant des Senders, Hans Hartmann, wollte seine Anstalt auf dem Musiksektor auf das bekannte hohe Niveau der Vorkriegszeit führen und hatte als Leiter für die Hauptabteilung Musik Karl O. Koch verpflichtet, der an der Hamburger Oper kurz Spielleiter gewesen war. Peter Anders hatte bereits durch seine Bekanntschaft mit dem Intendanten Hartmann Kontakt zu dem Sender aufgenommen, aber Karl O. Koch vertiefte die Bindungen des Sängers an den Kölner Sender, wobei ihm die Gastspieltätigkeit des Tenors in Düsseldorf zustatten kam. Ziel der Kölner war es u. a., auch die Operette besonders zu pflegen. Und dafür hatte man Franz Marszalek geholt, der Peter Anders bereits seit 1939 kannte und der mit ihm einige Rundfunkaufnahmen in Berlin gemacht hatte. Die erste erfolgreiche Operettenproduktion der beiden war der »Zigeunerbaron«. Jetzt folgte »Das Land des Lächelns«, eine der beliebtesten Operetten überhaupt. Peter Anders sang den Prinzen Sou Chong, Erna Dietrich aus Düsseldorf war die Lisa und die junge Anneliese Rothenberger, die Hamburger Kollegin von Peter Anders, war die Mi. Frau Rothenberger hat die Heimfahrt von Köln nach Hamburg in keiner besonders guten Erinnerung behalten:

»Wir wohnten im gleichen Hotel, und die Tatsache, daß ich einen Tag früher als geplant im Funk fertig wurde, bedeutete, daß mein Schlafwagenplatz verfiel. Peter lud mich ein, mit ihm in seinem Wagen nach Hamburg zurückzufahren. Daß wir beide diese Fahrt überlebten, ist noch heute ein reines Wunder, denn Peter Anders ist sehr riskant gefahren, um nicht zu sagen verantwortungslos. Für ihn war es ein Sport, im gewagtesten Moment noch zu überholen.«

Günther Rennert hatte den »Othello« bereits 1947 in Hamburg im Schauspielhaus, der alternativen Spielstätte zu der Behelfsbühne im zerstörten Opernhaus, inszeniert. Er hatte das dramatische Geschehen ganz auf die handelnden

---

HAMBURGISCHE STAATSOPER

Intendant Dr. Günther Rennert

Donnerstag, den 18. Mai 1950, 19 Uhr
(Himmelfahrt)
Donnerstag-Abonnement (1. Folge)

Neueinstudierung

OTHELLO

Oper in vier Akten
Text von Arrigo Boito
für die deutsche Bühne übertragen von Max Kahlbeck
Musik von Giuseppe Verdi

Musikalische Leitung: Arthur Grüber
Inszenierung: Günther Rennert - Ausstattung: Alfred Siercke

Othello, Befehlshaber der venezianischen Flotte	Peter Anders
Jago, Fähnrich	Mathieu Ahlersmeyer
Cassio, Hauptmann	Fritz Lehnert
Rodrigo, ein Venezianer	Kurt Marschner
Lodovico, Gesandter der Republik Venedig	Sigmund Roth
Montano	Karl Otto
Ein Herold	Jean Wilhelm Pfendt
Desdemona, Othellos Gemahlin	Elfriede Wasserthal
Emilia, Jagos Gemahlin	Maria von Ilosvay

Volk und Seeleute von Cypern, Damen und Gesandte der Republik Venedig

Chöre: Günter Hertel

Technische Leitung: Hermann Mendt und Karl Hahn

Pausen nach dem 1. und 2. Akt

Menschen übertragen und die Dekoration diesem Ziel untergeordnet. So war auch diesmal die Neuinszenierung konzipiert, mit der völligen Verschmelzung von Bild, Bewegung und gesanglichem Ausdruck. Das Bühnenbild Alfred Sierckes mußte der kleinen Bühne mit ihrer geringen Tiefe angepaßt werden. Das Hamburger Echo sah in der sehr persönlichen Variante des gegenwartsnahen Theaters Rennerts und Sierckes eine Synthese von leidenschaftlicher Ausdruckskunst und technischer Zweckmäßigkeit.

Unter der musikalischen Leitung von Arthur Grüber standen neben Peter Anders Elfriede Wasserthal, Mathieu Ahlersmeyer, Fritz Lehnert und Kurt Marschner in den wichtigeren Rollen auf der Bühne.

Die Premiere war am 18. Mai 1950. Sie wurde ein sensationeller Erfolg für den zum packenden Menschendarsteller und zum jugendlichen Heldentenor gereiften Sänger Peter Anders. Die Presse überschüttete Aufführung und Sänger geradezu mit Lob.

Unter der Überschrift: »Neuer Othello: Peter Anders« berichtete die angesehene Tageszeitung »Die Welt« über diese Aufführung: »Die Neueinstudierung wird beherrscht von der stimmlich und darstellerisch ungemein packenden Gestalt der Titelrolle durch Peter Anders, der in hinreißendem Aufschwung der Leidenschaft, in menschlicher Erfülltheit des Spiels, in strahlender, dabei stets zuchtvoller Entfaltung seines herrlichen Tenors den Übergang ins Heldenfach vollzog. Ein großer vielversprechender Erfolg, den das Haus enthusiastisch bestätigte.«

Unter der Schlagzeile: »Ein glänzender Othello« sprach die Hamburger Freie Presse von einem Triumph und bemerkte weiter: »Die Sensation der Aufführung ist der Othello von Peter Anders. Der sehr vorsichtig unternommene Übertritt in den heldischen Stimmbereich scheint dem Künstler völlig geglückt zu sein. Sicher meistert er die außerordentlich exponierte Gesangspartie und schenkt ihr heroische Töne von einer Schönheit und tenoralen Leuchtkraft, wie sie in unserer Oper seit langem nicht mehr erklungen sind und auch auf anderen deutschen Bühnen kaum zu hören sein dürften.«

Tief beeindruckt von der Leistung des Sängers war auch der Kritiker des Hamburger Abendblattes, der in seinem Bericht über die Aufführung auch auf die Bedeutung des Othello für die weitere künstlerische Laufbahn von Peter Anders einging: »Wir gestehen, daß wir diesmal mit Besorgnis zur ›Othello‹-Premiere in die Staatsoper gingen. Für Peter Anders bedeutete die Titelpartie nicht nur ein Rollendebüt, sondern auch den Übergang in ein neues Stimmfach. Seit Anders vor zwei Jahren in das Hamburger Ensemble trat, war eine solche Entwicklung zwar erwartet und mit Florestan, Alvaro und Radames auch angebahnt worden. Aufmerksame Beobachter des vielseitigen Sängers mögen jedoch befürchtet haben, daß gerade die kraftraubende Partie des Othello zu diesem Zeitpunkt noch zu früh komme, zumal Anders noch einen großen Teil seines lyrischen Repertoires beibehielt und sich über die Richtung seiner weiteren Karriere selbst noch nicht klar zu sein schien.

Sein erster Othello hat gewiß alle Zweifler überzeugt, daß er nun auf dem richtigen Wege ist. Ein so eindrucksvolles Rollendebüt hat es in den letzten Jahren

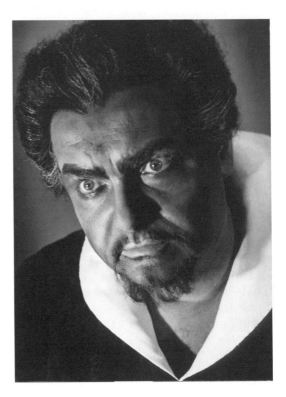

*Der erste Othello 1950
in Hamburg*

wohl kaum an einer deutschen Bühne gegeben. Anders hat sich die Fähigkeit bewahrt, lyrisch zu singen, wo die Partie es erfordert. Schon sein Auftritt im ersten Akt ließ jedoch erkennen, daß er auch die nötige Durchschlagskraft für hochdramatische Szenen besitzt. Dem deutschen Musiktheater ist ein Othello gewonnen, der wie kaum ein zweiter alle Anforderungen der Rolle erfüllt. Es ist sicher nicht übertrieben, wenn wir Peter Anders im Heldenfach eine internationale Karriere zutrauen, die seine Laufbahn als lyrischer Tenor weit in den Schatten stellen wird.«

Nach dieser glanzvollen Premiere sang Peter Anders im Mai und Juni den Othello noch viermal in Hamburg. Weitere Auftritte gab es während dieser Zeit nicht.

In einem Brief vom 27. Mai 1950, mit dem er seiner Mutter zum Geburtstag gratulierte, schilderte Peter Anders auch seine eigenen Eindrücke über seinen Erfolg als Othello:

Liebe Mutter!
Zu Deinem 62. Geburtstag möchte ich Dir meine herzlichsten Glückwünsche aussprechen. Mögen sich Deine kleinen gesundheitlichen Leiden nicht verschlechtern, sondern bessern, und möge Frohsinn und Zufriedenheit über Deinem neuen Lebensjahr liegen! Das wünsche ich Dir von Herzen.

Wir haben es gleich sehr bedauert, daß Du nicht zu Pfingsten kommen wolltest, aber nun ist ja leider nichts mehr zu machen. Du hättest an Deinem Geburtstag meinen Othello sehen können. Leider mußte ich die zweite Vorstellung am 24. Mai absagen, da ich über Nacht eine Verschnupfung und leichte Heiserkeit bekam. Nun bin ich aber auf dem Wege der Besserung und hoffe stark, am 31. wieder auftreten zu können. Über meinen sensationellen Erfolg bin ich natürlich sehr glücklich, wie Du Dir vorstellen kannst. Die Presse ist übereinstimmend begeistert. Ich habe mir damit eine völlig neue und erstklassige Position erobert. Nun arbeite ich tüchtig weiter und glaube, getrost in die Zukunft sehen zu können. Die Presse schrieb ja, in diesem Fach, hier z. B. als Othello, gibt es wohl in Deutschland keinen mehr, der es so singen und darstellen kann. Und das glaube ich auch. Ich kann mir auch Deine Freude über diese guten Nachrichten vorstellen, hast ja auch den ganzen Scheiß mitgemacht mit den ewigen Erkältungen.

Was wir in den Ferien machen, wissen wir noch nicht. Ich muß fleißig den Stolzing aus den Meistersingern lernen, und somit habe ich leider zu arbeiten. Doch irgendwo werden Susi und ich schon hinfahren, wo wir gleichzeitig auch arbeiten können, vielleicht wieder nach Reichenhall, vielleicht auch an die Nordsee. Auf alle Fälle kommst Du dann zu meinem Geburtstag und bleibst dann wieder 6 Wochen hier. Auch Du sollst Dich irgendwo erholen, vielleicht mit den Kindern zusammen, das werden wir dann noch sehen, wie wir es am besten machen.

Für heute meine Gute, alles Liebe für das neue Lebensjahr und die herzlichsten Grüße mit einer lieben Umarmung!

Dein Sohn Peter

Anfang Juli gastierte die Hamburgische Staatsoper mit »Othello« bei den Ruhrfestspielen in Recklinghausen. Im schlimmen Not-Winter 1946 hatten die Kumpels von der Ruhr Sonderschichten eingelegt, um Hamburg mit Kohle versorgen zu können. Die Hamburger hatten dies nicht vergessen. Unter dem Motto »Kunst für Kohle« hatten sich die Hamburger Künstler mit Theateraufführungen in Recklinghausen revanchiert. Daraus entstand die Idee, Theater-Festwochen im Ruhrgebiet zu veranstalten. Die Stadt Recklinghausen, der Deutsche Gewerkschaftsbund und das Land Nordrhein-Westfalen setzten dieses Projekt bereits 1947 um. Die Ruhrfestspiele Recklinghausen eroberten sich sehr schnell einen festen Platz im kulturellen Leben der jungen Bundesrepublik Deutschland.

Peter Anders war mit seiner Frau Susi im Auto - einem Tatra - nach Recklinghausen gefahren und dort in dem angesehenen Hotel »Zum goldenen Eimer« abgestiegen. In einem Interview mit der Recklinghäuser Zeitung unterstrich er die außerordentliche Bedeutung der Ruhrfestspiele, die seiner Ansicht nach darin lag, die großen Werke der Kunst auch dem Einfachsten aus dem Volke nahebringen zu können. »Es ist für uns Künstler immer ein wahrhaft großes Erlebnis, vor den Zuschauern aus den wirklich breitesten Volksschichten zu spielen, denn die Aufnahmebereitschaft und Aufgeschlossenheit dieser Menschen ist eine ganz andere und für uns viel dankbarere als die, die man gewöhnlich unter dem sogenannten Theaterpublikum antrifft.«

Peter Anders hatte dies nicht nur so daher gesagt; es war seine wahre Überzeugung. Er, der selbst aus einfachen Verhältnissen stammte, war auch als großer und berühmter Künstler bescheiden geblieben und hatte sich ein sicheres Gespür auch für die Interessen des Publikums bewahrt. Er wußte sehr wohl zu unterscheiden zwischen dem einfachen und wenig begüterten Menschen, der von der Kunst besessen war, und den manchmal skurrilen Snobs oder Neureichen, die nur ins Theater gingen, weil es sein mußte.

Nach den Ruhrfestspielen folgte Peter Anders einer Einladung zu den Festspielen nach Edinburgh. Es war das erste Mal nach dem Kriege, daß er bei internationalen Festspielen im Ausland auftrat. Carl Ebert, ein Schüler Max Reinhardts und bis zu seiner Emigration 1933 Intendant der Städtischen Oper Berlin, hatte 1934 zusammen mit Fritz Busch das Glyndebourne Festival organisiert. Seit 1947 war er für alle Operninszenierungen des Glyndebourne Festivals und der Edinburgher Festspiele verantwortlich. Die Glyndebourne Society hatte 1947 das Edinburgh Festival eingeführt.

Peter Anders war verpflichtet worden, den Bacchus in »Ariadne auf Naxos«, eine für ihn neue Partie, zu singen.

Er war bereits Ende Juli nach Glyndebourne gefahren und wohnte hier im Schloß des britischen Offiziers Captain John Christie, der das Glyndebourne Festival 1934 gegründet hatte. Die tiefen Eindrücke, die Peter Anders bei diesem ersten ausgedehnten Auslandsaufenthalt gewann, zu einer Zeit, als eine Auslandsreise noch ein außerordentliches Ereignis war, schilderte er in einem ausführlichen Brief an seine Mutter:

Liebe Mutter, seit Tagen ist hier ein prachtvolles Sonnenwetter. Ich habe oft an Euch da in Timmendorf gedacht und gewünscht, Ihr hättet dort auch solch Hochsommerwetter. Nun werdet Ihr schon in Hamburg sein und ich hoffe, daß Du Dich wenigstens etwas erholt hast. Susi wird ja auch in den nächsten Tagen eintrudeln, und so seid Ihr bis auf mich alle wieder beisammen.

Ich bin hier sehr fleißig, lerne fast jede Nacht noch 1 - 1 1/2 Stunden im Bett am Stolzing. Neben den hiesigen Proben ist das sehr viel, dazu am Ende der Saison, wo ja auch ich recht erholungsbedürftig war. Doch es gibt im Leben Dinge, durch die man sich hindurchbeißen muß, wenn es auch schwerfällt. Auf der anderen Seite ist es hier sehr schön. Es ist richtig wie auf dem Lande, ein Schloß inmitten der schönsten Natur. Eine himmlische Ruhe des Nachts und Gottlob schlafe ich auch gut. Das Essen ist nicht so schmackhaft wie bei uns, aber reichhaltig, so daß ich immer satt werde. In London war ich auch einen Tag, weil ich dort Kostüm, Perücke und Schuhe probieren mußte. Es war sehr heiß, und als ich fertig war, schlenderte ich ein paar Geschäftsstraßen hinunter, fuhr um 3/4 6 wieder heim, todmüde, und war glücklich, hier wieder im ländlichen Frieden zu sein. London ist eine Riesenstadt, mit wunderbaren Geschäftsstraßen, da ist Berlin, wie es früher war, geradezu winzig klein. Mitte August übersiedeln wir nach Edinburgh zu den letzten Proben und am 21. August singe ich dann zum ersten Mal den Bacchus. Ich habe ja hier viele Bekannte, so ist es die erste Zeit nicht langweilig gewesen, man hat gleich seinen

Kreis. Ich verstehe ja eine ganze Menge Englisch und spreche auch ein bißchen,
doch für eine lange Konversation reicht es halt nicht aus.

Ja, wer hätte das gedacht, daß der kleine Sohn von der Frau Anders aus der Ger-
hardt-, Alt Moabit und Thomasiusstraße einmal als Opernsänger nach England fah-
ren wird?! Freue Dich darüber, und sei stolz darauf, und dankbar dem Schicksal für
solch ein seltenes Geschenk. Der Himmel möge uns alle beschützen vor Not und
Elend, das ist mein Nachtgebet und sicher auch das Deine.

Schade, daß ich Dich nicht mehr sonnengebräunt sehe! So schicke ich Dir übers
Meer liebe und herzliche Grüße.

Dein Sohn.

Aus diesem Brief sprach eine tiefe Demut und auch die bescheidene Einsicht
des Künstlers und Menschen, daß er von seinem Schöpfer das kostbare Geschenk
einer schönen Stimme mitbekommen hatte.

Carl Ebert inszenierte im Rahmen des Festivals 1950 am 23. August im King's
Theatre die Richard-Strauss-Oper »Ariadne auf Naxos«. Unter der musikalischen
Leitung von Sir Thomas Beecham, der das Royal Philharmonic Orchestra dirigierte,
sang Peter Anders in einem weiteren Rollendebüt den jugendlichen Gott Bacchus
»mit bis in die höchsten Töne vollklingender Stimme« (Manchester Guardian). Weitere Mitwirkende waren u. a. Ilse Hollweg und Hilde Zadek. Die englische Königin
als Schirmherrin und Prinzessin Margaret wohnten der Aufführung bei und stimmten in den enthusiastischen Beifall ein, der nach der Vorstellung aufbrauste und mi-
nutenlang anhielt.

Nach der Vorstellung hatte die Festival-Gesellschaft zu einem Empfang zu Ehren
der englischen Königin und Prinzessin Margarets geladen, an dem neben Carl Ebert
und Sir Thomas Beecham auch die Sängerinnen Hilde Zadek und Ilse Hollweg
sowie Peter Anders teilnahmen. Die Künstler trugen dabei noch ihre Kostüme und
ihr Make-up.

Die Königin beschrieb ihre Eindrücke von der Aufführung: »The most enjoya-
ble evening I have had for years.« Nach diesem ersten internationalen Nach-
kriegserfolg begann Peter Anders die neue Spielzeit mit »Othello«. Dann bereitete
er sich auf eine weitere neue Rolle vor: Stolzing in Wagners »Die Meistersinger
von Nürnberg«. 1934/35 hatte er in Köln als Kunz Vogelsang in diesem Wagner-
Werk mitgewirkt. Nun war seine Stimme so gereift, daß ihm Rennert ohne Beden-
ken die Titelpartie antrug. In Rennerts Inszenierung mit dem Bühnenbild von Hell-
muth Jürgens sangen Mathieu Ahlersmeyer (Sachs), Sigmund Roth (Veit Pogner),
Fritz Lehnert (Kunz Vogelsang), Johannes Drath (Beckmesser), Kurt Marschner
(David) und Lore Hoffmann als Eva. Die musikalische Leitung hatte Arthur Grüber.
Premiere war am 3. Oktober 1950.

Die Presse war sich in der Beurteilung einig: »Rennerts Meistersinger ein
großer Erfolg«, »Eindrucksvolle Neuinszenierung« und »Glänzende Meistersinger-Aufführung« lauteten die Schlagzeilen. Auch der Stolzing Peter Anders wurde
überaus positiv bewertet. Der Hamburger Anzeiger schrieb: »Peter Anders singt
den Stolzing mit strahlender Kraft. Er bestätigt damit die großen Erwartungen sei-

*Peter Anders als Alvaro
in »Die Macht des
Schicksals«, seiner ersten
heldischen Tenorpartie*

ner weiteren Entwicklung. Künstlerischer Geschmack, Musikalität und außerordentliche Gesangstechnik, verbunden mit einer schönen Menschlichkeit, geben seinem Stolzing starke Persönlichkeitswerte.«

Die Hamburger Freie Presse meinte, daß Anders gesanglich schwerlich seinesgleichen finden werde. »Ihn zu hören, ist klanglicher Genuß.« »Es läßt sich zur Zeit weit und breit kein idealerer Stolzing denken, als Peter Anders mit der Frische seiner Erscheinung und dem strahlenden Glanz seines bei allem Schmelz doch kraftvollen Tenors«, lautete das Urteil der Morgenpost.

Peter Anders sang im Oktober noch viermal den Stolzing und einmal den Othello, gab zwischendurch Liederabende und war am 20. November zusammen mit Hilde Scheppan, Heinrich Schlusnus und Otto von Rohr umjubelter Gast beim Jubiläumskonzert der Konzert-Direktion Erich Weber im Essener Saalbau.

Er sang Lieder von Richard Strauss, danach mit Hilde Scheppan Duette aus »Othello«, »Carmen« und »La Boheme« und mit Heinrich Schlusnus unvergleichlich schön das Duett Alvaro – Don Carlos »In dieser heil'gen Stunde« aus »Die Macht des Schicksals«. Die Westdeutsche Allgemeine Zeitung berichtete über dieses Konzert der »großen Vier der schönen Stimme«: »Drei Stunden lang schwelgte eine hingerissene Konzertgemeinde im ausverkauften Saal in lyrischem und dramatischem, ein- und zwiefachem Wohllaut von Lied, Ballade, Arie und Opernszene und wurde des Schönen und Großen nicht müde, das sie zu hören

»Die Meistersinger von Nürnberg« 1950 in Hamburg (Szenenfoto)

bekam. Am Podium sammelte sich das Publikum und jubelte und wollte die Künstler mit ihrem Pianisten Otto Braun und ihrem Konzertbetreuer Erich Weber in der Mitte nicht mehr fortlassen.«

Ein paar Tage später gab Peter Anders zusammen mit Günther Weißenborn ein Konzert in Marl. Heinrich Schlusnus besuchte mit seiner Frau Annemay die Veranstaltung. Der Liederabend hatte schon begonnen, und so nahmen die beiden in der letzten Reihe Platz. Frau Schlusnus erzählte über dieses Konzert:

»Anders sah uns sofort. Er strahlte und nickte uns zu. Und wie es immer geschieht, wenn Schauspieler oder Sänger einen Prominenten vom Fach im Theater oder Konzertsaal wissen, steigerte sich seine Leistung.

Niemals haben mein Mann und ich die Beiden Grenadiere überzeugender gehört als von ihm. Und da auch Schlusnus die Grenadiere auf seinem Repertoire hatte, erkannte er neidlos die stärkere Wirkung an, die Peter Anders dem Schluß des Heine-Schumann'schen Liedes gab. Wenn viele Sänger den musikalischen Aufschwung der begleitenden Marseillaise auch stimmlich nützen, so ging Anders bei den letzten Worten: den Kaiser, den Kaiser zu schützen mit der Stimme zurück wie ein Sterbender. Und das kurze, melancholisch verrinnende Klavier-Nachspiel Schumanns scheint dieser Auslegung recht zu geben.

Einen langen Abend noch saßen wir nach dem Konzert mit Anders zusammen, der in vielen unvergeßlichen Aufführungen der Berliner Staatsoper Rigolettos Herzog und Germonts Sohn in Traviata gewesen war. Anders, ein sprühender Gesellschafter voller Witz, erzählte auch an jenem Abend seine köstlichen kleinen Geschichten, die mein Mann dann in sein Taschenbüchlein notierte.«

In Trier gab Peter Anders im Theater der Stadt ein Gastspiel als Linkerton, und in Köln nahm er eine Gesamtaufnahme der Operette »Karneval in Rom« mit Franz Marszalek auf. Mit Martha Mödl war er als Don José in »Carmen« umjubelter Gast am Staatstheater Stuttgart. Über sein Gastspiel war in den Stuttgarter Nachrichten zu lesen: »Die Hörer brechen in starke, ja tumultuarische Beifallskundgebungen aus. Begreiflich: Welcher Tenor singt Peter Anders die Blumenarie so nach? Außer Miete war das Haus seinetwegen ausverkauft. Das Schönste und Ergreifendste war die Schlußphase. Wie hier ein wirklich Ergriffener Schmerz und Verzweiflung in einem Klang von hinreißender Schönheit und zugleich ergreifender Ausdruckskraft ausspricht, das wird ihm nicht so leicht vergessen.«

Nach seinem Stolzing-Auftritt am 2. Weihnachtstag in Hamburg flog er nach London und sang dort im Royal Opera House Covent Garden den Florestan in »Fidelio«. Sein Auftritt wurde wiederum ein großer Erfolg. Der Daily Telegraph schrieb: »Peter Anders sang den Florestan und gab mit seiner ehernen, effektvollen Stimme einer sonst flachen Vorstellung dramatisches Leben«. Bemerkenswert und auch in der News Chronicle besonders herausgestellt war der Umstand, daß Peter Anders seine Partie in Deutsch sang, seine Leonore Sylvia Fisher, wie auch alle anderen Mitwirkenden, jedoch in Englisch.

Anfang 1951 weilte Peter Anders zu Rundfunk- und Schallplattenaufnahmen in Berlin. In der Christuskirche nahm er für RIAS Berlin zunächst den vollständigen dritten Aufzug aus »La Traviata« auf, mit Elfriede Trötschel, Annelis Herfurth, Josef Metternich und Josef Greindl. Dann folgten die Sturmszene und der Feuerchor aus »Othello« mit Cornelius van Dijk, Josef Metternich und Edwin Heyer. Zum Abschluß sang Peter Anders, begleitet vom RIAS-Symphonie-Orchester, die Schlußszene aus »Othello«: »Jeder Knabe kann dies Schwert mir entreißen...«

Einige Tage später nahm er für Electrola Operettenlieder auf. Werner Eisbrenner dirigierte ein Orchester mit Mitgliedern der ehemaligen Staatskapelle Berlin.

Zweimal sang er in Hamburg »Othello«. In einer der Vorstellungen saß Rudolf Bing, der General-Manager der Metropolitan Opera in New York. Zu dem Manager des Sängers meinte er nach der Vorstellung vorwurfsvoll: »Was, und den haben Sie mir bisher unterschlagen?« In einem Interview äußerte er sich über Peter Anders: »Eine der schönsten Stimmen, die ich kenne«. Rudolf Bing führte dann erste Gespräche über eine Verpflichtung des Sängers an die »Met«.

Am 30. Januar 1951 kehrte Peter Anders nach über elfjähriger Abwesenheit wieder an die Münchener Staatsoper zurück. Er sang den Alvaro in »Die Macht des Schicksals«. Hierfür erhielt er ein Honorar von 800 DM zuzüglich Reisespesen. Der Münchener Merkur charakterisierte den einstmals in München groß gewordenen lyrischen Tenor so: »Der Stimme eignet metallische, die großen Akzente siegreich hervorbringende Kraft, jedoch auch die Biegsamkeit einer edlen

Klinge, dargetan an einem klanggefüllten Piano. Die Darstellung verrät den intelligenten, in der Anlage dramatischen Aufbaus wohlbewanderten Künstler.«

Als Alvaro gastierte er auch an der Städtischen Oper Berlin. Dann hatte Peter Anders erstmals die Gelegenheit, als Alvaro auf seiner Heimatbühne in Hamburg aufzutreten, nachdem er die Partie bereits konzertant in der Musikhalle gesungen hatte. In der von Reinhard Lehmann inszenierten Aufführung, die Arthur Grüber dirigierte, sangen neben Peter Anders noch Helene Werth, Maria von Ilosvay, Mathieu Ahlersmeyer, Caspar Bröcheler und Theo Herrmann. Im Hamburger Abendblatt schrieb Max Broesike-Schoen: »Peter Anders war auf der Höhe stimmlichen Glanzes, der jetzt immer entschiedener dem metallisch Heldischen zustrebt. Disziplin und künstlerische Arbeit in Wort- und Ausdrucksprägung waren vorbildlich. Ein rechtes Verdi-Erlebnis!«

Dann folgte Peter Anders einer Einladung zu einer »Fidelio«-Aufführung nach Neapel. Mit ihm waren Ferenc Fricsay als Dirigent und Günther Rennert als Regisseur verpflichtet worden.

Fricsay und Rennert, die bereits vorher angereist waren und auf Anders warteten, heckten in der Hotelhalle aus lauter Langeweile einen Streich aus, dessen Opfer Peter Anders sein sollte. Sie schrieben ihm einen Brief, daß sie sich mit der Direktion in Neapel verkracht hätten und nach Rom abgereist seien, um dort eine Oper von Bartok aufzuführen. Sie rieten auch Anders, so schnell wie möglich abzufahren.

»Unser Rat ist, bleiben Sie nicht da, denn von denen sehen Sie keinen Pfennig. Wenn Sie auch paar hundert Mark opfern müssen.« Außerdem »hinterließen« sie einen fingierten Brief des »Direttore Generale« des Teatro San Carlo an Anders:

»Caro signore Anders,

Entschuldigen Sie unser schlechtes Deutsch, aber wir wissen nicht ob Sie italienisch gut sprechen. Heute sehr unerwartet hatten wir Schwierigkeiten mit der Besetzung. Deswegen mußte umbesetzt werden. Die Maestri Fricsay e Rennert sind abgereist und machen die Bartok Oper in Roma. Wir haben entschlossen fuer Fidelio Lohengrin aufzuführen, welches eine Auffuehrung aus dem Repertoire ist. Dirigent ist Maestro Klemperer. Wir bieten Ihnen per Ersatz die 2te und 3te Vorstellung am 20sten und 25sten Aprile an, denn die prima recita muß in italienischer Sprache von Signor Marinescu gesungen werden. Mit der Bitte um Verständnis con i migliori saluti.«

Dann versteckten sie sich in der Hotelhalle und warteten auf die Ankunft von Peter Anders und dessen vorauszusehenden Wutanfall. Beides kam prompt. Als Anders die Briefe las, geriet er in Rage und drohte mit der Abreise. Da gaben sich Fricsay und Rennert zu erkennen, und Anders' Wut wich einem schallenden Lachen. Es wurde dann noch ein schöner Abend bei neapolitanischem Rotwein.

Die Aufführung im Teatro San Carlo, von der ein Draht-Mitschnitt existiert, wurde ein großer Erfolg für die deutschen Künstler. Der Corriere di Napoli schrieb: »Das Sängerensemble (mit ausgezeichneter Sorgfalt ausgewählt und zusammengestellt) hat erheblich zum großartigen Gelingen der Aufführung beigetragen. Ein besonderes Lob für den deutlichen, klangschönen und überaus lebendigen Vortrag von Anders.« Matino d'Italia lobte Peter Anders als »prachtvollen dramatischen Tenor mit schmiegsamer, dichter Stimme und bedeutender Ausdruckskraft«.

Beim Süddeutschen Rundfunk nahm Anders mit Hubert Giesen den Liederzyklus »An die ferne Geliebte« und sieben Lieder von Peter Tschaikowsky auf, die später auf Langspielplatten veröffentlicht wurden.

Dann folgte er einer Einladung nach Wien. Die Wiener Staatsoper hatte ihn eingeladen, drei Informationsgastspiele an der Wiener Staatsoper für ein Auftrittshonorar von 2.200 Schilling (etwa 350 DM) zu absolvieren. Die Gage entsprach bei weitem nicht dem Niveau, das in Deutschland gezahlt wurde, aber für Peter Anders war es ein großes künstlerisches Renommee, an der Wiener Staatsoper auftreten zu können.

Es ist interessant, welche Formalitäten für solch einen Auftritt zu erledigen waren. Die Künstleragentur, die Anders vertrat, telegraphierte an das Österreichische Innenministerium mit der Bitte um ein Einreisevisum. Das Innenministerium bat daraufhin das Bundesministerium für Unterricht, Dringlichkeitsbescheinigungen in sechsfacher Ausfertigung zu übersenden. Erst danach konnte das Einreisevisum erteilt werden.

Peter Anders verfügte damals noch über keinen deutschen Reisepaß, obwohl die Bundesrepublik ja schon seit September 1949 bestand. Er besaß nur einen vorläufigen Reiseausweis, der vom britischen Travel Board Office in Hamburg, also von den Besatzungsbehörden, ausgestellt war.

Die Staatsoper mußte auch eine Arbeitserlaubnis für den »reichsdeutschen« Staatsbürger, der seinen Wohnsitz in den »Westzonen« hatte, beantragen. Als Begründung wurde angegeben: »Besondere Attraktion, erstklassiger Sänger internationalen Formates«.

Peter Anders reiste mit seiner Frau Susi von Stuttgart mit dem Auto nach München. Von dort flogen beide nach Wien, wo sie in der Opern-Pension Schneider in der Lehàrgasse wohnten.

Am 27. April 1951 sang Anders in der Wiener Staatsoper den Othello. Er fand bei Publikum und Kritik eine begeisterte Aufnahme. Unter der Überschrift: »Glanzvoller Othello« schrieb die »Weltpresse«:

»Peter Anders, den wir als idealen Mozart-Sänger, also den lyrischen Tenor schlechthin, in Erinnerung haben, hat sich nun dem Wiener Opernpublikum (nach allzu langer Zeit wieder) von einer gänzlich neuen Seite gezeigt. Sein erstes Wiederauftreten in Wien war der Othello. Schon sein Auftritt zu Beginn des ersten Aktes löste einen Beifallsturm ohnegleichen aus; es waren neue, unbekannte Töne von metallischer Leuchtkraft, die der imposanten Erscheinung entströmten. Was man erahnte, wurde zur Gewißheit: Anders befindet sich im Wandlungsstadium vom lyrischen zum heldischen Tenor – daher die typischen Übergangspartien des Othello und des Stolzing. Sein Othello war nicht nur gesanglich, sondern auch darstellerisch ein Genuß«.

Mit Peter Anders stand seine Kollegin aus Darmstädter Tagen, Maria Reining, als Desdemona auf der Bühne. Dirigent war Rudolf Moralt. Am Tag nach der Aufführung schrieb Peter Anders an seine Mutter und berichtete von seinem großen Othello-Erfolg in Wien:

Liebe Mutter!
Endlich komme ich dazu, Dir zu schreiben. Dafür kann ich Dir aber auch gleich von meinem großen gestrigen Erfolg als Othello berichten. Gleich nach meinem ersten Auftritt, der ja nur ganz kurz ist, fing ein Applaussturm und Bravorufen an, daß ich ganz perplex war. So ging das den ganzen Abend, nach den Arien, obwohl die Musik weiterging, peitschte nur so der Applaus hinein. Und am Schluß brüllten sie immer wieder: Anders, Anders, Anders! So etwas habe ich noch nicht erlebt! Der Intendant war nach jedem Akt bei mir, um mir seine Begeisterung und Anerkennung auszudrücken. Am Montag bin ich zu ihm bestellt, da will er mit mir für die nächste Saison einen größeren Gastspielvertrag abschließen!
Nun sind wir heute nach all der Aufregung und Anstrengung sehr glücklich, wie Dur Dir denken kannst. Ich war auch gut bei Stimme und tat mein Bestes. Hinterher waren am Bühnenausgang etwa 100 Menschen gestanden, denen ich Autogramme austeilen mußte. Also so ein Publikum gibts halt nur in Wien!

Der Brief, in dem Peter Anders noch über seine Eindrücke von der Fahrt mit dem Auto und dem Besuch bei Freunden berichtete, war von der Österreichischen Zensurstelle kontrolliert worden – und das im April 1951!

Kurios war auch, daß Peter Anders zu der Othello-Aufführung sein eigenes Kostüm mitbringen mußte. Kurz vor seiner Abreise nach Wien hatte man ihn telefonisch gebeten, das Kostüm seiner Hamburger Othello-Rolle in Wien zu benutzen.

Am 3. und 7. Mai 1951 folgte der Stolzing in den »Meistersingern« in einer Inszenierung von Rudolf Hartmann. Rudolf Moralt dirigierte und Karl Kamann als Sachs, Erich Kunz als Beckmesser und Hilde Zadek als Eva waren seine Partner. Den David sang Anton Dermota, mit dem Anders 1941 bei den Salzburger Festspielen in der Rolle des Tamino alterniert hatte. »Peter Anders als Stolzing« und »Großartige Meistersinger« lauteten diesmal die Schlagzeilen. Die Presse lobte den Stolzing Peter Anders' überschwenglich. Er wurde als einer von jenen immer seltener werdenden Wagner-Tenören gefeiert, der ein tragendes, leuchtkräftiges, wirklich heldisches Organ mitbringt, und der vom Publikum begeistert aufgenommen wurde.

Die »Weltpresse« Wien schrieb: »Peter Anders übertraf alle Erwartungen und – alle Preisliedsänger, die in letzter Zeit in Wien zu hören waren. Sein metallisch klingender Tenor gab dieser Partie all die strahlende Schönheit und Reinheit, deren sie bedarf, ja, man möchte Anders geradezu den idealen Stolzing nennen, wüßte man nicht, daß er ein ebenso idealer Tamino ist. Das rückt den Vergleich mit einem ähnlichen (wenn auch einem noch weitaus größeren) Phänomen, mit Leo Slezak, nahe, der bekanntlich, um nur zwei typische Beispiele zu nennen, den Rudolf in der »Boheme« und den Tannhäuser sang. Jedenfalls hat das Gastspiel Anders' unseren Opernspielplan aufs schönste bereichert.«

Ebenso begeistert zeigte sich der Kritiker der Wiener Zeitung:

»Ein Tenor mit metallisch-schön raumfüllendem Organ, dessen Spitzentöne wie eine Fanfare über dem Orchester schwangen.« »Welche glanzvolle Höhe prädestiniert diesen herrlichen Tenor für diese Partie!« (Neue Wiener Presse) Allgemein wurde an das überaus erfolgreiche Auftreten von Peter Anders die Erwartung geknüpft, diesen großartigen Sänger fester an Wien zu binden.

Diesem Zweck diente auch eine Besprechung in der Bundestheaterverwaltung am 6. Mai 1951, an der neben dem Ministerialrat Dr. Egon Hilbert und dem Staatsoperndirektor Professor Franz Salmhofer Peter Anders mit Frau Grete Gruder-Guntram, der Beauftragten seiner Agentur Alfred Diez, teilnahm. Dabei wurde vereinbart, daß Peter Anders in der Spielzeit 1951/52 der Staatsoper für die Dauer von insgesamt drei Monaten zur Verfügung stehen sollte; pro Woche wurde ein zweimaliges Auftreten garantiert. Das aktuelle Rollenfach des Sängers wurde festgehalten: Tamino, Othello, Don José, Florestan, Cavaradossi, Linkerton, Alvaro, Bacchus, Lohengrin, Walther Stolzing, Lenski. Außerdem wurde der Künstler ersucht, folgende Rollen zu studieren: Fra Diavolo, Kalaf, Radames. Pro Auftritt wurde ein Honorar von 2.750 Schilling (etwa 450 DM) nebst Reisespesen vereinbart.

Im Hamburg sang Peter Anders anschließend bis zum Ende der Spielzeit nur noch in drei Vorstellungen: Alvaro, Othello und Rudolf.

Franz Marszalek verpflichtete ihn für eine Operettengesamtaufnahme »Liebe im Dreiklang« von Walter W. Goetze nach Köln. Der für die Aufnahme ursprünglich vorgesehene Tenor Karl Friedrich hatte kurzfristig absagen müssen. Peter Anders kannte von dieser Operette keine Note. Für die Aufnahmen waren drei Tage eingeplant. So setzte sich Anders vormittags mit dem Korrepetitor zusammen und studierte die einzelnen Nummern ein, nachmittags wurden die Aufnahmen eingespielt. Hierbei bewies Peter Anders nicht nur seine außergewöhnliche Musikalität, sondern auch seine Fähigkeit, eine völlig unbekannte Partie schnell einstudieren zu können.

Am 7. Juni sang er dann auch noch die prächtig gelungenen Arien »Holde Aida« aus »Aida« und »Land so wunderbar« aus »Die Afrikanerin«. Der Publizist und Fernsehmann Werner Höfer war zufällig im Studio und beurteilte die Gesangskunst von Peter Anders so: »Er sang die Arie des Vasco mit einer Bravour wie wohl kein anderer Sänger, dessen Wiege nördlich der Alpen gestanden hat«.

Anfang Juli holte Paul Burkhard, der mit dem Lied »O, mein Papa« aus seiner Operette »Feuerwerk« berühmt wurde, den Sänger zu einer Reihe von Operettenaufnahmen zum Südwestfunk nach Baden-Baden. An einem Tage wurden zehn Lieder und Duette, diese mit Nata Tüscher, aufgenommen, die später alle als Schallplatten veröffentlicht wurden.

Dann folgte ein Ruf zur Teilnahme an den Jahrhundertfestspielen in London. Zur Erinnerung an die Weltausstellung im Jahre 1851 fand an der Themse das »Festival of Britain« statt, mit einer großen Ausstellung am Themseufer, mit Konzerten, Opernaufführungen, Theaterdarbietungen und einer Vielzahl weiterer

Veranstaltungen. Im Covent Garden kam Wagners Oper »Die Meistersinger von Nürnberg« zur Aufführung. Heinz Tietjen hatte die Regie übernommen, und das Covent Garden Opera Orchestra wurde von Sir Thomas Beecham geleitet. Neben Peter Anders als Stolzing sangen Elisabeth Grümmer als Eva, Karl Kamann (alternierend mit Hans Hotter) den Sachs, Benno Kusche den Beckmesser, Ludwig Weber den Pogner und Murray Dickie den David.

Am 29. Juni 1951 war Premiere in Anwesenheit der Königsfamilie. Die Aufführung wurde für Peter Anders zu einem der größten Triumphe seiner Laufbahn. Er war an diesem Abend in glänzender stimmlischer Verfassung und erwies sich als echter Meistersinger. Die Oper wurde im Rundfunk übertragen, eine Aufzeichnung ist erhalten geblieben. Trotz der schlechten Qualität läßt sich auf der Aufnahme erkennen, in welcher Hochform sich Peter Anders befunden hat. Seine Darstellung als Stolzing riß das Publikum zu Beifallstürmen und Ovationen hin, wie sie bisher in London nur wenigen Sängern entgegengebracht wurden. Der Kritiker von »Statesman and Nation« stimmte in den allgemeinen Jubelchor ein: »Peter Anders ist der liebenswerteste Stolzing, den ich je sah. Er singt mit Intelligenz und lyrischem Gefühl, verbunden mit ritterlicher Haltung und jugendlicher Frische.«

Er bekam weitere Angebote zu Gastspielen in England, lehnte diese jedoch ab, weil er die Partien in englischer Sprache singen sollte. »Für fünf oder sechs Vorstellungen die Rollen in Englisch zu lernen, dafür ist mir der Aufwand zu groß«, meinte er.

Nach dem Erfolg in London gab er einige Liederabende in Westdeutschland. Die neue Spielzeit in Hamburg begann mit Alvaro und Othello. Dann lud ihn Wilhelm Furtwängler für das Tenorsolo in Beethovens IX. Sinfonie nach Berlin ein, wo am 5. September 1951 das Schiller-Theater eröffnet wurde. Der Regierende Bürgermeister von Berlin, Ernst Reuter, konnte den Bundespräsidenten Prof. Theodor Heuß und Gattin begrüßen; ebenfalls anwesend war die Witwe des ersten deutschen Reichspräsidenten Friedrich Ebert. Nach der Festansprache des Bundespräsidenten, der seinen rechten Arm nach einem Bruch in Gips und in einer Schlinge tragen mußte, kam die »Neunte« zur Aufführung. Es spielte das Berliner Philharmonische Orchester und es sang der Chor der St. Hedwigs-Kathedrale unter der Leitung von Karl Forster. Die Gesangssolisten waren Elisabeth Grümmer, Gertrude Pitzinger, Peter Anders und Josef Greindl.

Die Eröffnung des Theaters war ein Beweis für den Wiederaufbauwillen der Deutschen, die ihr Land in einer großen Kraftanstrengung von den Trümmern des Krieges befreit hatten und nun mit Hilfe der großzügig von den Vereinigten Staaten von Amerika geleisteten Hilfe nach dem sogenannten Marshall-Plan an den Wiederaufbau gingen. Straßen, Brücken, Bahnlinien, Wohnungen, öffentliche Gebäude, Kultur- und Sporteinrichtungen wurden wieder hergestellt oder neu errichtet. Nach dem Korea-Krieg 1950 gab es zwar noch einmal eine schwierige wirtschaftliche Phase, aber nun standen in der jungen Bundesrepublik alle Zeichen auf Aufschwung. Eine gewaltige Leistung war die Eingliederung von etwa

Eröffnung des Schillertheaters in Berlin: Besprechung mit Furtwängler
über Beethovens »Neunte«

zehn Millionen vertriebener Deutscher aus den ehemaligen Ostgebieten Pommern, Schlesien und Ostpreußen, für die in kurzer Zeit Arbeitsplätze und – in den total verwüsteten Städten – Wohnungen geschaffen werden mußten.

Günther Rennert inszenierte am 15. September 1951 in Hamburg »Fidelio«. Er hatte die Oper bereits bei den Salzburger Festspielen mit Furtwängler aufgeführt und sie nun hier in Hamburg ähnlich angelegt. Er setzte modernes Bewegungsspiel der Massen, was seine besondere Spezialität war, gegen die sparsame, aber natürliche Gestik der Sänger und ließ diesen Vorrang. Dabei stand ihm in Leopold Ludwig, dem neuen Generalmusikdirektor, ein ebenbürtiger Dirigent zur Seite. Heinz Joachim urteilte in der »Welt«: »Leopold Ludwig gibt Rennerts Inszenierung den idealistischen Aufschwung und die künstlerische Abrundung absoluten Musizierens«. Rennerts Inszenierung und Ludwigs Debüt wurden ein vielbeachteter und umjubelter Erfolg. Er wurde mitgetragen von den singenden Darstellern, allen voran Martha Mödl als Leonore »und von dem in Stimme und Spiel sehr verinnerlichten Florestan Peter Anders« (Die Welt). Josef Metternich als Pizarro, Theo Herrmann als Rocco, Lore Hoffmann als Marzelline und Kurt Marschner als Jaquino sowie Mathieu Ahlersmeyer als Minister waren die weiteren Mitwirkenden.

In der »Neuen Zeitung« urteilte Josef Müller-Marein: »Eine der bedeutsamsten ›Fidelio‹-Aufführungen, die es je gegeben hat.«

Die Wiener Staatsoper teilte Peter Anders Ende September 1951 die Auftrittstermine für seine Gastspiele telegraphisch mit. Peter Anders bedankte sich. Am 1. Oktober schrieb er an Ministerialdirektor Dr. Egon Hilbert von der Bundestheaterverwaltung in Wien:

Mein verehrter Herr Ministerialdirektor!
Schönen Dank für Ihr Telegramm. Ich freue mich sehr auf Wien und gedenke, am 20. ds. Mts. dort einzutreffen. Wären Sie so liebenswürdig, meine Flugkarte folgendermaßen einrichten zu lassen: Hamburg – Wien, Wien – Genf, Genf – Hamburg? Ich wäre Ihnen sehr dankbar und zahle den Mehrpreis dazu. Am 6. und 8. November soll ich in Genf den Florestan singen, und dazu ein paar Tage vorher Proben haben. Die genauen Daten wollte Ihnen Herr Direktor Gruder-Guntram mitteilen. Wie wäre es übrigens mit dem Florestan in Wien? Den Don Ottavio habe ich leider noch nicht gesungen.
Mit herzlichsten Grüßen und auf baldiges Wiedersehen

Stets Ihr

Peter Anders.

Die notwendige Arbeitserlaubnis für den »Reichsdeutschen« Peter Anders beantragte die Staatsoper diesmal mit der Begründung: »Ganz hervorragender Tenor, Gastvertrag, International anerkannt. Großer Gewinn für die Staatsoper.«

Die Wiener Staatsoper, deren Gebäude im Kriege zerstört worden war, spielte zu dieser Zeit im Theater an der Wien. Die erste Rolle für Peter Anders in seinem Gastspielzyklus war der Don José in »Carmen« in einer Inszenierung von Oscar Fritz Schuh mit Bühnenbildern von Caspar Neher und unter der musikalischen Leitung von Rudolf Moralt. Georgine Milinkovic war die Carmen, Hans Hotter ein stimmgewaltiger Escamillo, und die Micaela sang die junge Sena Jurinac. Ein paar Tage später folgten der gewünschte Florestan und dann schließlich der Bacchus in »Ariadne auf Naxos« unter Clemens Krauss. Zum ersten Male seit ihrer Trennung im Zorn in München zur Jahreswende 1939/40 arbeiteten Peter Anders und Clemens Krauss wieder gemeinsam auf der Opernbühne.

In Genf sang Peter Anders am 6. und 8. November 1951 den Florestan unter Ferenc Fricsay in einer Inszenierung von Gaston Tillhet-Treval. Mit ihm sangen u. a. Helene Werth, Lisa Otto, Josef Metternich und Gottlieb Frick.

Im Rahmen seiner Bindungen an den Westdeutschen Rundfunk hielt er sich vom 10. bis 16. November in Köln auf. Hier kam es zu einer Gesamtaufnahme des »Lohengrin« unter Richard Kraus. Peter Anders sang die Titelpartie, daneben wirkten Josef Greindl als Heinrich der Vogler, Trude Eipperle als Elsa, Carl Kronenberg als Telramund und Helena Braun als Ortrud mit. Der Leiter der Musikabteilung des Westdeutschen Rundfunks, Karl O. Koch, sagte etwa 25 Jahre später in einem Interview über diese Produktion: »Unter dem Strich muß ich auch heute noch sagen, Peter Anders war nicht nur damals, sondern er wäre auch heute noch, wenn er noch lebte bzw. in dem Alter, wie er es damals war, *der* Ideal-Lohengrin. Das ganz persönliche Timbre und Flair seiner Stimme, dieser leicht schmerzliche, weltschmerzliche Ton, der durch seinen Lohengrin durchgeht, ist so ergreifend, daß man einfach sich fast mit seinem Schicksal identifiziert und Lohengrin fast als Menschen bemerkt und nicht nur als ein überirdisches Wesen.«

Koch fand diesen »Lohengrin« so schön, daß er nur einer Veröffentlichung der Gesamtaufnahme zustimmen wollte. Die Schallplattenfirma, die die Rechte an den Aufnahmen mit Anders hatte, wollte jedoch nur einen Querschnitt heraus-bringen. So kam es zu keiner Einigung. Die Folge waren ausländische Schwarz-pressungen: in Kanada erschien die Aufnahme in mäßiger Qualität auf »Rococo«, in Italien 1982 in hervorragender Wiedergabe bei »Movimento musica«. 1993 folgte eine Veröffentlichung auf Compact Disc durch die italienische Firma Myto Records.

Nach Hamburg zurückgekehrt, trat Anders zweimal als Othello und zweimal als Stolzing auf. Am 8. und 9. Dezember 1951 sang er im Theatre des Champs Ely-sées in Paris das Tenorsolo in Beethovens IX. Sinfonie unter Carl Schuricht. Die weiteren Solisten waren Lisa della Casa, Hélène Bouvier und Heinz Rehfuss.

Am 2. Weihnachtstag 1951 sprang Peter Anders in Hamburg für den erkrank-ten Fritz Lehnert als Tamino in der »Zauberflöte« ein, einer Rennert-Inszenierung unter der musikalischen Leitung von Wilhelm Schleuning. Sigmund Roth als Sa-rastro, Ilse Hollweg als Königin der Nacht, Lore Hoffmann als Pamina sowie Horst Günter als Papageno und Anneliese Rothenberger als Papagena waren seine Partner. Es war dies sein letzter Tamino in Hamburg und die letzte rein ly-rische Tenorpartie, die er in Hamburg gesungen hat. Sein Sohn Peter-Christian und seine Mutter waren bei dieser Aufführung unter den Zuhörern. Für die Zu-schauer war dieser Tamino Peter Anders eine unerwartete und äußerst ange-nehme Überraschung.

Seine lyrische Gesangskunst unterstrich er eindrucksvoll bei zwei Gastspielen als Rudolf in Trier. Nach Stolzing und Don José in Hamburg nahm er vom 20. bis 24. Januar 1952 in Köln mit Franz Marszalek und u.a. Anny Schlemm, Lieselotte Losch, Willy Hofmann und Willy Schneider eine Gesamtaufnahme der Lehár-Ope-rette »Paganini« auf.

Dann gastierte er für drei Wochen wieder in Wien. In sieben Vorstellungen sang er sechs verschiedene Partien, mit denen er seine Vielseitigkeit unter Beweis stellte: Don José, Othello, Hans in der »Verkauften Braut« in der Wiener Volks-oper, Linkerton, Stolzing und Cavaradossi. Seine Partnerin in »Tosca« war Christl Goltz. Zum Abschluß gab er einen vielbeachteten Liederabend im Brahmssaal des Musikvereins im Rahmen einer Veranstaltungsreihe der Gesellschaft der Musik-freunde Wien. Begleitet wurde er von Professor Viktor Graef.

»Man dachte im Laufe des Abends wiederholt an Richard Tauber – nicht nur wegen der Schönheit eines echt lyrischen, biegsamen und hell timbrierten Organs von großer Tragkraft und Elastizität, gepaart mit rühmenswerter Phrasierung und deutlicher Artikulation, sondern auch wegen der Vortragsweise des Sängers, die seine Herkunft von der Bühne deutlich anzeigt«, urteilte der Kritiker im »Neuen Österreich«.

Ähnlich große Erfolge als Liedersänger hatte Peter Anders bei weiteren Konzerten in Dortmund, Gladbeck und Köln.

Dann bereitete er sich auf sein Rollendebüt als Max im »Freischütz« mit Oscar Fritz Schuh in Hamburg vor. Einst hatte er diese Partie an der Musikhochschule studiert und dort auch gesungen.

Premiere war am 10. April 1952. Unter der musikalischen Leitung von Wilhelm Schleuning sangen:

Ottokar, regierender Fürst	Georg Mund
Kuno, fürstlicher Erbförster	Toni Blankenheim
Agathe, seine Tochter	Lore Hoffmann
Ännchen, eine junge Verwandte	Anneliese Rothenberger
Kaspar, Jägerbursche	Caspar Bröcheler
Max, Jägerbursche	Peter Anders
Ein Eremit	Sigmund Roth
Kilian, ein Bauer	Kurt Marschner
Brautjungfern	Christine Görner
	Ilse Wallenstein
	Ursula Netting
Samiel, der schwarze Jäger	Wolfgang Rottsieper

Max Broesike-Schoen lobte im Hamburger Abendblatt: »Ausgezeichnet der Max von Peter Anders, ein Mensch, vom Unstern verfolgt, kein Schwächling«. Die Freie Presse schloß sich dem hohen Lob an: »Gesanglich überragend behauptete sich Anders (Max) durch den Glanz und die Ausdruckswärme seiner Stimme«.

Auch dieser »Freischütz« war ein Beweis dafür, daß sich in der Opernregie ein großer Wandel vollzogen hatte. »Die singenden Darsteller« – die positiv kritische Anmerkung von Heinz Joachim umfaßte diese Änderung mit einer äußerst präzisen Definition. Vorbei waren die Zeiten, da die Sänger zum Vortrag ihrer großen Arien an die Rampe traten, um fast wie im Konzertsaal, aus dem Stand, ihr Organ dem Publikum schwelgerisch darzubieten. Jetzt wurden die Sänger mehr und mehr voll in das Spiel einbezogen, wurden von Statisten zu Schauspielern gewandelt, die neben dem schönen Gesang auch das menschliche Empfinden darstellerisch übermittelten. Das neue Bayreuth mit der Entrümpelung des Bühnenbildes war ein weiterer Schritt in eine neue Art der Opernregie. An die Stelle schwülstiger Pracht traten schlichte Bühnenbilder, oft nur angedeutet und durch Lichteffekte die modernen Möglichkeiten des Theaters künstlerisch ausnutzend.

Nach der »Freischütz«-Premiere weilte Peter Anders vom 17. bis 19. April 1952 beim Südwestfunk in Baden-Baden, um dort mit Otto Ackermann und Sena Jurinac eine Serie von Opernaufnahmen einzuspielen. Am ersten Tag wurden aufgenommen: die Blumenarie aus »Carmen« und das Duett »Wie, du kommst von der Mutter«, das Anders und Jurinac schon in Wien gemeinsam auf der Bühne gesungen hatten, sowie das großartig gelungene Liebesduett »Nun, in der nächt'gen Stille« aus

»Othello«. Es folgten am nächsten Tag die Arie des Max »Durch die Wälder, durch die Auen«, die Arie des Florestan »Gott, welch Dunkel hier« und aus der »Verkauften Braut« das Duett »So find ich dich, Feinsliebchen, hier«. Schließlich gab es am dritten Tag das Liebesduett aus »Madame Butterfly«: »Mädchen, in deinen Augen liegt ein Zauber«, die Arie »Selig sind, die Verfolgung leiden« aus »Der Evangelimann« und zum Schluß die Gralserzählung aus »Lohengrin«. Alle Arien und Duette wurden später auf Schallplatten veröffentlicht. Sie gehören mit zu den schönsten Aufnahmen, die Peter Anders hinterlassen hat.

Um diese Zeit begann der Rundfunk mit stereophonischen Aufnahmen zu experimentieren. Zuerst gab es sogenannte Breitbandaufnahmen. Statt der üblichen Tonbänder von acht Millimetern Breite wurden neue Verfahren mit Tonbändern von bis zu 38 Millimetern Breite eingeführt und getestet. Dadurch wurden die Aufnahmen noch echter und »plastischer«, was sich auch bei den Anders-Aufnahmen vor allem beim Westdeutschen Rundfunk zeigt. Gleichzeitig begann auf dem Schallplattensektor eine neue Epoche. Die alte Schellackplatte mit einer Umdrehungszahl von 78 pro Minute wurde nach und nach von der Langspielplatte abgelöst. Diese gab es in zwei Versionen: eine kleine Platte mit einem Durchmesser von 17 Zentimetern und einer Umdrehungszahl von 45 pro Minute; auf ihr konnten bis zu vier Musiknummern, also Lieder oder Arien, aufgenommen werden. Die andere Version war eine Platte mit 33 Umdrehungen pro Minute und mit einem Durchmesser von 25 oder 32 Zentimetern. Hierauf konnte eine Vielzahl von Aufnahmen »graviert« werden. Die neuen Schallplatten waren aus Kunststoff und unzerbrechlich. Diese Erfindung hat erst zum großen Erfolg dieses Mediums in aller Welt beigetragen.

Nach zwei weiteren »Freischütz«-Aufführungen in Hamburg ging Peter Anders erneut nach Wien. Er hatte hier im Mai 1952 insgesamt acht Auftritte an der Staatsoper. Dreimal sang er den Hans in der Volksoper, ferner Cavaradossi und den Sänger im »Rosenkavalier«. Im Rahmen der Wiener Festwochen wurden am 18. Mai 1952 »Die Meistersinger von Nürnberg« aufgeführt. Anders als Stolzing erntete wiederum für die scheinbar mühelose Bewältigung dieser Partie und seinen in der Höhe besonders schön glänzenden Tenor das Lob von Kritik und Publikum, das die Vorstellung am Schluß mit Ovationen und enthusiastischem Beifall bedachte. Unter der musikalischen Leitung von Rudolf Moralt sangen ferner Paul Schöffler (Sachs), Irmgard Seefried (Eva), Desző Ernster (Pogner), Hans Braun (Kothner) und Murray Dickie (David).

Am 28. Mai 1952 sang er in Wien den Tamino in einer Inszenierung von Oscar Fritz Schuh und unter der musikalischen Leitung von Rudolf Moralt. Die Besetzung war festspielreif: Desző Ernster als Sarastro, Ilse Hollweg als Königin der Nacht, Hilde Güden als Pamina, Erich Kunz als Papageno, Emmy Loose als Papagena, Hans Hotter als Sprecher und Peter Klein als Monostatos waren die weiteren Mitwirkenden. Selbst die Rollen der Damen waren mit erstklassigen Stimmen besetzt: Christl Goltz, Margarita Kenney und Sieglinde Wagner.

Nach einer Pause von 14 Tagen gab es für Peter Anders die letzten drei Auftritte in Wien: am 14. Juni »Tosca«, inszeniert von Adolf Rott, dirigiert von Alberto

Erede, mit Ljuba Welitsch als Tosca und Karl Kamman als Scarpia, am 19. Juni »Zauberflöte« unter Rudolf Kempe und am 20. Juni 1952 »Die Macht des Schicksals« in der Inszenierung von Josef Gielen, dem Direktor des Wiener Burgtheaters, und dirigiert wiederum von Alberto Erede. Carla Martinis als Leonore, Alfred Poell, Ludwig Weber und Hilde Rössl-Majdan waren diesmal seine Partnerinnen.

Der Tamino in Wien war seine letzte Aufführung mit dieser Partie; in den noch verbleibenden zwei Jahren seines Lebens hat er diese für ihn so bedeutsame Rolle nicht mehr gesungen. Der Programmzettel deutet an, daß es eine glanzvollere Besetzung dieser Oper wohl nur selten gegeben hat.

Von Wien nach Hamburg zurückgekehrt, sang Peter Anders im Rahmen der Hamburger Opernfestspieltage nacheinander den Florestan, den Othello und den Stolzing. Besondes sein Othello hatte es den Kritikern angetan. Die »Berliner Mu-

STAATSOPER
IM THEATER AN DER WIEN

Donnerstag, den 19. Juni 1952

Geschlossene Vorstellung für das „Theater der Jugend"
Kein Kartenverkauf

Die Zauberflöte

Oper in zwei Akten von E. Schikaneder
Musik von W. A. Mozart
Musikalische Leitung: Rudolf Kempe
Inszenierung: Oscar Fritz Schuh
Bühnenbilder und Kostüme: Robert Kautsky

Sarastro	Ludwig Hofmann
Königin der Nacht	Ilse Hollweg
Pamina, ihre Tochter	Esther Réthy
Erste ⎫	Christl Goltz
Zweite ⎬ Dame der Königin	Friedl Riegler
Dritte ⎭	Elisabeth Höngen
Tamino	Peter Anders
Papageno	Walter Berry
Papagena	Emmy Loose
Sprecher	George London
Monostatos	August Jaresch
Erster ⎫ Priester	Hermann Gallos
Zweiter ⎭	Alfred Muzzarelli
Zwei geharnischte Männer	László Szemere / Adolf Vogel
Erster ⎫	Liselotte Maikl
Zweiter ⎬ Knabe	Else Liebesberg
Dritter ⎭	Eva Görner

Pause nach dem ersten Akt

Anfang 18½ Uhr   Ende 21½ Uhr

Spielplan:

Freitag, 20. Juni. Die Macht des Schicksals. Allgemeiner Kartenverkauf und Abonnement V. Gruppe (Anfang 19 Uhr)
Samstag, 21. Juni. Don Giovanni (Anfang 19 Uhr)
Sonntag, 22. Juni. Der Rosenkavalier (Anfang 18 Uhr)

Preis des Programmes 50 Groschen

Druck: Elbemühl, Wien IX, Berggasse 31

sikblätter« schrieben über diese Vorstellung: »Wenn nun gar noch ein so unwiderstehlich überzeugender, tonkraftgeladener Othello, wie der eines Peter Anders dazukommt, so ist der Abend als ein Ereignis üppigster Kulturschönheit, als ein Bauwerk geistiger Prägnanz zu werten.«

Die »Musikblätter« hatten allgemein über das Musikgeschehen zu dieser Zeit des Aufbaus und des beginnenden ungehemmten Konsumdenkens und Konsumgenusses berichtet und kritisch angemerkt: »Die Hamburger Staatsoper lud man nach Edinburgh zu den Festspielen; zuvor bot sie in Hamburg aus dem Festspielprogramm Abende großartigster Kunst, daß man nur bedauert, wie wenig von ihr Notiz genommen wurde. Für allen groben Unfug in der Welt, für das Abscheuliche, Gemeine, Niederträchtige, für Unheilpropagierung und Demonstrationen des Widerwärtigen sind die ersten Seiten der Zeitungen frei, um das Schöne, Erhabene zu dokumentieren, um Dank zu sagen für das erhebende, aufwärtsführende kulturelle Ereignis hat man keinen Platz.« Diese Kritik schien eher zeitlos. Und dennoch: den breiten Raum, der heute der Kultur in den Medien eingeräumt wird, gab es damals nicht. In den ersten Jahren der Bundesrepublik Deutschland hatte man, wie man so schön sagte, »andere Sorgen«. Es gab unverkennbar einen Hang zum Materialistischen, was nach all den schlimmen Jahren der Entbehrungen bis zu einem gewissen Grade verständlich war. Vielleicht ist diese im Vergleich zu heute oder der Vorkriegs- und Kriegszeit zurückhaltende Berichterstattung über die Opernereignisse in Deutschland auch ein Grund mit dafür, daß einer breiten Öffentlichkeit der bewundernswerte Fachwechsel von Peter Anders nicht so recht ins Bewußtsein gekommen ist. In vielen Erinnerungen gilt Peter Anders immer noch als der große lyrische Tenor, als Tamino und Rudolf, Herzog und Alfred. Dabei hat er in den letzten Jahren seines Lebens diese Partien nicht mehr gesungen.

Bei den Ruhrfestspielen 1952 gastierte Peter Anders mit dem Ensemble der Städtischen Oper Berlin als Florestan in »Fidelio«. Heinz Tietjen war der Regisseur, und an Stelle des ursprünglich vorgesehenen und angekündigten Ferenc Fricsay dirigierte Arthur Rother die sechs Aufführungen. Das Bühnenbild stammte von Emil Preetorius. Neben Peter Anders sangen Helene Werth als Leonore, Hanns-Heinz Nissen als Pizarro, Gottlob Frick als Rocco, Lisa Otto als Marzelline und Helmut Krebs als Jaquino.

Der Regierende Bürgermeister von Berlin, Prof. Ernst Reuter, war eigens zur Eröffnungsvorstellung nach Recklinghausen gekommen. Er erlebte eine Spitzenaufführung, die vom Publikum mit anhaltender Begeisterung aufgenommen wurde. Es gab ungezählte Vorhänge!

Auch in der regionalen und überregionalen Presse fand die Aufführung große Beachtung. »Berliner Oper begeisterte mit Fidelio« und »Berliner Fidelio - ein Beispiel moderner Opernregie« lauteten einige der Schlagzeilen. Der Düsseldorfer Mittag schrieb unter der Überschrift »Nicht Fidelio - Florestan!« über die Aufführung: »So vollzog sich das Leonoren-Drama in zwei Hauptfiguren abseits der Titelrolle: zwischen Hanns-Heinz Nissen als Gouverneur und Peter Anders als Florestan, der Ergebung und Aufbegehren zu einem hochbarocken Ornament verspann, wobei selbst in der bravourös gemeisterten Kerkerarie das lyrische Gefühl vorwalten konnte.«

In der Westfälischen Rundschau wurde Peter Anders als Meistersänger bezeichnet. Als Rezensent der »Neuesten Zeitung« schränkte Herbert Gerigk die Leistung des Tenors etwas ein:»Neben ihr (Helene Werth) entfaltete Peter Anders die Kultur seines bestrickenden Tenors als Florestan. Das Kerkerduett ging in den Spitzentönen nicht restlos auf, aber welcher Tenor bewältigt diese Rolle makellos?« Es war übrigens jener Herbert Gerigk, der einst in Berlin als Kritiker für den »Völkischen Beobachter« geschrieben und den Weg von Peter Anders an der Lindenoper begleitet hatte.

Die Hamburger Staatsoper war mit ihrem Ensemble für die Zeit vom 14. August bis 6. September 1952 zu den Edinburgher Festspielen eingeladen worden. Peter Anders unternahm zuvor eine »Bäder-Tournee«, die ihn zu Lieder- und Arienabenden zusammen mit seinem Freund Günther Weißenborn nach Borkum, Juist, Norderney, Bad Pyrmont und Bad Wildungen führte. In Bad Wildungen wurde er von Bundesinnenminister Dr. Lehr persönlich begrüßt. Der Erfolg bei dieser Konzert-Rundreise festigte seinen Ruf als Liedersänger.

Die Hamburgische Staatsoper stand im Festspielsommer 1952 mit sechs verschiedenen Werken im Mittelpunkt des Edinburgh Festival: »Fidelio«, »Zauberflöte«, »Der Freischütz«, »Der Rosenkavalier«, »Die Meistersinger von Nürnberg« und – erstmals in Großbritannien – »Mathis der Maler« von Paul Hindemith.

Die Aufführungen fanden ein starkes internationales Echo. Die Stuttgarter Zeitung sprach sogar von einem »Welterfolg«. Die internationale Presse war sich in ihrem Lob über die Vorstellungen des Hamburger Ensembles einig, lediglich einige britische Kritiker wichen von der allgemeinen positiven Beurteilung zum Teil erheblich ab.

Peter Anders sang zur Eröffnung des Opernreigens mit Inge Borkh als Leonore, Lisa della Casa als Marzelline, Theo Herrmann als Rocco und Josef Metternich als Don Pizarro in der von Günther Rennert inszenierten Beethoven-Oper »Fidelio« den Florestan. Die Zeitung Daily Record lobte – wie die meisten übrigen Blätter – die Leonore Inge Borkhs und meinte zu Peter Anders: »Peter Anders, der Florestan, ist ein Tenor mit eindrucksvoller und ausdrucksstarker Stimme«. Auch The Scottish Daily Mail beurteilte Peter Anders positiv: »Peter Anders, der schon über Edinburgh Festival-Erfahrung verfügt, gab eine fesselnde Darstellung als der gefangene Edelmann Florestan«. Es gab aber auch einige weniger günstige Kritiken über Peter Anders, wie überhaupt sowohl die Aufführungen als auch die Sänger oft sehr zwiespältig bewertet wurden.

Das galt insbesondere auch für die nächste Vorstellung, den »Freischütz«, in der Peter Anders den Max sang. Elisabeth Grümmer als Agathe, Anneliese Rothenberger als Ännchen und Gottlob Frick als Kaspar waren unter der musikalischen Leitung von Joseph Keilberth die weiteren Mitwirkenden. Lob und Kritik standen sich hier krass gegenüber. Ein Blatt meinte sogar, die Hamburger Staatsoper sei mit dieser Oper auf dem falschen Fuß erwischt worden, und dies habe

Florestan
beim Edinburgh-Festival
1952 mit Inge Borkh

zum Teil an Peter Anders gelegen, der farblos und mit wenig tonlicher Vielfalt gesungen habe. Ganz anders der Manchester Guardian, der Peter Anders bescheinigte, in ausgezeichneter stimmlicher Form gewesen zu sein. So äußerten sich auch der Daily Telegraph und der Daily Record, der davon sprach, daß es eine Freude war, dieser Aufführung zuzuhören. Evening News schließlich meinte unter der Überschrift »Gesangs-Juwelen«: »Da gab es noch andere stimmliche Reichtümer: die schöne Stimme von Peter Anders als der junge Jägerbursche Max«.

Die Oper wurde im Rundfunk übertragen, auch nach Deutschland. Heinz Joachim von der »Welt« lobte in einer Rezension, die es damals über Rundfunksendungen in der Presse gab, »den feurigen Max« von Peter Anders. Die dritte Aufführung, in der Peter Anders mitwirkte, waren die »Meistersinger«. Mit Anders als Walther Stolzing sangen Elisabeth Grümmer (Eva), Gisela Litz (Magdalena), Kurt Marschner (David), Otto Edelmann (Sachs), Toni Blankenheim (Beckmesser) und Gottlob Frick (Pogner), Leopold Ludwig dirigierte.

Das Echo war auch hier überwiegend positiv. Edinburgh Evening News (»weiterer persönlicher Erfolg für Peter Anders«) und Evening Dispatch (»Peter Anders war um ein vielfaches besser als die üblichen Walthers, er sang die hohen Töne mühelos und seine Stimme hatte schöne weiche Schattierungen«) urteilten ebenso positiv wie The Scottish Daily Mail: »Peter Anders war ein effektvoller Stolzing und sang die Preislieder mit der unermüdlichen wogenden Frische, deren sie bedürfen«.

Der Kritiker im Manchester Guardian hielt Peter Anders für einen Tenor-Typen, »wie sie in Deutschland immer noch bewundert werden«. Er würde nicht sehr weit gehen, um solches Singen zu hören. Beckmesser sei noch milde mit ihm umgegangen. In einem regelrechten Rundumschlag wurde die Provinzialität der Aufführung ebenso kritisiert wie das Orchester, das mit falschen Einsätzen und schlimmen technischen Fehlern musiziert habe. Das klang alles sehr herbeigezogen. Ob hier wie auch bei anderen Kritikern eventuell andere als musikalische und künstlerische Kriterien eine Rolle gespielt haben? Schließlich war der Krieg erst sieben Jahre vergangen und es gab zum Teil noch erhebliche Ressentiments gegen alles, was deutsch war. Hinzu kam vielleicht auch ein gewisser Neid über die westdeutsche Aufbauleistung; die Siegermacht England kannte noch die Lebensmittelrationierung, während das geschlagene Deutschland die Lebensmittelkarten längst abgeschafft hatte.

Überschwenglich, auch sehr seriös, weil aus berufenem Kritikermunde, war die Beurteilung in der Fachzeitschrift »Opera«: »Sind Stimme und Musikalität bei irgendeinem Sänger besser vereint als bei dem geschmeidig singenden und mit Grazie spielenden Peter Anders?«

Von Edinburgh zurückgekehrt, fuhr Peter Anders zu einer »Fidelio«-Aufführung nach Berlin. In der Städtischen Oper sang er den Florestan, und Helene Werth, Josef Greindl, Helmut Krebs, Lisa Otto, Josef Herrmann und Dietrich Fischer-Dieskau standen mit ihm auf der Bühne. »Der Tag« bezeichnete die Aufführung, mit Arthur Rother am Pult, als »festwochenwürdig«. »Besser denn je: Peter Anders Florestan, dem nun nichts Äußerliches mehr anhaftet.« Der Telegraf urteilte: »Peter Anders, der charaktervolle Tenor, bot als Florestan eine durchgeistigte Leistung, wie man sie selten erlebt.«

Nach Florestan in Hamburg ging Anders auf Konzerttournee nach Mönchengladbach, Hannover, Sterkrade, Recklinghausen, Bocholt, Wanne-Eickel, Hamm und Blankenstein. Von Blankenstein aus fuhr er mit seiner Frau Susi nach Capri, wo sie mit dem befreundeten Ehepaar Kristina Söderbaum und Veit Harlan einen mehrwöchigen Urlaub verbrachten. Acht Tage gab er dort Ruhe, dann begann er schon wieder mit dem Gesangstraining. Dies war auch erforderlich, denn nach seiner Rückkehr Anfang November stand in Hamburg der Othello auf dem Programm. Bei einem Gastspiel in Detmold sang er den Linkerton, dann folgte in Essen und Gladbeck »Die Winterreise«. Die Neue Ruhr-Zeitung lobte: »Die zarte Lyrik gelang besonders, und den ›Frühlingstraum‹ oder den ›Lindenbaum‹ wird man nicht oft in dieser Ausgeglichenheit hören.« Dagegen schrieb das Essener Tageblatt: »Peter Anders betonte weniger die lyrische als die dramatische Seite des Zyklus«. Darüber ärgerte sich Anders so sehr, daß er auf dem von der Konzertdirektion Weber übersandten Zeitungsausschnittsblatt neben diesem Beitrag mit dickem Stift vermerkte: »Idiot!« Und weiter: »völlig widersprechend gegen die erste Kritik«.

Die Kinder Sylvia, Ursula und Peter-Christian mit ihrer Großmutter Marie Anders im November 1952

Ende November nahm er beim Westdeutschen Rundfunk in Köln die selten gespielte Oper »Königskinder« von Engelbert Humperdinck auf. Auch über diese Aufnahme, in der Käthe Möller-Siepermann die Gänsemagd, Dietrich Fischer-Dieskau den Spielmann und Peter Anders den Königssohn sangen, hat sich Karl O. Koch geäußert: »Wir bekamen eine Idealbesetzung, eine Aufnahme, die auch heute noch ihre Gültigkeit hat.«

In Köln, Mettmann, Hüls, Bad Lippspringe und Neviges gab Peter Anders anschließend Konzerte. Im Titania-Palast in Berlin sang er vor 2.000 begeisterten Zuhörern Beethovens »An die ferne Geliebte« und »Adelaide«, begleitet von Hertha Klust. Als Stolzing beendete er in Hamburg am 2. Weihnachtstag das für ihn so erfolgreiche Jahr 1952.

Im Januar 1953 trat Peter Anders erstmals in Zürich auf. In einem Orchesterkonzert mit der Dirigentin Gert Fontana sang er in der Tonhalle im ersten Teil Opernarien aus »Carmen« und »Bajazzo« und im zweiten Teil Operettenlieder von Lehár. Nach »Dein ist mein ganzes Herz« riß er das Publikum zu solchen Beifallsstürmen hin, daß das nachfolgende Wolgalied wiederholt werden mußte. Berge von Blumen wurden dem Sänger und der Dirigentin überreicht und der Beifall wollte kein Ende nehmen. Die angesehene Zeitung »Die Tat« schrieb: »Der Solist Peter Anders, durch Radio und Schallplatte bekannt, eroberte sich im Nu die Herzen mit seiner weichen Stimme und der strahlenden Höhe. Alle Achtung, wie er atemtechnisch einwandfrei und mit deutlicher Diktion, in ungetrübter Klangfülle nacheinander ›Carmen‹, ›Lache Bajazzo‹, ›Von Apfelblüten einen Kranz‹ und ›Dein ist mein ganzes Herz‹ hinlegte, mit echt tenoralem Tempo rubato«.

Er bereitete sich dann auf sein Rollendebüt als Siegmund in Wagners »Walküre« vor. Die schwere Partie erforderte seine ganze Aufmerksamkeit und stimmliche Kraft. Inszeniert wurde die Oper von Wolf Völker. Anders als im modernen Bayreuth, wo den Inszenierungsideen und Bühnenbildern das Hauptaugenmerk von Publikum und Kritik galt, lag der Akzent in Hamburg im Musikalischen und Gesanglichen. Das Orchester wurde von Leopold Ludwig meisterhaft dirigiert; ein Kritiker lobte, man könne glauben, es seien die Wiener Philharmoniker.

Das Publikum dankte schon nach dem 1. Akt mit begeistertem Beifall, der sich am Schluß der Vorstellung zu Ovationen steigerte. »Herrlich klang in der Partie des Siegmund die markige Fülle und beseelte Wärme von Peter Anders' strahlendem Tenor«, schrieb der Hamburger Anzeiger. In den Hamburger Anzeigen und Nachrichten lobte Hans Hauptmann Peter Anders in den höchsten Tönen: »Er sang so unvergleichlich schön, daß er auf Anhieb wohl einer der besten Vertreter dieser Partie geworden ist. Glanz und Kraft in der Höhe, Wohlklang, eine edle, ungezwungene Tongebung, vorbildliche Deklamation und eine von innen aufbrechende musikalische Leidenschaftlichkeit, die sich auch auf seine Partnerin überträgt, sind Zeichen seiner gegenwärtigen hervorragenden künstlerischen Disposition«.

Vor dieser Premiere wäre es beinahe zu einem Eklat gekommen. Zur Generalprobe wollte das Orchester, das in den letzten Wochen über Gebühr in Anspruch genommen worden war, nicht antreten. Peter Anders kam dieser Streik überhaupt nicht gelegen, und er bestand darauf, daß die Generalprobe vor der Premiere und zu seinem Rollendebüt mit Orchester stattfinden müsse, zumindest der 1. Akt. Es kam hierüber zu einem lautstarken Streit mit Leopold Ludwig, der solche heftigen Formen annahm, daß sich die beiden Duz-Freunde plötzlich mit »Sie« anredeten. Nachdem sich die Gemüter wieder beruhigt hatten, einigte man sich schließlich, die Generalprobe doch mit Orchester stattfinden zu lassen.

Noch einmal meldete sich Wilhelm Furtwängler. Schon nach dem ersten Stolzing war er eigens nach Hamburg gekommen, um Anders in dessen neuen Rollenfach zu hören. Furtwängler war von dem Fachwechsel des einst lyrischen Tenors tief beeindruckt. »Ich habe nicht glauben wollen, daß Sie einen so glänzenden Stolzing singen«, sagte er zu Peter Anders bei einem Treffen im Hamburger Hotel »Vier Jahreszeiten«. Furtwängler wollte Anders als Parsifal an die Mailänder Scala holen. Eine schriftliche Anfrage der Scala lag schon vor, und Anders hatte bereits mit dem Rollenstudium begonnen. Das Vorhaben scheiterte offenbar auf Grund älterer rechtlicher Verpflichtungen der Scala mit einer anderen Agentur, denn für diese Partie wurde trotz der Fürsprache Furtwänglers dann Hans Beirer verpflichtet. Auch die Pläne eines Othello in Salzburg 1951/52 ließen sich nicht realisieren; die Partie wurde schließlich mit Ramon Vinay besetzt, der hiermit seinen Weltruhm festigte.

Jetzt wollte Furtwängler Anders als Froh in »Rheingold« für eine Rundfunkaufnahme des »Rings der Nibelungen« in Rom verpflichten. Anders, in Hamburg gerade als Siegmund gefeiert, wollte aber neben Froh in Rom auch den Siegmund singen. Hierfür war aber bereits Ludwig Suthaus verpflichtet. So platzte auch dieses Projekt.

Peter Anders boten sich in Deutschland zahlreiche Möglichkeiten, bei Lieder- und Arienabenden zu weit höheren Gagen als im Ausland aufzutreten. Davon machte er ausgiebig Gebrauch. Dies kam auch seiner Neigung entgegen, sich mehr und mehr dem Liedgesang zuzuwenden, ja, er schwankte eine Zeitlang und spielte mit dem Gedanken, seine Laufbahn als Opernsänger zugunsten des Liedgesangs aufzugeben. Aber er war doch zu sehr Komödiant, und die Regiearbeit in Hamburg mit Rennert und Völker brachte ihn von diesem Gedanken dann doch wieder ab. Er erneuerte sogar seinen Vertrag mit der Hamburger Staatsoper und erhöhte die Zahl seiner vertraglich festgelegten Auftritte von 30 auf 40 pro Spielzeit. Dem Lied aber galt weiterhin seine Liebe und Leidenschaft.

Während seiner Gastspieltätigkeit in Wien hatte Peter Anders Kontakt zu dem Gesangspädagogen Professor Otto Waldner aufgenommen, um seine Stimme kontrollieren zu lassen. Diese Zusammenarbeit wurde auch später noch fortgesetzt, offenbar sehr erfolgreich, denn Peter Anders schrieb seiner Mutter nach seinem Siegmund-Debüt in »Walküre«: »Die Frucht der Arbeit mit Otto beginnt sich auszuzahlen. Alles ging selten leicht und mit viel Strahl und Glanz.«

Nach seinem Triumph als Siegmund gab es für Peter Anders eine besondere Aufgabe auf dem Konzertpodium. Im Rahmen der Hamburger Europawoche sang er im IX. Philharmonischen Konzert unter Joseph Keilberth das Tenorsolo in Mahlers »Lied von der Erde«. Gertrude Pitzinger war die Altistin. Dieses Werk ist nicht, wie Gustav Mahler es nannte, eine Sinfonie, sondern es handelt sich um sechs Solo-Gesänge für Tenor und Alt mit Orchester. Peter Anders konnte auch hier mit seinem metallen glänzenden Tenor überzeugen, er sang mit lyrischer Empfindung und reicher Ausdrucksskala gewohnt schön. Die Hamburger Morgenpost bestätigte den Solisten, daß sie ihre Gesänge zusammen mit den Philharmonikern in beispielhafter Vollendung dargebracht hätten.

Am 17. März 1953 sang Peter Anders in einem weiteren Rollendebüt zum ersten und einzigen Male den Canio in Leoncavallos Oper »Der Bajazzo«. Er fügte sich in die Puhlmann-Inszenierung ein und zeigte sich stimmlich glänzend aufgelegt. Mit seinem geschmeidigen, auf Schönklang bedachten Tenor war er ohne Zweifel ein Gewinn für die Vorstellung. Der Hamburger Anzeiger schrieb: »Ausverkaufte Staatsoper bei Cavalleria rusticana und Bajazzo: hatte die unerschütterliche Zugkraft der beiden Unzertrennlichen oder das erste Auftreten von Peter Anders als Bajazzo diesen starken Besuch bewirkt? Man möchte das letzte annehmen, denn es wird nicht oft Gelegenheit geboten, die dankbare Partie von einem Sänger zu hören, der soviel Kraft und Ausdruckswärme der Stimme, so viel echten Tenorgesang in der Höhe einzusetzen hat wie Peter Anders. Er sang den Bajazzo prachtvoll, betont heldisch, sehr markig, aber niemals roh im Klang.«

Mit Frau Susi

Seinen 1949 mit Electrola geschlossenen Schallplattenvertrag hatte Peter Anders nicht verlängert. Er war jetzt der Starsänger der in Hamburg ansässigen Deutschen Grammophon-Gesellschaft, die über ihre Tochtergesellschaft Polydor eine Vielzahl von Operettenaufnahmen, meist mit Franz Marszalek, von dem auf Europas Opernbühnen und in den Konzertsälen gefeierten und anerkannten Tenor herausbrachte. Daß die Operettenproduktion überwog, lag vielleicht daran, daß die Schallplattenfirma sich mit Peter Anders Marktanteile erobern wollte, was in jenen Jahren mit Operettentiteln weitaus einfacher war als mit Opernarien oder Kunstliedern. Peter Anders landete mit dem von ihm gesungenen Schlager »Granada« sogar einen regelrechten Schallplatten-Hit.

Bei aller Vorliebe für die leichte Muse wurde Anders jedoch nie geschmacklos. Er liebte den Schöngesang, und auch die Lieder aus Operetten oder aus Tonfilmen mußten viel Melodie haben, dann waren sie für ihn recht. Die Frage, warum er nicht wie andere große Sänger ins Filmgeschäft einsteige, beantwortete er stets mit dem Hinweis, daß alles, was ihm bisher an Drehbüchern angeboten worden sei, nicht seiner künstlerischen Auffassung entsprochen habe.

Während die Schallplattenindustrie von dem gewaltigen Fachwechsel des einst berückend lyrischen Tenors zum gefeierten Othello oder Siegmund kaum Notiz nahm, sicherte sich der Rundfunk dagegen die Dienste des Opernsängers Peter

Anders. Nach RIAS, Südwestfunk und Westdeutschem Rundfunk war es jetzt der Bayerische Rundfunk in München, der Anders mehrfach zu Konzerten einlud, die im Kongreß-Saal des Deutschen Museums stattfanden. Morgens wurde das Programm im Funkhaus auf Band aufgenommen, abends fanden die Konzerte vor begeistertem Publikum statt, so auch am 5. April 1953 mit Peter Anders, Maud Cunitz, Rosl Schwaiger, Hertha Töpper, Kurt Böhme, Rupert Glawitsch und Heinz Maria Lins.

Nachdem Peter Anders seinen Vertrag mit der Hamburgischen Staatsoper verlängert hatte, wollte er in Hamburg auf Dauer seßhaft werden. Mit seiner Frau ging er nun auf die Suche nach einem geeigneten Haus in der Hansestadt. Aber der Wohnungs- und Häusermarkt in Hamburg war trotz der gewaltigen Aufbauleistungen in jenen Jahren nach den unvorstellbaren Kriegszerstörungen sehr eng. Als Anders endlich einmal ein sehr schönes Haus zu einem auch akzeptablen Preis gefunden hatte, stellte er fest, daß die S-Bahn in der Nähe vorbeidonnerte. So wurde auch daraus nichts.

Eine ungewöhnliche Premiere fand am 21. Mai 1953 in Hamburg statt: Tschaikowskys Oper »Pique Dame«. Wolf Völker hatte das selten gespielte Werk »ausgegraben« und in Szene gesetzt.

Das Echo auf die Aufführung war zwiespältig. Einige Kritiker sprachen von einer Inszenierung, die manche Wünsche offen ließ. Auch in der Beurteilung der musikalischen Leitung durch Wilhelm Schleuning waren sich die Kritiker uneinig. Peter Anders litt im Spiel etwas durch die ihn vernachlässigende Regie. Die Frankfurter Abendpost meinte: »Dieser bedeutende Sänger agierte nur wie in einem luftleeren Raum und forcierte, als er merken mußte, daß die Reaktion im Publikum ausblieb.« Doch im Hamburger Abendblatt war zu lesen: »Mit allen Vorzügen seines elastischen Organs, seinen Klang- und Wortabtönungen sang Peter Anders den Hermann.« Nach der Premiere hat Peter Anders den Hermann in acht weiteren Vorstellungen in Hamburg gesungen.

Anfang Juli gastierte er mit Günther Weißenborn bei Liederabenden in Bonn und Aachen. In Bonn wurde sein Liedervortrag mit Heinrich Schlusnus verglichen, bei den Opernarien glaubte sich der Kritiker an Beniamino Gigli erinnert.

In München war der einstige Regieleiter Rudolf Hartmann inzwischen Generalintendant geworden. Er nahm Kontakt zu Peter Anders auf und verpflichtete ihn für einige Gastspiele nach München, von wo Anders einst im Streit mit Clemens Krauss geschieden war.

Schon im Januar 1953 hatte Hartmann ihn geholt. In einer Meistersinger-Aufführung am Neujahrstag 1953 sang Peter Anders unter Eugen Jochum den Stolzing, u. a. mit Ferdinand Frantz (Sachs) und Maud Cunitz (Eva). Am 31. Januar folgte, erstmals in München, der Florestan, unter Rudolf Kempe und mit Josef Metternich und Leonie Rysanek und Ende Juni der Cavaradossi mit Marianne Schech und Hans Reinmar. Anfang Juli gab es zum zweitenmal den Florestan, wieder unter Kempe, diesmal mit Hanns-Heinz Nissen, Josef Metternich, Astrid Varnay und Gottlob Frick. Pro Vorstellung erhielt Anders 800 DM zuzüglich Reisespesen, für den Stolzing wurden 1.000 DM gezahlt, Reisespesen und ein Tagegeld von 25 DM.

Peter Anders mit Günther Weißenborn

Dann verpflichtete Hartmann Peter Anders als Gast für drei Abende als Stolzing. Die Aufführungen fanden im Rahmen der Münchener Opernfestspiele statt. Dirigent der Aufführung am 23. Juli 1953 war Hans Knappertsbusch. Regie führte Heinz Arnold. Paul Schöffler als Sachs, Paul Kuen als David, Benno Kusche als Beckmesser, Max Proebstl als Pogner, Albrecht Peter als Kothner, Maud Cunitz als Eva und Hertha Töpper als Magdalena gehörten zu der glanzvollen und umjubelten Besetzung.

Der Münchener Merkur sprach von einem überwältigenden Gesamteindruck und fuhr fort: »Den Walther Stolzing sang als Gast Peter Anders. An Durchdachtheit des Spiels, an intelligenter Deklamation hat er kaum seinesgleichen«.

Zwischen seinen Auftritten in München verbrachte Peter Anders einige Urlaubstage im Oberengadin. Er nutzte ferner den Aufenthalt in München, um für die Deutsche Grammophon-Gesellschaft Schallplattenaufnahmen zu machen. Mit Leopold Ludwig und den Münchener Philharmonikern nahm er die Arie des Alfred aus »La Traviata« »Ach, ihres Auges Zauberblick« in deutscher und italienischer Sprache auf, was damals, als nur deutsch gesungen wurde, sehr ungewöhnlich war. Ebenfalls in italienischer Sprache sang er die Arie des Canio »Recitar! Vesti la giubba«, begleitet von den Münchner Philharmonikern unter Heinrich Hollreiser. Mit Hollreiser wurden aus dem »Bajazzo« dann noch in deutscher Sprache aufgenommen: »Scherzet immer«, »Jetzt spielen« und »Nein, bin Bajazzo nicht mehr«.

Der leidenschaftliche Autofahrer Peter Anders hatte sich vor einiger Zeit zum Entsetzen seiner Frau ein neues Auto gekauft: einen Super-Porsche, der damals neu auf den Markt gekommen war und etwa 12.000 DM kostete. Mit diesem Sportwagen konnte Anders seiner Automobilleidenschaft frönen. Viele der Reisen zu seinen zahlreichen Auftritten im In- und Ausland legte er rasend in diesem Gefährt zurück. Doch nicht nur seine Frau, auch seine Kollegen der Hamburger Oper beschworen ihn, dieses schnelle Auto doch so schnell wie möglich wieder abzustoßen. Wilhelm Brückner-Rüggeberg, Dirigent des Hamburger Philharmonischen Orchesters und an der Oper, ein enger Freund von Peter Anders, redete auf ihn ein: »Fahr doch nicht so schnell! Du hast doch drei Kinder, Du mußt doch auch an deine Familie denken!« Peter Anders war angesichts dieser wohlgemeinten Ratschläge einsichtig und kaufte sich ein Nobelauto von Mercedes Benz, den Mercedes 300, das beste Auto, das damals auf dem Markt war. Es kostete stolze 20.000 DM. »Jetzt hast Du Deinen Willen«, meinte er zu seiner Frau, als er am Steuer des neuen Wagens Platz nahm. »Ich komme mir jetzt vor wie ein Generaldirektor.«

Der gelernte Bücherrevisor Peter Anders dachte aber auch auf andere Weise an seine Familie. Er führte mit großer Genauigkeit seine Steuer- und Versicherungsunterlagen, vor allem auch hinsichtlich seiner Altersversorgung. So stellte er wenige Wochen nach seinen Gastspielen bei den Münchener Opernfestspielen fest, daß für diese Gastspiele von der Münchener Staatsoper keine Versicherungsbeiträge entrichtet worden waren. Darum schrieb er am 11. November 1953 an die Bayerische Staatsoper:

Sehr geehrte Herren!
Anlässlich der Festspiele gastierte ich bei Ihnen am 5. und 23. 7. sowie am 12. und 23. 8. 1953.
Bei Durchsicht meiner Unterlagen für die Bayerische Versicherungskammer München stellte ich fest, daß mir für meine Gastspiele keine Beiträge hierfür gekürzt worden sind, was aber hätte geschehen müssen, da ich anderweitig nicht gastiert habe.
Ich bitte deshalb höflich zu veranlassen, daß der Arbeitgeberanteil für die Monate Juli und August d. Js. in Höhe von je DM 60,– an die Bühnenversorgung München gezahlt wird.
Für eine schriftliche Mitteilung zur Vervollständigung meiner Akten wäre ich dankbar. Meinen eigenen Anteil für die Monate Juli und August werde ich ebenfalls direkt nach München überweisen.
Mit vorzüglicher Hochachtung!
Peter Anders

Daraufhin wurde die Angelegenheit von der Bayerischen Staatsoper entsprechend geregelt.

Eine Stadt, in der Peter Anders immer wieder besonders gerne auftrat, war Hannover. In der Konzertreihe der Hannoverschen Allgemeinen Zeitung gab er am 25. September einen überaus erfolgreichen Liederabend, mit Beethovens Zyklus »An die ferne Geliebte«, fünf Liedern von Brahms und Schumanns »Dichterliebe«. Die Hannoversche Allgemeine sprach von einem triumphalen Erfolg im fast überfüllten Beethovensaal.

»Wenn die Hörer sich am Schlusse wie eine Mauer um das Podium scharten und damit noch eine Reihe von Zugaben bis zu Strauss erwirkten, so war das eine Huldigung an den Sänger, der schon beim ersten Erscheinen stürmisch begrüßt wurde.«

Auch die Hannoversche Presse zeigte sich von dem Liedersänger Peter Anders tief beeindruckt: »So geschmackvoll wie an diesem Abend, haben wir ihn noch nie Lieder singen hören.«

Die Hamburger Staatsoper und Peter Anders hatten einen schönen Einfall, zum 88. Geburtstag des früheren Heldentenors Willi Birrekoven den jetzigen Heldentenor des Hauses in der Dammtorstraße mit einem Blumenstrauß in die Wohnung des Jubilars in Hanstedt zu schicken. Birrekoven, in Köln geboren, wirkte nach Engagements in Düsseldorf und Köln von 1893 bis 1912 an der Oper in Hamburg. Als Lohengrin und Parsifal war er in Bayreuth erfolgreich. Der überraschende Besuch und die kollegiale Gesinnung von Peter Anders hatten dem alten Herrn sehr gefallen.

Die Reihe der Konzerttourneen ging weiter. In Essen sang Peter Anders beim Stiftungsfest der Gesellschaft »Verein« in Anwesenheit des Vizekanzlers und Bundesministers Dr. Franz Blücher. Mit Konzerten in Wermelskirchen und Cloppenburg zeigte er, daß er nicht nur die großen Musikzentren suchte; er erfreute sich vor allem auch an den Liederabenden vor dankbarem Publikum »auf dem Lande«.

Dann holte ihn Rudolf Hartmann erneut nach München: als Prinz Sou-Chong in »Das Land des Lächelns«. Hartmann wollte neben dem Opernbetrieb in München im Theater am Gärtnerplatz die damals in Deutschland noch sehr beliebte Operette besonders pflegen und die Vorstellungen mit großen Stars der Oper zugkräftig gestalten. Es gelang ihm, Peter Anders für drei Abende hintereinander zu verpflichten. Anders, der in der breiten Öffentlichkeit durch zahllose Rundfunksendungen mehr als Operetten- denn als Opernsänger bekannt war, hatte seit 1938 nicht mehr auf der Operettenbühne gestanden. Partnerinnen in München waren u.a. Topsy Küppers und Sari Barabas. Die Münchener Zeitung schrieb über diesen einzigen Nachkriegsausflug des Sängers in das Land der Operette: »Für einen so intelligenten und kultivierten Sänger wie Peter Anders dürfte die Partie des Sou Chong in Lehárs ›Land des Lächelns‹ ungeachtet aller tenoralen Glanznummern nicht das höchste der Gefühle sein. Wie aber Anders bei seinem dreitägigen Gastspiel am Gärtnerplatztheater diese Rolle musikalisch anpackt, ist ein Musterbeispiel an Disziplin. Der lyrische Schmelz seiner Stimme wetteifert mit der Noblesse des Ausdrucks. Ein Erfolg der künstlerischen Diskretion.«

Im September, Oktober und November 1953 sang Peter Anders in Hamburg nur seine neuen heldischen Partien Othello, Florestan, Siegmund, Hermann und Max. Am 18. November in Krefeld und am 20. November in der Kaiser-Friedrich-Halle in Mönchengladbach wirkte er in Verdis Requiem mit Annelies Kupper,

Gertrude Pitzinger und dem Dänen Frans Andersson mit. Anläßlich dieses Gastspiels kam es zu einem Interview mit einer Schülerzeitung, das wegen seiner Originalität auch in der Tagespresse abgedruckt wurde. Peter Anders verteilte während des Interviews Backpflaumen an seine Gesangskolleginnen und Kollegen und meinte dazu scherzhaft: »Speziell fürs Requiem. Eigenes Rezept, man kann dann besser singen.«

Als Gertrude Pitzinger von einem Presseinterview erzählte, daß sie einmal in New York gegeben hatte, und von dem, was dann wirklich abgedruckt wurde, hakte Peter Anders ein: »Ja, die Presse! Was da nicht alles drin steht: Riesenschlagzeilen von Morden, Überfällen und allen möglichen scheußlichen Dingen. Ich weiß, Sie sind nicht von der großen Presse, aber machen Sie es anders! Färben Sie nicht ab, kopieren Sie nicht! Das ist scheußlich. Sehen Sie doch einmal diese Lügen!«. Er schwenkte ein Zeitungsblatt, daß seit einiger Zeit in Millionenauflage seine Leser ins Bild setzte, und fuhr fort: »Wir müssen wieder ehrlich werden vor uns selbst, sonst kommen wir über dieses Zeitalter der Lüge nie hinweg. Und welche Zeitung hat noch Platz für Kunst? Wer druckt denn noch ein Gedicht von Goethe? Es würde ja doch keiner lesen. Es liegt an den Menschen. Erziehung ist alles, nur ersticken die Erzieher selbst in dem Wust ... .«

Peter Anders hatte den Finger auf eine Wunde gelegt, die zeitnah und zugleich zeitlos war. Die ersten Aufbaujahre der Bundesrepublik wurden sehr bald von einem Konsum- und Genußrausch begleitet, man sprach von der Freß-, Möbel- und der beginnenden Reisewelle.

Die beiden Vorstellungen des Requiem wurden zu einem ungewöhnlichen Erfolg. »Peter Anders mengte sein helles, metallisch schlankes, virtuos gelenktes Organ mit großer musikalischer Sicherheit in das klanglich prachtvoll harmonisierende Konzert der übrigen Stimmen«, schrieb die Rheinische Post.

Wieder und wieder gab Anders Konzerte, er empfand sie als Ausgleich und Erholung von den schweren Tenorpartien, die er in seinem neuen Rollenfach auf der Bühne zu singen hatte. In Essen war das Publikum so begeistert, daß er zu neun Zugaben gezwungen wurde. Alle Zeitungsberichte über sein Auftreten waren mit entsprechenden Schlagzeilen versehen: »Peter Anders, ausdrucksvoller Liedgestalter«, »Peter Anders – ein begnadeter Sänger«, »Begeistung um Peter Anders«, »Peter Anders als Liedersänger«, »Peter Anders – Liebling des Publikums« oder »Peter Anders stürmisch gefeiert« lauteten die Überschriften, deren Auswahl sich beliebig fortsetzen ließe.

Am 24. November 1953 gab es im Festsaal des Hamburger Nobel-Hotels »Atlantic« einen Gala-Abend der Prinzessin-Kira-von-Preußen-Stiftung für Heimatvertriebene mit etwa 250 geladenen Gästen. Im Mittelpunkt des Abends standen die Künstler Hildegard Jachnow, Peter Anders und Caspar Bröcheler, die, begleitet von Curt Koschnick, Liedkompositionen des Enkels des letzten deutschen Kaisers, Prinz Louis Ferdinand von Preußen, sangen. Nach dem Konzert blieben die Gäste zu einem Cocktail, die Künstler saßen am Tisch des Prinzenpaares, dessen Anwesenheit die Veranstaltung als besonderes gesellschaftliches Ereignis für Hamburg aufwertete. Die Erlöse des Konzerts, wie

Mit Prinz Louis Ferdinand von Preußen beim Benefiz-Konzert 1953
im Hamburger Hotel »Atlantic«

auch alle Überschüsse aus dem Noten- und Schallplattenverkauf – die Lieder erschienen auf einer der ersten Langspielplatten von Telefunken – flossen der Stiftung zu.

Wenig später bedankte sich der Preußen-Prinz bei Peter Anders:

LF

Borgfeld, 9. 12. 53

Lieber Herr Anders:
Etwas verspätet schicke ich Ihnen das versprochene Bild, da erst ein neuer Abzug
gemacht werden mußte. Herzlich danke ich Ihnen für Ihr ausgezeichnetes Bild mit
der lieben Widmung. – Inzwischen habe ich die Platte abgehört. Sie sind – wie in
natura – herrlich! Tausend Dank für Ihre Mitwirkung. Nun werden wir uns wohl
am 19. Dezember in Hamburg bei der Fernsehveranstaltung für heimatlose Spät-
heimkehrer wiedersehen. Es ist sehr lieb von Ihnen, daß Sie sich sofort zur Verfü-
gung gestellt haben. Wir werden Koschnick mitbringen, der noch an Sie schreiben
wird. Auf Ihre Berliner Eindrücke bin ich schon sehr gespannt.
Ihnen und Ihrer Gattin herzliche Grüße auch von meiner Frau und auf ein fro-
hes Wiedersehen

Ihr
Louis Ferdinand

Nach über einem Jahr kehrte Peter Anders im Dezember 1953 wieder an die
Berliner Staatsoper zurück. Am 5. Dezember sang er erstmals in Berlin den
Othello, am 16. Dezember den Florestan und am 22. Dezember nochmals Othello.

Brief des Prinzen Louis Ferdinand

Insbesondere als Othello, seiner neuen Paraderolle, wurde er von dem verwöhnten Berliner Publikum frenetisch gefeiert. In der von Michael Bohnen, dem einstmals in aller Welt verehrten Bariton, inszenierten Aufführung, in der nacheinander etwa ein Dutzend verschiedene Sänger in der Titelpartie auftraten, wurde kein Tenor derart beispiellos gefeiert wie Peter Anders. »Begeisterter Beifall für Peter Anders«, »Peter Anders als Othello«, »Umjubelter Othello« und »Peter Anders sang den Othello« lauteten die Schlagzeilen der Berliner Presse.

Helma Prechter, Gerhard Niese und Gerhard Stolze waren seine Partner in der Vorstellung am 22. Dezember. Die Zeitung »Sonntag« befaßte sich ausführlich mit dem neuen Othello des deutschen Musiktheaters: »Peter Anders als Othello in Verdis Oper: das war eine Überraschung für unsere Opernfreunde. Bisher kannten wir diesen Künstler, der einer der beliebtesten Tenöre des deutschen Musiktheaters ist, nur als lyrischen Helden. Wir erfreuten uns an dem Schmelz seiner leuchtenden, hellen Stimme, wenn er etwa mit Maria Cebotari zusammen Puccinis rührende Opernmelodien zum Erlebnis werden ließ. Erklangen diese wahrhaft ›Schönen Stimmen‹ zur Freude unzähliger Opernfreunde aus dem Lautsprecher, dachten wir an Aufführungen in der Staatsoper Berlin, der Peter Anders ehedem angehörte. Nun ist er als Gast von der Staatsoper Hamburg an die Stätte seines früheren Wirkens zurückgekehrt.

Sicherlich war der Sprung vom lyrischen zum dramatischen Heldentenor für den Künstler ein Wagnis. Er ist ihm hervorragend gelungen. Schon sein erstes Auftreten in der Sturmszene bezeugte, daß die Stimme an heldischem Glanz und strahlender Kraft gewonnen hat. Diese Eigenschaften kamen den dramatischen Stellen zustatten, besonders in dem hinreißend gesungenen Rache-Duett mit Jago und in den Ensembles. Zartheit und Intensität des Ausdrucks zeichneten vor allem die Arie im dritten Akt und die Schlußszene am Bette Desdemonas aus.«

Bemerkenswert war der Schlußabsatz dieses Beitrages, der politisch gefärbt, die geistige Herkunft erahnen ließ: »Stürmisch gefeiert im Kreise der Mitwirkenden, konnte Peter Anders spüren, wie dankbar die Berliner die Wiederbegegnung mit ihm begrüßten. Mit dem Kunstgenuß verband sich in uns die Freude, daß Peter Anders zu den Künstlern gehört, die nur eine deutsche Kultur kennen, die wissen, daß Einheit und Frieden Voraussetzungen für die volle Entfaltung der Kräfte unseres Vaterlandes sind. Seine Gastspiele an der Deutschen Staatsoper, die viele schöne Aufgaben für ihn bereit hält, tragen dazu bei, die große Sache aller Deutschen zu fördern«.

Damals sprachen die kommunistischen Machthaber in der DDR noch von der Einheit, die Abgrenzungs- und Spaltungstendenzen bis hin zur völligen Abschottung gegenüber dem Westen setzten erst später ein.

Die Zeitschrift »Kontakte – Signale für die musikalische Welt« listete zum Jahresausklang 1953 in einer Übersicht die »unvergessene Kunstleistung« des Jahres auf: zu den genannten Ereignissen aus aller Welt gehörte auch »Peter Anders als Othello in der Hamburger Staatsoper unter Leopold Ludwigs musikalischer und Günther Rennerts szenischer Leitung«.

Eines Tages kam der Freund Erna Bergers, ein Doktor Lauer, zur Familie Anders auf Besuch. Er hatte ein transportables Tonaufzeichnungsgerät mitgebracht, das er der Familie vorführte. Die Kinder Ursula, Peter-Christian und Sylvia wurden ins Musikzimmer gerufen. »Nun singt mal ›Hebe deine Augen auf‹« bat Peter Anders seine Kinder, und sie stimmten das Engelsterzett aus dem »Elias« an. Nachdem sie geendet hatten, hantierte Doktor Lauer an dem Gerät, und plötzlich hörten die Kinder ihren eigenen Gesang, ein für sie ungewohntes und erstaunliches Erlebnis. Peter Anders hat sich leider kein Tonbandgerät beschafft, auf dem er Proben seiner Gesangskunst hätte festhalten können.

In der Weihnachtsausgabe 1953 des Berliner Tagesspiegel schrieb der inzwischen ungemein populär gewordene Sänger den Lesern des Blattes:

»Ich heiße tatsächlich Anders, obwohl der Theaterklatsch, dieser unvermeidliche und allgegenwärtige Stiefbruder des Erfolges, wissen will, ich hieße an sich anders.

Dieses Gerücht kam auf folgende Weise zustande: ein junger Geiger mit Namen Schweinefleisch glaubte unter dieser zwar nahrhaften, aber amusischen Firmierung, keine Erfolgschance zu haben und nannte sich anders, nämlich Anders. Natürlich hängte man diese Geschichte auch mir an.

Buchprüfer sollte ich werden. Und vielleicht würde ich heute anderen Leuten helfen, sich gegen die Steuer zu wehren, wenn mich nicht Max Reinhardt eines Abends entdeckt hätte. Er ließ mich eine Hauptrolle in ›Die schöne Helena‹ im Theater am Kurfürstendamm spielen.

Zu allen Zeiten habe ich zwei große Liebhabereien gepflegt: das Lied und das Auto. Während ich mit Liederabenden Abwechslung und Erholungspausen in den kräftezehrenden Betrieb der leider notwendig gewordenen Gastspielreisen zu bringen trachte, gilt meine zweite große Leidenschaft dem Motorsport.

Ob ich in London (Festspiele), Paris, Genf, Wien, Neapel, München, Hamburg, Zürich, Edinburgh (Festspiele), Stuttgart oder Kassel sang, ob es Oper, Operette, vor dem Mikrophon oder im Schallplatten-Studio war, immer blieb ich im Herzen ›gelernter Berliner‹, obwohl ich in Essen zur Welt gekommen bin.

In Berlin habe ich bei Professor Grenzebach und Lula Mysz-Gmeiner studiert, hier habe ich meine zauberhafte Frau – Tochter der Mysz-Gmeiner – kennengelernt, und hier erlebte ich den unbestreitbaren bisherigen Höhepunkt meiner Karriere.

Und was auch immer kommen mag, auf jeden Fall werde ich im kommenden Jahre häufig in den Mauern dieser meiner Wahlheimat Berlin zu hören sein, worauf ich mich selbst wohl am meisten freue.«

Zum Jahresende sang er in Flensburg den Florestan und zum Jahresbeginn an gleicher Stätte den Cavaradossi.

Rührend-heiter ist die anekdotenhafte Geschichte, die sich zum Weihnachtsfest bei Familie Anders abspielte. Peter Anders erhielt Berge von Verehrerpost und mußte viele Male seine Unterschrift unter Briefe und Fotos setzen, mit einem Füllfederhalter, da der Kugelschreiber zu dieser Zeit noch nicht eingeführt war. Seine jüngste Tochter Sylvia hatte dies beobachtet und sich daraufhin ein besonderes Weihnachtsgeschenk für ihren Vater ausgedacht: Sie schenkte ihm zwei Bogen Löschpapier. Frau Anders fand dieses Geschenk etwas dürftig, und sie versuchte, dies der kleinen Sylvia klar zu machen. »Schau mal, Dein Pappi singt doch immer so schön für Dich, und da schenkst Du ihm nur ein Blatt Löschpapier. Ist das nicht ein bißchen wenig?« Sylvia aber reagierte ungerührt: »Dafür schenke ich ihm ja auch *zwei* Blätter Löschpapier!«

In München gastierte Peter Anders im Januar 1954 bei einem Konzert des Bayerischen Rundfunks im Kongreßsaal des Deutschen Museums. Die dort aufgenommene Blumenarie gehört zu den letzten Tonaufnahmen des Sängers und ist ein hervorragendes Zeugnis für seine stimmliche Verfassung in jenen Tagen. Mit den Münchener Philharmonikern unter Fritz Lehmann nahm er für die Deutsche Grammophon-Gesellschaft vier Lieder von Richard Strauss auf: seine letzten Schallplattenaufnahmen.

Nach Othello in Berlin, Siegmund, Florestan und Othello in Hamburg sang er erstmals im Haus an der Dammtorstraße den Gott Bacchus in der von Wolf Völker inszenierten und von Joseph Keilberth dirigierten Strauss-Oper »Ariadne auf Naxos«.

Mit Tochter Sylvia
beim Autogrammschreiben

In Hamburg hatte Günther Rennert die in Deutschland noch nie aufgeführte Verdi-Oper »Aroldo« auf den Spielplan gesetzt. Giuseppe Verdi hatte die Oper 1850 erstmals unter dem Titel »Stiffelio« herausgebracht; damals hatte sie die Heimkehr eines deutschen Pfarrers zum Thema, der entdecken mußte, daß ihn seine Frau in der Zeit seiner Abwesenheit betrogen hatte. Diese Handlung kam bei den Italienern jedoch nicht an, so daß die Oper umgearbeitet wurde. Sieben Jahre später wurde sie als »Aroldo« erneut aufgeführt; diesmal war das Ehebruchsthema um den schottischen Kreuzritter Aroldo aufgebaut, der nach seiner Rückkehr die Untreue seines Weibes Nina feststellen mußte.

Günther Rennert hatte einige Ungereimtheiten des Librettos beseitigt und blutvolles Musiktheater mit menschlichem Wahrheitsgehalt geschaffen. Als Dirigenten hatte er Herbert Sandberg von der Stockholmer Oper geholt, den Schwiegersohn Leo Blechs. Die Hauptgesangspartien waren mit der jungen Amerikanerin Anne Bollinger als Nina, Peter Anders als Aroldo und Josef Metternich als Egberto besetzt.

Anne Bollinger, durch Lotte Lehmann ausgebildet und von 1949 bis 1953 an der New Yorker Metropolitan Opera als Frasquita, Micaela, Musette u. a. engagiert, hatte in Hamburg als Zdenka in »Arabella« debütiert. Sie sang 1955 eine aufsehenerregende Pamina bei der Staatsoperneröffnung. Mit nur 39 Jahren starb sie 1963 an einer unheilbaren Krankheit.

Die Aufführung fand ungewöhnliche Beachtung und wurde zu einem großen Erfolg. »Ruhmesblatt in der Geschichte der Hamburger Staatsoper« titulierte die »Welt« ihre Rezension, und die Morgenpost lieferte die Schlagzeile: »Verdis Aroldo – ein Triumph«.

197

Regie, Orchester und Gesangsleistungen wurden nicht nur vom Publikum mit rauschendem Beifall und zwanzig Vorhängen bejubelt, sondern auch von der aus ganz Deutschland nach Hamburg geeilten Presse mit höchstem Lob bedacht. »Herrlich im italienischen Timbre sang Peter Anders den Aroldo«, urteilte der Hamburger Anzeiger.

Eine etwas ungewöhnliche, dafür aber umso aussagekräftigere Kritik, die alles über das künstlerische Können und das hohe Ansehen der Sänger beinhaltete, war in der Frankfurter Abendpost zu lesen: »Es war in der Tat ein Fest der schönen Stimmen, ein Schwelgen in Wohlklang und Tonpracht. Man braucht nur die Namen Peter Anders, Anne Bollinger, Josef Metternich, James Pease, Fritz Lehnert und Hermann Prey zu nennen, und jeder ahnt, was die Premierengäste erlebten.«

Anschließend sang Peter Anders in Berlin den Othello; im Titania-Palast wirkte er bei einem Verdi-Puccini-Abend zusammen mit der Sopranistin Maria Corelli mit. Das Berliner Orchester unter Hans-Joachim Wunderlich begleitete das Paar bei Arien und Duetten aus »Othello«, »Aida«, »La Traviata«, »Troubador«, »La Boheme«, »Butterfly« und »Tosca«. Die in Sofia geborene Maria Corelli stand am Anfang ihrer Karriere. Nahezu drei Jahrzehnte war sie eine der großen Primadonnen an der Lindenoper.

Die Eintrittspreise zu solchen Konzertveranstaltungen hielten sich immer noch im Rahmen der Vorkriegszeit. Für dieses Konzert betrugen sie zwischen 1,50 DM und 6 DM.

In Kiel sang Peter Anders zweimal den Don José als Gast an der dortigen Oper, am 8. März 1954 gastierte er als Othello in der Berliner Staatsoper. Es sollte sein letzter Auftritt in diesem Hause sein. Mit der Paraderolle seiner lyrischen Zeit, dem Tamino, hatte er 1937 erstmals auf den Brettern dieses bedeutendsten deutschen Opernhauses gestanden, mit der Paraderolle seiner Zeit als Heldentenor stand er zum letztenmal auf dieser traditionsreichen Bühne. Freilich konnte an diesem Abend niemand ahnen, daß dieser Auftritt ein Abschied für immer werden sollte.

Zum letzten Male sang Peter Anders den Othello bei einem Gastspiel der Kölner Oper in Bochum. Im Rahmen der Shakespeare-Tage war erstmals eine Oper im neuen Schauspielhaus in Bochum aufgeführt worden. In der Inszenierung von Erich Bormann sangen unter der musikalischen Leitung von Otto Ackermann neben Peter Anders als Othello Trude Eipperle als Desdemona, Peter Nohl als Jago und Georges Athana als Cassio.

Am 10. April 1954, einem Samstag, fuhr Peter Anders zu Fernsehaufnahmen in die Musikhalle. Um 15.30 Uhr waren Proben angesetzt, um 17.30 Uhr begann die Übertragung. Nachwuchssänger, die ihr Studium beendet hatten, konnten hier erstmals öffentlich auftreten. Durch die Sendung führte Peter Frankenfeld, und Peter Anders sang neben dem Schlager »Granada« das Lied »Von Apfelblüten einen Kranz« und mit Anneliese Rothenberger das Duett »Niemand liebt dich so wie ich«. Der Maskenbildner hatte Peter Anders, dessen Haar im Laufe der Jahre etwas dünn geworden war, ein Mitteltoupet aufgesetzt und so seine Haarpracht

*Deutsche Erstaufführung
von »Aroldo«
am 10. 2. 1954
in Hamburg
mit Anne Bollinger*

vermehrt. Seine Frau Susi frozzelte ihn daraufhin: »Mit dem Toupet sahst Du jünger aus als die Nachwuchssänger.«

Bei Liederabenden in Wermelskirchen, Dülmen, Kassel und Kiel, hier mit Wilhelm Brückner-Rüggeberg als Begleiter, wurde er jedesmal beigeistert gefeiert. »Starker Beifall für Peter Anders«, »Gefeierter Sänger«, »Peter Anders begeisterte«, »Peter Anders – ein Sänger von Format« – so ließ ihn die Presse hochleben.

Am 27. Mai sang er in Hamburg in dem von Rennert inszenierten »Rosenkavalier« die Rolle des Sängers, der Dirigent war Leopold Ludwig. Am 8. Juni folgten der Florestan und am 15. Juni die großartige Premiere des »André Chenier«. Bis zum Ende der Spielzeit in Hamburg sang er noch zweimal den Chenier und einmal den Stolzing.

In diesem Sommer 1954 kam es zu einer der größten Überraschungen in der Geschichte des Sports: die deutsche Fußballnationalmannschaft wurde am 4. Juli 1954 in Bern durch einen 3 : 2-Sieg über den hohen Favoriten Ungarn sensationell Fußball-Weltmeister. Neun Jahre nach Kriegsende gab dieser sportliche Erfolg dem Selbstwertgefühl der Deutschen einen großen Auftrieb, zumal am gleichen Tage die in den Automobilrennsport zurückgekehrte Firma Mercedes Benz mit ihren »Silberpfeilen« auf Anhieb einen Doppelsieg beim Großen Preis von Frankreich in Reims errang.

Seinen Urlaub an der Nordsee unterbrach Peter Anders mit einem Konzert auf der Insel Norderney mit »Dichterliebe« und Schubert- und Strauss-Liedern. Mit weiteren Zugaben, darunter Opernarien von Bizet und Puccini, versetzte er die Hörer in einen wahren Taumel von Begeisterung.

Dann gastierte Peter Anders als Stolzing bei den Münchener Opernfestspielen. Eugen Jochum dirigierte wieder ein Ensemble von erstklassigen Sängern: Annelies Kupper, Josef Herrmann, Franz Klarwein, Heinrich Pflanzl, Max Proebstl, Richard Holm und Ruth Michaelis. »Meistersinger von meisterlichen Sängern«, schrieb die Süddeutsche Zeitung.

Für diesen Auftritt in München erhielt Peter Anders wiederum eine Gage von 1.000 DM zuzüglich Tagegelder und Fahrkosten. Der Durchschnittsverdienst der Deutschen lag damals zwischen 300 und 350 DM monatlich; ein Chefredakteur einer großen Zeitung beispielsweise oder ein Direktor eines größeren Industrieunternehmens verdienten etwa 1.000 DM im Monat.

Hans Knappertsbusch verhandelte mit Anders über einen Parsifal im kommenden Jahr in Bayreuth. In New York sollte Peter Anders an der Metropolitan Opera auftreten. Verträge lagen bereits vor, und der Westdeutsche Rundfunk plante eine Aufnahme von »Tristan und Isolde« mit Anders und Astrid Varnay. Dem Sänger, auf dem Höhepunkt seines künstlerischen Schaffens, standen alle Wege offen. Dem Festspieltrend vermochte er sich jetzt nicht mehr zu entziehen, eigentlich war er gegen Festspiele in der Ferienzeit, um seiner Stimme die nötige Erholung zu gönnen. Denn Erfolg und Ruhm waren ihm nicht alles: zuerst kam für ihn seine Familie, kamen seine Kinder, mit denen er oft im Garten seines Hauses spielte, wo sich unter der Brücke, die neben dem Grundstück über den Goldbek-Kanal führt, ein Schwanenpaar eingenistet hatte. Oder mit denen er im Urlaub an der See Sandburgen baute. Seiner Familie zuliebe hatte er auch das Angebot zu einer großen Südamerika-Tournee abgelehnt. Er wollte lieber mit seiner Frau und seinen Kindern Urlaub machen.

Der Urlaub war nun vorbei. Die Staatsoper, deren Haus sich im Neuaufbau befand, war in das Theater am Besenbinderhof umgezogen. Der Neubau sollte im Sommer 1955 eingeweiht werden.

Ende August sang Peter Anders beim Sommerfest der Staatsoper im Park »Planten un Blomen« in einem bunten Operettenprogramm vor Tausenden begeisterten Hamburgern: »Freunde, das Leben ist lebenswert«.

Zu Beginn der neuen Spielzeit trat er am 31. August als André Chenier auf. Am 3. September folgte der jugendliche Gott Bacchus in »Ariadne auf Naxos«.

Der Bacchus sollte sein Schwanengesang werden. Peter Anders, der an diesem Abend in wahrhaft großer Form gesungen hatte, wehrte Glückwünsche der Kollegen wie immer bescheiden ab und meinte: »Kinder, es ist so ein herrlicher Abend, wir sollten noch etwas unternehmen«. Aber dann zog er es doch vor, sich abzuschminken und nach Hause zu fahren. Den enttäuschten Kollegen sagte er:

Die letzte Premiere:
»André Chenier« 1954 in
Hamburg mit Helene Werth

»Ich habe nie etwas gegen meine Stimme getan, ich habe immer nur ihr gelebt.« Später sollte seine Kollegin Martina Wulf sagen, ihr sei es nicht aus dem Kopf gegangen, daß der fröhliche, optimistische und stets der Zukunft zugewandte Peter Anders die Vergangenheitsform gewählt habe: »Ich *habe* immer meiner Stimme gelebt ...«

Am folgenden Tage, dem 4. September 1954, war Peter Anders der Solist bei einem Konzert des Männergesangvereins Plettenberg im Sauerland. Begleitet wurde er von Kapellmeister Hans Geisendörfer, der für den ursprünglich vorgesehenen Wilhelm Brückner-Rüggeberg eingesprungen war. Brückner-Rüggeberg mußte für einen verhinderten Kollegen die Oper »Die Macht des Schicksals« dirigieren ... »Das hat mir wahrscheinlich das Leben gerettet«, erzählte er später.

In Plettenberg sang Anders Lieder von Schubert, Schumann, Strauss und Opernarien aus »Carmen« und »Turandot«. In dieser Zeit war in Amerika das Pfeifen, ursprünglich ein Ausdruck größten Mißfallens gegenüber einem Künstler, jetzt aber ein Zeichen höchster Begeisterung, »hoffähig« geworden. Als sich auch in Plettenberg in die begeisterten Beifallstürme Pfiffe mischten, meinte Peter Anders zum Publikum: »Bitte nicht, das Pfeifen ist doch in Amerika zu Hause!«

Als Zugabe sang er das Ständchen von Richard Strauss »Mach auf, mach auf, doch leise, mein Kind« und die Arie des Dick Johnson aus Puccinis Oper »Das Mädchen aus dem goldenen Westen«: »Lasset sie glauben, daß ich in die Welt zog ...«

DAS KÜNSTLERISCHE SCHAFFEN

Der Schwerpunkt des künstlerischen Schaffens des Tenors Peter Anders lag eindeutig auf seiner Tätigkeit als Opernsänger. Ein von ihm gleichgewichtig angesehener und in seinen letzten Jahren mehr und mehr an Bedeutung gewinnender Bereich war das Lied. Daneben hatte sein Wirken als Operettentenor nur einen geringen und künstlerisch nicht so bedeutenden Stellenwert.

Unglaubliche Popularität errang Peter Anders durch Rundfunk und Schallplatte. Durch diese technischen Medien wurde er einem Millionenpublikum bekannt.

Wie kommt nun ein Sänger zu einer Stimme, die vor anderen herausragt und zu überragenden Leistungen befähigt?

»Es gab sicherlich manchen Sänger, der von vorneherein ein größeres Organ hatte, der es vielleicht in den ersten Jahren nicht so schwer hatte. Aber ich glaube,

Privataufnahme 1953

203

eine Karriere, die man sich erarbeitet, ist dauerhafter, wenn man von früh an lernt, mit der Stimme umzugehen und sich diesen Besitz erwirbt. Mein Mann war sich bewußt, daß er ein Geschenk bekommen hatte, das er zu verwalten und zu hüten hatte.« So äußerte sich Frau Anders über die stimmliche Entwicklung ihres Mannes.

Über ihre gemeinsame Arbeit hat sie einmal folgendes gesagt: »Wir haben eigentlich von jenen Hochschultagen an jeden Tag gearbeitet, immer gemeinsam. Natürlich hat mein Mann mit seinen Begleitern, mit Weißenborn, mit dem er sehr befreundet war, seine Programme gearbeitet, aber die Vorarbeit, die haben wir immer gemacht, das Ständige, Tägliche. Dies geschah nicht zu einer bestimmten Zeit, das war ja das Gute, daß er seinen ›Haus-Kuli‹ immer bei sich hatte, und man also arbeiten konnte, wann Zeit war und wann er wollte.«

Bei seiner Arbeit entwickelte Peter Anders eine technische Besessenheit, er übte täglich, setzte sich täglich mit seinem Instrument auseinander. Frau Anders berichtete hierzu: »Der Sänger ist ja sehr viel mehr davon abhängig als ein Instrumentalist, weil er tatsächlich sein Instrument im Halse trägt, unauswechselbar, und jeden Tag damit fertig werden und es am Abend pünktlich zur Verfügung haben muß.«

Peter Anders sang bei seiner täglichen Arbeit bestimmte Lieder regelmäßig, etwa die »Mondnacht« von Schumann oder Schuberts »Nacht und Träume«, das auf Schallplatte erhalten geblieben ist, ebenso wie »Traum durch die Dämmerung« von Richard Strauss. Auch das Wiegenlied »Schlaf ein, schlaf ein« zählte zu seinen täglichen Übungsstücken. Auf seine abendlichen Auftritte bereitete er sich stets sorgfältig vor.

»Mein Mann beschäftigte sich den ganzen Tag mit dem, was er abends vorhatte. An dem Tag, an dem er Oper oder Konzert hatte, da gab es nichts anderes als Einsingen, Ruhe, mit der Partie sich beschäftigen und geistig darauf einstellen. Man singt sich anders ein, wenn man Mozart singt als wenn man eine schwere Sache singt, oder man singt sich anders ein für einen Liederabend, eine Dichterliebe«, berichtete Frau Anders über diese Arbeit. An Hand des Terminkalenders listete sie einmal auf, was ein Sänger leisten muß, der Oper, Operette, Konzert, Lied und im Rundfunk singen muß:

»1. Tag	Hamburg, »Die Meistersinger«
2. Tag	frei, Flug nach München
3. Tag	München, »Das Land des Lächelns«
4. Tag	München, »Das Land des Lächelns«
5. Tag	München, »Das Land des Lächelns«
6. Tag	frei
7. Tag	Kempten, Liederabend
8. Tag	frei, Fahrt nach Köln
9. Tag	Köln, Schallplattenaufnahmen
10. Tag	Köln, Schallplattenaufnahmen
11. Tag	Köln, Schallplattenaufnahmen

12. Tag	Hamburg, »Othello«
13. Tag	frei
14. Tag	Hamburg, »Pique Dame«
15. Tag	frei
16. Tag	frei
17. Tag	frei
18. Tag	Krefeld, »Requiem«
19. Tag	Krefeld, »Requiem«
20. Tag	Gladbeck, »Requiem«
21. Tag	Gladbeck, »Requiem«.

Das ist natürlich nicht einfach, sich von einem auf den anderen Tag umzustellen und sich auch stimmlich darauf einzustellen. Das ist eben das Schwierige bei einem Sänger, der eine große Palette hat oder der viele Sachen nebeneinander setzen muß. Es wurde ihm nie zuviel, er sang so gerne.«

Der Publizist Josef Müller-Marein hat einmal das Wesen von Peter Anders so charakterisiert: »Man sah ihn auf der Bühne, und man hatte das Gefühl, er war ›da‹!« Diese Einschätzung hat Frau Anders bestätigt: »Er war immer ›da‹, ob er Lieder sang oder auf der Bühne stand oder ob er mit seinen Kindern an der Ostsee war, er war immer ›da‹. Und zwar ganz genau konzentriert auf das, was er gerade vorhatte oder zu tun hatte.«

Trotz aller Besessenheit und trotz allen Arbeitseifers achtete Peter Anders aber auch auf ausreichende Erholungsphasen, nicht nur für die Stimme. Er war vom Grunde her gegen Festspiele, die ja meistens in die Ferienzeit der Theater- und Opernhäuser fielen, in der man sich eigentlich erholen sollte. Ferien hat Peter Anders immer sehr ausgiebig gemacht. Das ließ er sich in seine Verträge schreiben. So konnte er später, als der Festspielbetrieb auch für ihn nicht mehr zu vermeiden war, auch während der Saison Urlaub machen. 1953 fuhr er im Oktober in den Süden, in die Sonne, nach Capri. Hieran erinnerte sich Frau Anders später insbesondere auch deshalb sehr gut, weil ihr Mann nach kurzer Zeit keine Ruhe mehr gab und arbeiten wollte. »Mein Mann hat es nicht sehr lange ohne Singen ausgehalten. Wenn wir irgendwo waren, suchte ich einen würdigen Platz, wo wir dann wieder irgendetwas vorbereiten mußten. Ich entsinne mich sehr genau an einen Ferienaufenthalt im Oktober. Es war nach sämtlichen Festspielen, und wir fuhren nach Capri. Da hatten wir ein schönes Haus ausfindig gemacht, wo wir jeden Nachmittag von 4 bis 6 Uhr Lieder gearbeitet haben.«

Der Arbeitseifer, aber auch die Besonnenheit, die Stimme nicht zu überstrapazieren, haben sicherlich zu der großartigen Entwicklung des anfänglich buffonesken Tenors zu einem metallisch-strahlenden Heldentenor beigetragen. Auch in der Nachbetrachtung ist diese stimmliche Entwicklung und der so vollendet gelungene Fachwechsel noch als Wunder zu bezeichnen.

Im September 1953, ein Jahr vor seinem Tode, gab Peter Anders ein Konzert in Hannover. Der Kritiker der Norddeutschen Zeitung, Gerhard Schulz-Rehden, befaßte sich damals ausführlich mit dem Stimmphänomen Peter Anders. Seine

Worte beschreiben in treffender Weise die einzigartige künstlerische Laufbahn, die Peter Anders vergönnt war. Schulz-Rehden, der »bei dem heutigen Durchschnitt unserer Tenöre eine solche Erscheinung wie Peter Anders fast als Wunder« bezeichnete, schrieb: »Wie zielstrebig von diesem Sänger an seinen reichen Mitteln weitergearbeitet wurde, das ist bereits unbeschreiblich, aber wie der leichte ›Lyrische‹ sich jetzt fast zum schweren ›Helden‹ wandelte (ohne daß sein schönes Piano auch nur etwas an Schmelz verlor!), das ist so einzigartig, daß niemand es glauben würde, der es nicht wissend miterlebt hat.«

Der Opernsänger

Man dürfte in der modernen Operngeschichte kaum einen Tenor finden, der in drei Bereichen seiner Stimmlage auf der Bühne gestanden und hohen und höchsten künstlerischen Ansprüchen gerecht werdende Leistungen erbracht hat, wie es bei Peter Anders der Fall war: er sang als Buffo, im lyrischen Fach und im schwereren Fach in den heldischen Rollen der Italiener und Wagners.

Als Tenorbuffo, seiner kürzesten Laufbahn, sang er nur zu Beginn seiner Bühnentätigkeit in Heidelberg, und zwar beschränkt etwa auf ein halbes Jahr. Der Pedrillo und der Jaquino waren seine ersten Bühnenrollen überhaupt. Er hat sie später nur noch einmal für die Schallplatte bzw. den Rundfunk gesungen. Dazu kam der Georg in »Waffenschmidt«.

Schon in der zweiten Hälfte seiner Heidelberger Zeit vollzog er mit dem Nureddin im »Barbier von Bagdad« und mit Linkerton den Übergang zum lyrischen Tenorfach. Hiermit begann sein steiler Aufstieg über Darmstadt, Köln, Hannover und München bis hin nach Berlin, Dresden und zu den Salzburger Festspielen. Als Mitglied der Berliner Staatsoper wurde er in den vierziger Jahren zum »besten lyrischen Tenor deutscher Zunge«, wie es Friedrich W. Pauli einmal formuliert hat.

Da sich seine Stimme immer weiter entwickelte und immer schwerer und metallischer wurde, kam es 1948/49 zum Wechsel in das schwerere Fach. »Ich komme mir vor wie ein Anfänger«, hat er einmal während dieser Hamburger Jahre zu seiner Frau gesagt, obwohl er weiterhin Linkerton, Cavaradossi und Tamino sang und auch vom Stimmlichen her noch singen konnte.

Denn das war ja das Verblüffende an seinem Fachwechsel, daß er nicht nur die neuen »metallischen« Helden singen, sondern auch immer wieder zu den »alten« lyrischen Gestalten der Oper zurückkehren konnte, die ihn einst groß gemacht hatten, etwa zum Hans in der »Verkauften Braut« in Wien.

Peter Anders hat bereits sehr früh seine eigene Vorstellung über seine Laufbahn als Opernsänger entwickelt. An der Musikhochschule in Berlin hatte er – obwohl seine Stimme damals diesen Anforderungen noch nicht entsprach – den Max, den Faust, den Hoffmann vorstudiert, neben Lyonel, Belmonte und Ferrando. Ihm schwebte damals schon der Sprung ins lyrische und ins Kavaliers-Tenorfach vor. Aus seinem Schriftwechsel mit Clemens Krauss im Zusammenhang mit seinen Vertragsverhandlungen für München geht hervor, daß er z. B. unter »Spieltenor« keinesfalls buffoähnliche Partien, auch nicht Rollen des großen Tenor-Buffos, wie David, Georg oder Jaquino, verstanden wissen wollte. Auch wollte er diese Partien nicht singen. Darin hätte eine Gefahr für ihn liegen können, auf solche Rollen festgelegt zu werden. Das wollte er auf alle Fälle vermeiden.

Um seine Absichten auch ernsthaft zu untermauern, sang er im Rundfunk und auf Schallplatte schon sehr früh schwerere Tenorpartien. Er strebte dies auch bereits auf der Bühne an, doch hier blieb es zunächst beim Cavaradossi.

Heinz Tietjen hat ihn vor einem zu frühen Fachwechsel bewahrt: »Sie werden es heute vielleicht nicht glauben, und jetzt kann man das alles leicht sagen, aber ich habe damals schon gewußt, daß Anders ausgezeichnet Mozart singen konnte, sicher aber später ein ausgezeichneter Heldentenor werden würde. Damals war die Zeit noch nicht reif dafür. Stellen Sie sich vor, Anders hätte als, sagen wir, Lohengrin mit Franz Völker und Marcel Wittrisch oder als Stolzing mit Lorenz und Suthaus konkurrieren müssen. Er hat das alles schon singen wollen, und vielleicht hätte er es auch gekonnt. Aber ich habe immer gedacht, lieber ein paar Jahre länger lyrische und Spielpartien, Heldenrollen kommen für die meisten Sänger ohnehin viel zu früh. Darum hat er bei mir nicht Erik und Lohengrin, sondern Tamino und Ero gesungen, und weil er ein hinreißend beweglicher Schauspieler war, wurde sein Hans in der ›Verkauften Braut‹ ein besonderer Erfolg.«

Auch wenn Peter Anders, dessen Stimme in Berlin bereits an metallischer Durchschlagskraft gewonnen hatte, schon früh auf einen Wechsel in das schwerere Fach drängte, so hat doch kaum ein Sänger ein derartiges Maß an Selbstkritik und Selbstdisziplin aufgebracht wie er. Er wußte seine Stimme stets seiner Aufgabe gemäß einzusetzen, hat auch in seinen reifen Jahren immer wieder an der Entwicklung seiner Stimme gearbeitet, immer wieder versucht, noch perfekter und vollkommener zu werden. Er arbeitete wie ein Besessener, und seine Frau hat diesen Arbeitseifer einmal beschrieben:

»Mein Mann übte täglich und hat es auch in den Ferien nie lange ohne Singen ausgehalten. Eigentlich dauerte es nur so acht Tage, bis er sagte: ›Du, jetzt muß ich wieder singen, jetzt muß ich wieder etwas tun und arbeiten.‹ Er war im Grunde dagegen, ganz auszusetzen, weil es doch nach den Ferien mit den ›Meistersingern‹ oder etwas Großem gleich wieder losging. Das kann man nicht plötzlich und untrainiert tun. Man kann nicht einfach von den Ferien kommen, auf die Bühne gehen und eine große Partie singen.«

Das Ergebnis seiner intensiven Arbeit zeigt sich auch an der Zahl der Partien, die er im Laufe der Jahre einstudiert hat. Am Ende seiner so jäh unterbrochenen und beendeten Bühnenlaufbahn verfügte er über ein Repertoire von 82 Opernpartien. Davon hat er sieben vollständige Opern für den Rundfunk gesungen, ohne diese Rollen auch auf der Bühne verkörpert zu haben.

Bei allen seinen Rollen, die er seit der Hochzeit mit Susi Gmeiner einstudiert hatte, war seine Frau seine Begleiterin, Korrepetitorin und Kritikerin. Er übte zuerst alle Rollen mit ihr ein und ging erst zu den Ensembleproben in die Oper.

Seiner Stimme ordnete Peter Anders alles unter, er verzichtete auf manche Annehmlichkeiten des Lebens, übte strenge Disziplin. »Ein Sänger muß wie ein edles Rennpferd behandelt werden und nicht wie ein Ackergaul«, pflegte er zu seiner Frau zu sagen.

Frau Anders selbst erinnerte sich nur an ganz wenige Abende, an denen ihr Mann hundertprozentig zufrieden war. »Er war selber eigentlich sehr oft gar nicht zufrieden. Ich weiß, daß es ganz seltene Abende, in all den Jahren vielleicht drei oder vier Abende gab, daß er sagte: ›Also heute hab ich so gesungen, wie ich's kann‹.«

Dies bedeutete aber nicht, daß Peter Anders nicht von seinem Können überzeugt gewesen wäre. Er hatte ein sehr selbstbewußtes Auftreten, und er war sehr selbstsicher, wenn er an seine sängerischen Leistungen heranging. Auch sein kühner Streit als junger Opernsänger mit dem allgewaltigen und mächtigen Münchener Opernchef Clemens Krauss zeugt von diesem Selbstbewußtsein.

Die jahrelange Bühnenerfahrung und das Wissen, daß er seine meisterhaft geschulte Stimme jederzeit im Griff hatte, sein angeborenes Instrument also beherrschte, und das Bewußtsein, jede ihm gestellte Aufgabe lösen zu können, gaben ihm diese Sicherheit.

Über seine Auftritte gab er sich in seinen Kalendern hin und wieder auch Noten, wie auch übrigens Erna Berger. Da vermerkte er dann »Außerordentlich« (André Chenier), »Prima«, sogar »Oberprima« (Othello in Berlin), aber auch »leicht indisponiert«. Er wußte, was er konnte und daß er es gut konnte, und danach hat er seine gesamte Laufbahn ausgerichtet.

Viele Sänger haben versucht, vom lyrischen in das schwere Tenorfach zu wechseln. Die Operngeschichte kennt kaum einen, bei dem dieser Wechsel von Erfolg gekrönt war. Fast alle sind gescheitert. Keinem Sänger ist der Wechsel so gelungen, wie Peter Anders. Der strahlende Tamino der Salzburger Festspiele 1941 war zehn Jahre später der umjubelte Stolzing bei den Jahrhundertfestspielen in London, der schmachtende Rudolf 1941 in Wien ebenfalls zehn Jahr später an gleicher Stelle ein sensationeller Othello. Welcher Sänger kann eine solche Karriere vorweisen, vom buffonesken Pedrillo zum metallisch-strahlenden Mohren von Venedig, vom schüchternen Jaquino zum heldischen Florestan oder Siegmund?

Natürlich stellt sich bei einem Opernsänger die Frage nach seiner Lieblingsrolle. Peter Anders hat nach Aussage seiner Frau keine solche Lieblingsrolle gehabt. »Die Rolle, die er gerade sang, war die schönste, denn er war auf diese Rolle völlig eingestellt und hatte nichts anderes im Sinn«.

Dennoch hatte von den Partien in seiner Zeit als lyrischer Tenor zweifellos der Tamino für ihn eine herausragende Bedeutung. Nach seinem Fachwechsel waren besonders gern gesungene Rollen der Florestan, Max und Bajazzo.

»Aber das große Ereignis für ihn war der Othello. Eine Rolle, die ihm irgendwie auf den Leib geschrieben war«, so die Meinung von Frau Anders über die Bedeutung seiner letzten Bühnenrolle.

Keine der von Peter Anders verkörperten Operngestalten hat die Laufbahn dieses Sängers so »begleitet« wie der Tamino, vielleicht noch der Linkerton. Außer in Heidelberg, hat Peter Anders diese Rolle an allen Bühnen gesungen, an denen er verpflichtet war. Der Tamino war über die Zeit seiner Laufbahn als lyrischer Tenor hinaus die zentrale Figur in seinem gesamten Sängerdasein. Peter Anders und Tamino waren viele Jahre lang ein untrennbarer Begriff auf deutschen Opernbühnen.

Zum idealen Tamino entwickelte sich Peter Anders in München. Unter der Regie von Rudolf Hartmann und unter dem Dirigenten Clemens Krauss wurde Peter Anders mit seinem frei und klar strömenden Tenor *der* Tamino schlechthin. Über seinen Münchener Tamino jubelte ein Kritiker aus Hannover geradezu euphorisch: »Peter Anders ist das Phänomen eines jugendlich-deutschen Tenors; wenn sonst von Gold, kann man hier von Platin der Stimme sprechen!«

Alle Kritiker, ja jeder, der Peter Anders als Tamino auf der Bühne erlebt hat, lobten den edlen Schmelz seines Tenors, die schöne, klare, deutliche Aussprache, die Charakterisierung der Figur als eine Einheit von Gesang und Darstellung. Ein großer Wunsch blieb Peter Anders unerfüllt: zur Einweihung der wiederaufgebauten Staatsoper in Hamburg seine Paraderolle, den Tamino, zu singen.

»Der Glanz und die Leichtigkeit seiner Belcanto-Technik machten ihn zu dem berufensten Mozartinterpreten«, urteilte der Kritiker Heinz Joachim über den Mozartsänger Peter Anders. Die Mozartfiguren Tamino, Belfiore und Ferrando hatte Peter Anders bereits erfolgreich verkörpert, als er 1939 in München in der Hartmann-Inszenierung unter dem Dirigenten Bertil Wetzelsberger erstmals den Belmonte sang. Ein Jahr später inszenierte Wolf Völker die Oper in Berlin, und Anders, noch nicht festes Mitglied im Ensemble der Staatsoper, sang, zusammen mit Erna Berger, einen berückenden Belmonte. So wie Peter Anders und Maria Cebotari als Maler Rudolf und Blumenmädchen Mimi in »La Boheme«, wurden Erna Berger und Peter Anders in Berlin nahezu ein Jahrzehnt lang das Idealpaar Constanze/Belmonte.

Eine weitere, von Peter Anders angestrebte Mozartpartie, den Don Ottavio in »Don Giovanni«, hat er auf der Bühne nie verkörpert, dafür aber auf der Schallplatte mit den Arien »Folget der Heißgeliebten« und »Nur ihrem Frieden«, 1935 aufgenommen, ein Beispiel meisterhaften Mozartgesangs gegeben.

Weit häufiger als den Tamino hat Peter Anders in seiner Laufbahn den Linkerton (neuerdings auf den Programmzetteln der Opernhäuser der Urfassung entsprechend als »Pinkerton« bezeichnet) gesungen. Außer in Darmstadt und Köln hat er diese Partie an allen Bühnen verkörpert, an denen er engagiert war. Der Linkerton war die Operngestalt, die er am häufigsten überhaupt auf der Bühne dargestellt hat, insgesamt über hundert Mal.

Der Glanz seiner Stimme und die Gestaltung dieser Partie sind dokumentiert in einer Rundfunkaufnahme vom April 1952 beim Südwestfunk Baden-Baden unter Otto Ackermann, zusammen mit der damals noch sehr jungen Sena Jurinac. Der Belcanto-Gesang von Peter Anders macht diese Aufnahme zu einem großartigen Zeugnis »seines« Linkerton.

Eine der am meisten gesungenen Partien in Berlin war für Peter Anders der Alfred in »La Traviata«. In drei verschiedenen Inszenierungen in Berlin, erstmals als

Gast 1937 unter Irene Eden und Johannes Schüler, dann 1943 und 1946 jeweils mit Wolf Völker und Schüler, hat Peter Anders den Alfred verkörpert. Meist waren Erna Berger und Maria Cebotari seine Partnerinnen als Violetta. Er beeindruckte jeweils durch seinen jugendlich-lyrischen Tenor und sein frisches und glaubwürdiges Spiel und wurde von den Kritikern als Alfred par excellence gelobt.

Seine blendenden Tenormittel veranlaßten natürlich auch Schallplattenfirmen und Rundfunk, die Rolle des Alfred mit Peter Anders festzuhalten. Telefunken nahm vor dem Kriege einen sehr schön gelungenen Querschnitt auf. Bei der Deutschen Grammophongesellschaft sang er die Arie »Ach, ihres Auges Zauberblick« unter Leopold Ludwig sowohl in deutscher wie auch in italienischer Sprache. Die beiden Aufnahmen gehören mit zu den schönsten, die Peter Anders für die Schallplatte gesungen hat. Wer vor allem die italienische Fassung hört, spürt den Zauber des Belcanto und begreift, warum man Peter Anders einen »italienischen« deutschen Tenor genannt hat.

Den Wechsel in das heldische Fach vollzog Peter Anders in Düsseldorf mit dem Alvaro in »Die Macht des Schicksals« und in Hamburg mit dem Florestan in »Fidelio«.

Mit seiner Interpretation des Florestan, die in der berühmten Kerkerarie mit dem strahlenden metallischen Glanz, einer erstaunlichen Biegsamkeit und Geschmeidigkeit, sowie einer einmaligen Atemtechnik den virtuosen Gesangskünstler offenbarte, wurde Peter Anders sehr schnell ein begehrter Vertreter für diese Rolle im In- und Ausland.

Schon 1948, noch vor seinem Bühnendebüt, hatte Peter Anders den Florestan in einer Gesamtaufnahme für den Norddeutschen Rundfunk unter Hans Schmidt-Isserstedt gesungen. Später kam die Florestan-Arie »Gott, welch Dunkel hier« bei der Schallplattenfirma Electrola mit Arthur Rother und beim Südwestfunk Baden-Baden mit Otto Ackermann hinzu.

Es gibt kaum Aufnahmen anderer Tenöre, die derart zeitlos gültig sind wie der Florestan von Peter Anders. Aller strahlender Glanz, alle Gesangskunst zeigen sich am Beispiel dieser Tondokumente, und man kann erahnen, mit welcher Meisterschaft dieser auch darstellerisch so hochbegabte Sänger die Partie auf der Bühne gestaltet hat.

Von den neuen heldischen Rollen gehörte der Walther von Stolzing (»Die Meistersinger von Nürnberg«) neben Florestan und Othello zu den erfolgreichsten Partien von Peter Anders.

Seine größten Erfolge als Stolzing erlebte Peter Anders in Wien, London und Edinburgh. In London, bei den Jahrhundertfestspielen 1951, feierte er in der Tietjen-Inszenierung unter Sir Thomas Beecham einen seiner größten Triumphe seiner Laufbahn. Auch ein Jahr später, beim Gastspiel der Hamburger Oper beim Edinburgh-Festival 1952 wurde er von der Kritik besonders gelobt.

Peter Anders war als Wagnersänger noch nicht am Ende seines Weges angelangt. Obwohl er nicht zu den »Stimmgewaltigen« gehörte und seine vom Lyrischen herkommende Stimme daher überlegter und rationeller einsetzen mußte, glänzte er in den hohen Tönen, die ja sonst den Heldentenören häufig zu schaf-

*Als Walther von Stolzing
in »Die Meistersinger«*

fen machen, mit leuchtender Strahlkraft. Seine meisterhaft geschulte Stimme
und sein kultivierter Gesangsstil ließen ihn zu einem »Belcantisten« unter den
Wagnersängern werden. Wer heute Aufnahmen mit anderen Wagner-Heroen,
etwa Windgassen, Kollo oder Hofmann vergleicht, hört, daß Peter Anders keiner kraftvollen Anläufe und mächtiger Anstrengungen bedurfte. Seine stimmlichen Mittel und seine Gesangstechnik erlaubten es ihm wie keinem anderen,
Wagner im Belcanto-Stil zu singen, wie ihm vor allem auch die Kritiker in Wien
und bei seinem letzten Auftritt als Stolzing bei den Münchener Opernfestspielen 1954 bestätigten. Und gerade dieses »Schönsingen« eröffnete ihm eine Karriere als Wagnertenor, die alles bisher Dagewesene hätte in den Schatten stellen können.

Sein mit weltschmerzlichem Ton gesungener Lohengrin im Rundfunk, ein un-
geheuer strahlkräftiger Siegmund in »Walküre« wiesen den Weg nach Bayreuth.
Hier sollte er als Stolzing, Lohengrin und Parsifal auftreten. Im Rundfunk gab es
ein Projekt einer Gesamtaufnahme von »Tristan und Isolde« mit Peter Anders und
Astrid Varnay. Aber es sollte alles nicht mehr sein. Der Unfalltod beendete jäh
eine Laufbahn, die ihren Zenit längst noch nicht erreicht hatte.

Hans Knappertsbusch brach bei der Übermittlung der Todesnachricht eine Probe in München abrupt ab und sagte zu den Sängern und Orchestermitgliedern: »Sie wissen, ich neige nicht zu großen Worten. Aber glauben Sie mir: Mit dem Tode dieses Sängers beginnt das Ende einer Ära: In zwanzig Jahren wird es keine Heldentenöre mehr geben. Schade, daß ich Anders als Parsifal nicht mehr erleben durfte – nächstes Jahr wollte ich ihn damit nach Bayreuth bringen. Sie werden sich später einmal meiner Worte erinnern, wenn man Wagners und Verdis Opern spielen wird, ohne sie entsprechend besetzen zu können. Ich bin zufrieden, daß ich das nicht mehr erleben werde.«

Der Wechsel vom lyrischen ins schwerere heldische Fach bereitet jedem Sänger stimmliche Probleme. Als Anders 1948 nach den Entbehrungen und Strapazen der ersten Nachkriegsjahre, der schlechten Ernährung und den Aufregungen nach der Berlin-Blockade und der Währungsreform nach Hamburg kam, machten sich zusätzlich auch die widrigen äußeren Umstände auf den Zustand seiner Stimme bemerkbar. Er war zunächst ohne Wohnung und von der Familie getrennt; dies alles wirkte sich nicht gerade positiv auf das sensible Organ des Sängers aus.

In dem Buch »Die Hamburgische Staatsoper 1945 – 1988 – Nachkrieg und Gegenwart« werden die stimmlichen Probleme des Tenors Peter Anders erwähnt. Clara Ebers, Mitglied des Hamburger Ensembles, hat sich dazu geäußert, daß sie in den letzten Aufführungen, die sie mit Peter Anders gesungen hat, das deutliche Gefühl gehabt habe, daß der Tenor von Peter Anders viel organischer im Sitz, deutlich weniger forciert als sonst geklungen habe. Wahrscheinlich hat Clara Ebers, die zum Zeitpunkt dieses Interviews bereits in hohem Lebensalter stand, die ersten Hamburger Jahre von Peter Anders mit seinen letzten Jahren verwechselt. Denn alle vorliegenden Kritiken – auch Hermann Prey – besagen das Gegenteil von der Ebers'schen Aussage. Schon nach seinen konzertanten Alvaro- und Radames-Partien in Hamburg im August 1949 lobte die Presse den Sänger, »der alle Stimmkrisen überwunden zu haben scheint«, und nach seinem Rollendebüt als Don José Ende 1949 jubelte die Hamburger Presse mit der schon erwähnten Schlagzeile »Peter Anders redivivus«. Spätestens seit seinem glanzvollen Debüt 1950 als Othello und wenig später als Stolzing gab es nicht mehr die Spur einer Stimmkrise bei Peter Anders. Seine großen Erfolge als Heldentenor in Wien, London, Edinburgh, Berlin und München wären sonst auch gar nicht denkbar gewesen.

Vielleicht war Clara Ebers auch nur deshalb zu diesem Eindruck gelangt, weil Peter Anders in den letzten Vorstellungen als André Chenier und Bacchus besonders schön gesungen hatte. »Strahlend wie selten schwebte die Stimme von Peter Anders durch das Theater am Besenbinderhof. So schön wie selten sang er den Bacchus«, schrieb ein Kritiker über seinen letzten Auftritt.

>>Freut euch alle!
Dem stolzen Türken haben die Fluten dort
ein weites Grab gegraben.
Was den Waffen entrann,
ertrank im Meere.«

*Die letzte Privataufnahme
1954*

Mit diesem fanfarenhaft ausgestoßenen »Esultate« gleich zu Beginn der Oper bei Othellos Ankunft begann die große Karriere des Heldentenors Peter Anders. Sein Auftritt als Othello 1950 in der Hamburgischen Staatsoper war ein sensationell erfolgreiches Rollendebüt, wie es die deutsche Opernwelt wohl nur ganz selten erlebt hat.

Trotz Florestan und Stolzing und der vielen anderen großen Rollen, die Peter Anders auf Europas Opernbühnen erfolgreich gesungen und dargestellt hat, ist der Othello für ihn selbst wohl der größte persönliche künstlerische Erfolg gewesen. Ungläubig hatte die Fachwelt aufgehorcht, als Peter Anders am Himmelfahrtstag 1950, dem 18. Mai, mit dem Othello den Durchbruch zum großen Menschengestalter schaffte. Die Opernkritik ist mit Schlagworten sehr vorsichtig und in der Bewertung künstlerischer Leistungen seriöser als etwa die Sportpresse, aber nach diesem Rollendebüt scheute sich kaum einer der ehrwürdigen Kritiker, von einer »Sensation« zu sprechen und zu schreiben. Fürwahr, was Peter Anders als Othello gesanglich und schauspielerisch geboten hatte, sprengte bei vielen Fachkritikern die Vorstellungskraft, denn eine solche Entwicklung hatten sie dem jungenhaften, lustigen Hans in der »Verkauften Braut« oder dem vom Rundfunk her bekannten Operetteninterpreten nie und nimmer zugetraut.

Anders und Rennert hatten sich – ebenso wie Frau Anders als Korrepetitorin – mit dieser gewaltigen Partie intensiv auseinandergesetzt. Peter Anders gelang mit dieser Rolle der Durchbruch zum international anerkannten Heldentenor. An der Berliner Staatsoper feierte er im Dezember 1953 in dieser Rolle einen besonderen Erfolg. »Der Morgen« schrieb über seinen Othello:

»Von allen Vertretern der Othello-Partie, die wir in den letzten Jahren in Dresden und Berlin hatten, muß man von der gesanglichen Anlage her Peter Anders, der jetzt in der Staatsoper gastierte, den Vorzug geben. Er singt diese große italienische Tenorpartie in allen Lagen und sämtlichen dynamischen Bereichen mit einem glänzenden stimmlichen Adel, dessen Besitz heute so selten geworden ist. Die heldische Kraft seines ersten Auftritts verliert er nicht bis zum letzten Atemzug, sein Organ ist ebenso weich und schmiegsam, wie es zu strahlenden Höhepunkten, die durch das stärkste Orchester dringen, jederzeit in der Lage ist. Selten ist einem lyrischen Tenor (Anders war ja einer der hervorragendsten Vertreter dieses Fachs) ein so müheloser Übergang ins heldische Fach gelungen.«

Mit Rudolf Bing liefen Verhandlungen über ein Othello-Gastspiel an der New Yorker Metropolitan Opera. Der Unfalltod setzte auch diesen Plänen ein Ende.

Frau Anders hat sich nach dem Tode ihres Mannes über die Bedeutung des Othello in der Laufbahn von Peter Anders so geäußert: »Wenn ich so zurückdenke an all die Bühnenrollen, die mein Mann gesungen hat, so sehe ich ihn nicht als Traviata-Alfred oder als Rudolf, sondern ich sehe ihn in einer für uns beide sehr wesentlichen Partie: als Othello.

Es war noch nie dagewesen während unserer ganzen Zusammenarbeit, daß ich Generalproben nicht sah oder letzte Proben nicht sah. Aber bei diesem Othello bin ich nicht in die Garderobe gegangen und habe vom Zuschauerraum den Auftritt meines Mannes zum ersten Mal gesehen. Und als ich meinen Mann da oben als Othello singen und spielen sah, hatte ich wirklich das Gefühl, daß es ein absoluter künstlerischer Höhepunkt in seinem ganzen Leben war.«

Der Konzertsänger

Der Konzertsänger Peter Anders war dem Opernsänger ebenbürtig.

»Wenn ich Lieder singe, geht es um mehr, als nur meine Gesangstechnik herauszustellen, mit schönen hohen Tönen zu glänzen und – wie man so sagt – über die Rampe zu kommen. Wer Lieder singt, schreitet einen ganzen Kosmos ab. Jedes Lied, und wenn es nur aus einem einzigen Zitat besteht – hat mehr Aussagekraft als manch' ganzes Opernwerk. In sechzehn oder zweiunddreißig Takten eines Schumann-Liedes liegt häufig mehr an Musikalität als in einem hochdramatischen Bühnenwerk Wagnerscher oder Strauss'scher Provenienz. Wenn ich meinen Zuhörern ein Lied vortrage, ganz gleichgültig welches, hat mich mein Publikum mit Haut und Haaren. Kein Orchester kann eine winzige Ungereimtheit zudecken; ich werde nur – und bisweilen auch das nicht einmal – vom Klavier her

getragen. Ich muß alles anbieten: Technik, Glanz, Atmosphäre, Wortgestaltung ...
Kurzum: Ich muß in jede Silbe hineinkriechen, ich muß mich mit ihr so identifi-
zieren, daß sie mein Herzschlag wird. Nur so kann ein Lied lebendig werden. Wer
Lieder singt, darf nicht nur singen: Er muß im Singen leben!«

Das sind Gedanken, die Peter Anders zu seinem Liedgesang geäußert hat.

Manche Kritiker haben den fröhlich-optimistischen Peter Anders als Liedersänger anfangs nicht ernst genommen. Wie auch sollte dieser jungenhafte,
immer strahlend lachende Mann, der als Operettensänger im Rundfunk einem
großen Publikum bekannt war, Lieder singen, vielleicht gar noch Schuberts dü-
stere »Winterreise«? Erst wenn sie Peter Anders auf dem Konzertpodium als
Sänger erlebt hatten, wie er sich ernsthaft und intensiv mit dem Inhalt eines Liedes, seines Textes und seiner Musik, kurzum mit seinem gesamten geistigen Gehalt auseinandersetzte, dann bescheinigten sie ihm eine Interpretation von
hohem künstlerischen Rang.

Die Stimme von Peter Anders eignete sich besonders für die jubelnden und op-
timistischen Strauss-Lieder. »Ein Ton von ihm, und die Sonne geht auf«, hatte ein
Kritiker ihn einmal charakterisiert. Und auch für seine Kollegin an der Berliner

Der Konzertsänger

Staatsoper, Rita Streich, hatte keiner ihrer Tenorpartner, die ihr in ihrer Karriere begegnet sind, solche »Sonne in der Stimme«. Diesen strahlenden Glanz in der Stimme nutzte Peter Anders dazu, bei seinen Konzerten häufig nicht nur Lieder, sondern auch Opernarien darzubieten, in denen er die besondere Strahlkraft seines Tenors entfalten konnte. Häufig hat er seine Konzerte auch dazu genutzt, Arien aus neuen Rollen, die er auf der Bühne noch nicht gesungen hatte, gewissermaßen »auszuprobieren«.

Peter Anders hat auf dem Konzertpodium aber nicht nur Lieder und Opernarien gesungen, sondern auch Oratorien, sinfonische Gesangsstücke und reine Konzertarien. Auch in solchen schwierigen Darbietungen, wo ihm die Möglichkeiten fehlten, die Gesangsnummern darstellerisch zu unterstützen, hat er nach Auffassung der Fachleute meisterhafte Leistungen dargeboten.

Während seines Engagements in Hannover unternahm Peter Anders zahlreiche Reisen nach Berlin, um hier bei seiner Schwiegermutter Lula Mysz-Gmeiner Lieder zu studieren. Er beantragte dazu, auch noch später, als er in München engagiert war, jedesmal Sonderurlaub für »Studienzwecke«. In Berlin wohnte er dann im Hotel Central.

Frau Anders, die meist mit dabei war, berichtete über diese Zeit der Zusammenarbeit:

»Ich entsinne mich, daß die beiden sehr intensiv zusammengearbeitet haben. Sie haben sehr viel diskutiert über die Art, wie man Lieder singen sollte. Und mein Mann hat dies ja auch aus großem Herzensbedürfnis getan. Er wollte sehr gerne und viel Lieder singen, und er hat oft geschwankt, auch später, ob er nicht zugunsten des Liedes die Oper sein läßt, aber auf der anderen Seite war er doch irgendwie zu sehr für die Bühne geboren, um den Operngesang ganz aufzugeben. Aber am Anfang, wenn ich jetzt zurückdenke, als junger Mensch, als er siebzehn, achtzehn Jahre alt war, da sang er zu Hause mit einem Freund, und da war es das Lied, womit er anfing, das war seine erste Begegnung überhaupt mit dem Singen.«

Zu den Liedkomponisten, die Peter Anders in jungen Jahren besonders schätzte, gehörte Johannes Brahms. Diese »Liebe« hat bis zuletzt gedauert, denn Brahms-Lieder gehörten während seiner gesamten Laufbahn zu seinem Repertoire. Dazu kamen natürlich die Lieder von Schubert und Schumann, bald auch von Hugo Wolf. Der Liederzyklus »An die ferne Geliebte« von Beethoven war eines seiner Standardwerke.

Anfang 1940 kam es in Berlin zu einer ersten Begegnung mit Michael Raucheisen. Es war eine für Peter Anders außerordentlich wichtige Bekanntschaft, durch die sein Stil, Lieder zu singen, entscheidend mitgeprägt wurde.

Michael Raucheisen, in München Schüler von Felix Mottl, spezialisierte sich nach einer Tätigkeit als Korrepetitor an der Münchener Staatsoper auf das Klavierbegleiten. Schon bald traten die berühmtesten Sänger mit ihm auf, wie Sigrid Onegin, Claire Dux, Selma Kurz, Lula Mysz-Gmeiner, Leo Slezak, Tito Schipa und Maria Ivogün, die seine Frau wurde. Er siedelte dann nach Berlin über und wurde hier *der* Klavierbegleiter schlechthin. In Berlin arbeitete er im Reichsrundfunk an dem Projekt »Lied der Welt«, bei dem er eine Edition des deutschen Liedes mit den dazu passenden Sängern aufnehmen wollte.

Frau Anders hat die gemeinsame Arbeit ihres Mannes mit Michael Raucheisen als »fruchtbare Zeit« bezeichnet:

»In den Kriegszeiten hatten wir viel mehr Zeit, uns dem geliebten Lied zu widmen. Und in dieser Zeit arbeitete mein Mann sehr viel mit Michael Raucheisen zusammen, der ihn damals auch bei vielen Konzerten begleitet hat. Raucheisen hatte ein beeindruckendes Wissen um das gesamte Lied-Repertoire. Er und mein Mann suchten unendlich viele unbekannte Sachen aus und nahmen sie auf. Wir kriegten dauernd Noten geschickt und haben Sachen vorbereitet. Ich entsinne mich an die Schumann-Duette mit Tiana Lemnitz, bei den Aufnahmen, ich war natürlich immer dabei, daß wir alle sehr fröhlich waren, daß es eine glückliche Stimmung war, als diese Lieder ›drin‹ waren.

Ich kannte Raucheisen schon aus meinem Elternhaus. Er war vor und nach dem Ersten Weltkrieg der langjährige Begleiter meiner Mutter, der Kammersängerin Lula Mysz-Gmeiner. 1940 zogen wir nach Berlin. Mein Mann hatte damals sein Engagement als lyrischer Tenor an der Berliner Staatsoper anzutreten, und es ergab sich auch zwischen Peter Anders und Raucheisen eine fruchtbare Zeit gemeinsamer Arbeit für Konzerte und Rundfunkaufnahmen. Die besondere Begabung von Michael Raucheisen lag darin, Sänger psychologisch zu motivieren, seine eigene Auftrittsnervosität hinter einem liebenswürdig gewinnenden Wesen zu verbergen und – neben seinem pianistischen Können – fehlerlos vom Blatt zu transponieren.

Für mich, die ich die ständige Korrepetitorin und Beraterin meines Mannes war, bedeuteten die Kriegsjahre eine Zeit der stillen, ungestörten Arbeit am Opern- und Liedrepertoire. Man ging nicht mehr so viel aus, reiste wenig, und so konnten wir zu Hause studieren. Abende lang. Oft riß uns der Fliegeralarm aus der Welt der ›Winterreise‹, die wir in dieser Zeit anlegten, die ja ein großes Gebirge ist für jeden Sänger, und der Vollalarm überraschte uns, weil wir vorher den Voralarm nicht gehört hatten, weil wir eben so in unserer Arbeit gefangen waren. Viele unbekannte Schumann-Lieder studierten wir für den Berliner Funk ein, an dem Michael Raucheisen künstlerischer Leiter der Abteilung Lied war. Wenn wir dann zu Proben oder Aufnahmen im Funk erschienen, hörte ich zu meiner Freude sogar den großen Michael Raucheisen an schwierigen Passagen üben, die mir verschlossen geblieben waren. Für mich eine unvergeßliche Periode der künstlerischen Entwicklung meines Mannes, zu welcher auch unbedingt der Rat und die Arbeit mit meiner Mutter gehörten, die ebenfalls in Berlin lebte.«

Die Künstler mußten damals bei ihren Liedvorträgen, auch bei der Arbeit an dem Raucheisen-Projekt »Lied der Welt«, sehr darauf achten, daß Lieder mit Texten jüdischer Dichter nicht aufgenommen wurden. So stand vor allem Heine auf der Verbotsliste. Eine Darbietung des Liederzyklus »Dichterliebe« von Robert Schumann war daher nicht möglich, da die Texte von Heine stammen. Dennoch hat Peter Anders in der Kriegszeit zu Hause mit seiner Frau Susi an diesem Werk gearbeitet, das er ja dann gleich nach dem Ende des Krieges am 8. Juli 1945 bei der Heinrich-Heine-Morgenfeier in Berlin darbieten konnte.

Für die damaligen Verhältnisse sensationell ist die Aufnahme des Liedes »Das Fischermädchen« aus Schuberts letztem Werk »Schwanengesang«. Anders nahm den Zyklus 1943 mit Michael Raucheisen im Reichsrundfunk auf. Die Lieder mit den Texten Heines wurden dabei »ausgespart«, bis auf das »Fischermädchen«. Ob die Aufnahme, von der man annehmen kann, daß sie auch über den Rundfunk ausgestrahlt wurde, versehentlich erfolgte oder ob den beiden Künstlern das Risiko bewußt war, kann leider nicht mehr festgestellt werden. Ebenso ist ungeklärt, ob die damals allgegenwärtige Zensur dies übersehen hat oder ob beiden so populären Künstlern dieser »Fehltritt« verziehen wurde.

Mit Michael Raucheisen hat Peter Anders in Berlin nahezu 150 Lieder aufgenommen, dazu zwei komplette Zyklen, »An die ferne Geliebte« und »Die Winterreise«, ein gewaltiges Programm. Neben den Liedern der bei Konzerten »gängigen« Komponisten waren auch seltener gespielte Stücke von Nicolai, von Schillings (Glockenlieder), Pfitzner, Loewe, Marschner und Wetz dabei.

Im November 1947 trat Peter Anders in Berlin erstmals mit Günther Weißenborn auf. Hieraus entstand ebenfalls eine Periode erfolgreichen künstlerischen Schaffens auf dem Liedsektor. Was Michael Raucheisen in den Kriegsjahren, wurde für Peter Anders nun Günther Weißenborn. Die beiden wurden zu einem fast unzertrennlichen Paar, sie gingen häufig auf Konzertreisen und nahmen eine Vielzahl von Liedern für den Rundfunk und für die Schallplatte auf, bis zum Tode des Sängers 1954.

Über die schwierige Zeit nach dem Kriege hat Frau Anders eine Zustandsbeschreibung gegeben: »Nach dem Kriege, da war es eine besonders schwierige Zeit, die sich auch stimmlich bemerkbar machte. Es ist wohl manchem Kollegen auch so ergangen, mit dieser Nervenbelastung des Kriegsendes und der nachherigen Zeit, wo man ohne Wagen, ohne genügend Heizung und mit schlechtem Essen auskommen mußte. Das alles sind Dinge, die für einen Sänger nicht gut sind. Mein Mann sagte immer, es ist schwerer, ein Konzert zu singen als Oper. Man steht vor den Leuten, allein. Man hat an der Oper die Möglichkeit, an einem Abend eine Gestalt in Stunden zu entwickeln, während man beim Lied, wenn Sie an ein kleines Lied denken, in einer oder zwei Minuten etwas darstellen müssen, und zwar mit ganz sparsamen Mitteln. Und das geht nur, wenn man lange daran arbeitet, sich lange damit beschäftigt, Texte liest, allein liest, mit den Noten 'mal ins Bett geht und sich's durchliest, und nicht immer nur singt, sondern sich nur damit beschäftigt, und so von allen Seiten an das Problem herangeht. Und dann mit einem Mal kommt dann der Tag, wo man das Gefühl hat, jetzt hat man ein Stück von einem Lied erobert.«

So schilderte Frau Anders in einem Rundfunkinterview die Arbeit eines Liedersängers. Und sie fuhr fort:

»Man geht bei solchen Studien sehr stark vom Text aus. Das muß sich nachher so überschneiden. Das kommt auch in der Arbeit, daß man allmählich das Tempo, das heute gültige Tempo, findet. Man macht ja doch manches anders, jede Zeit prägt ja doch neu, bei der alten Generation war etwas mehr Pathos. Und jede Zeit muß wieder das finden, was für die jeweilige Zeit der Schubert ist.«

Unter diesen Gesichtspunkten wird verständlich, daß Kritiker bei dem Liedersänger Peter Anders immer wieder die Schlichtheit seines Vortrages lobten, ohne unnötiges umrankendes pathetisches Beiwerk. Die geistige Auseinandersetzung mit dem Werk, das er vortrug, verhalf Peter Anders zu seinen Erfolgen gerade als Liedersänger, die ihn - auch nach Meinung vieler Fachleute - auf eine Stufe mit Karl Erb und Heinrich Schlusnus stellten.

Peter Anders und die Operette

Peter Anders, den die vielen Millionen seiner Bewunderer meist nur von Operettenliedern im Rundfunk, auf der Schallplatte oder im aufkommenden Fernsehen kannten, war eigentlich gar kein Operettensänger. Zwar war seine erste Rolle bei Max Reinhardt im Theater am Kurfürstendamm im Juni 1931 eine Operettenpartie, nämlich der Ajax in »Die schöne Helena«, doch Peter Anders strebte vom Anfang seiner Laufbahn nie eine Operettenkarriere, sondern nur den Beruf des Opernsängers an. In den ersten Engagements in Heidelberg, Darmstadt, Köln und Hannover gehörte allerdings die Übernahme von Operettenrollen zu seinen vertraglichen Aufgaben.

Peter Anders war mit seinem jugendlichen Überschwang, seinem Charme, mit seinem komödiantischen Talent und seiner strahlenden, leichten und angenehmsympathischen Stimme für Operettenaufnahmen geradezu prädestiniert. Darum verpflichteten ihn sehr früh der Rundfunk und seine Schallplattenfirma Telefunken auch für Operettenaufnahmen. Als er Anfang 1940 in München gekündigt hatte und ohne Vertrag war, kam das Angebot von Heinz Hentschke vom Berliner Metropol-Theater, das Peter Anders aber ablehnte. Er wollte Opernsänger bleiben. Insgesamt hat er auf der Bühne zwölf Operettenrollen verkörpert, in der Vorkriegszeit zuletzt im Sommer 1938 in München den Barinkay.

Vor den Rundfunkmikrophonen und im Schallplattenstudio konnte sich Peter Anders aber »austoben«. Er liebte insbesondere die Operetten Lehárs, Millöckers und von Johann Strauß, weil sie viel »Melodie« hatten. Bei Telefunken nahm er 1933 als erste Operettenplatte einen Querschnitt durch die »Fledermaus« auf, mit Erna Berger, Elisabeth Friedrich und Eugen Fuchs. Dann folgten bis 1942 weitere 28 Titel.

Nach dem Kriege kam die große Operettenzeit beim Westdeutschen Rundfunk in Köln mit Franz Marszalek. Fünf Gesamtaufnahmen (Zigeunerbaron, Das Land des Lächelns, Karneval in Rom, Liebe im Dreiklang und Paganini) und sieben Querschnitte sowie drei Potpourris wurden eingespielt, neben unzähligen Einzeltiteln, von denen von der Firma Polydor Millionen Schallplatten verkauft wurden.

Mit Franz Marszalek, den er schon vor dem Kriege kennengelernt hatte, verband Peter Anders bald eine tiefe Freundschaft. Marszalek, der auch mit seiner

Als Prinz Sou-Chong in
»Das Land des Lächelns«
von Lehár (München,
Theater am Gärtnerplatz)

Sendung »Herr Sanders öffnet seinen Schallplattenschrank« bekannt wurde, pflegte beim Kölner Sender die Operette mit vorbildlichen Aufnahmen, zu denen er sich stets erstklassige Künstler aus dem Opernfach holte. Sein »Paradepferd« war dabei Peter Anders. Mit ihm erarbeitete er Aufnahmen, die zeitlose Gültigkeit haben. Das gute Verhältnis der beiden brachte die Familien auch zu einem gemeinsamen Urlaub im Sommer 1953 auf die Insel Norderney. Peter Anders nutzte dies zu einem Liederabend im Kurhaus-Saal. Auf dem Weg dorthin meinte Susi Anders zu Franz Marszalek und seiner Frau scherzend: »Jetzt könnt Ihr den Peter mal was Anständiges singen hören!« Eiskalte, strafende Blicke waren die Antwort des Meisters der leichten Muse.

Auch bei Electrola und beim RIAS, beim Südwestfunk und beim Bayerischen Rundfunk entstanden hervorragende Operettenaufnahmen, die später alle auf Schallplatte veröffentlicht wurden. Eine der letzten Aufnahmen bei Polydor war das Duett »Gehen wir ins Chambre separée« aus »Der Opernball« mit Rita Streich, das mit einem Schallplattenpreis ausgezeichnet wurde.

Seine strahlende Stimme verhalf all diesen Operettenaufnahmen zu großen Erfolgen. Die Zuhörer spürten, daß zu dieser Stimme ein fröhlicher Mensch gehörte, dem das Singen Freude machte, und der deswegen gerne gehört wurde.

1951 sang Peter Anders im Titaniapalast erstmals nach dem Kriege auch in einem Konzert Operettenlieder, und bei einigen Konzerten 1951 und 1953 nahm er verschiedene seiner Glanznummern mit in das Programm auf, eine Huldigung an sein Publikum.

Auf der Bühne ist Peter Anders nach dem Kriege nur bei seinem dreitägigen Gastspiel in »Das Land des Lächelns« in München auf der Operettenbühne aufgetreten.

Zum letzten Mal öffentlich Operette gesungen hat Peter Anders beim Sommerfest der Hamburger Staatsoper Ende August 1954 im Park »Planten un Blomen«. Er sang »Freunde, das Leben ist lebenswert« aus »Giuditta«. Ein Ausspruch, der als Motto über dem Leben von Peter Anders stehen könnte.

Schallplatten und Rundfunk

Peter Anders hat eine wahrhaft klingende Spur seines künstlerischen Wirkens hinterlassen. Von den Zeiten seines Hochschulstudiums in Berlin bis zu seinem jähen Tode ist die Entwicklung seiner Stimme auf Tonband oder Schallplatte aufgezeichnet worden und somit der Nachwelt erhalten geblieben.

Durch den Rundfunk und durch die Schallplatte wurde Peter Anders weit über die Stätten seines örtlichen Wirkens hinaus bekannt und berühmt. Mit dem Vordringen dieser Medien – Ende der dreißiger Jahre durch den »Volksempfänger« und in den fünfziger Jahren durch die sogenannte Langspielplatte – gewann er ein Millionenpublikum. Vor allem nach dem Kriege klang seine Stimme fast täglich aus dem Radio, irgendeine der zahlreichen Rundfunkstationen im In- und Ausland hatte mit Sicherheit eine Anders-Aufnahme in ihrem Programm. Wer die strahlende Stimme einmal im Radio gehört hatte, war von ihr fasziniert, und so führte der Weg des Zuhörers in ein Schallplattengeschäft, um sich die Stimme zum immer wiederkehrenden Anhören zu »sichern«. Es lag an der Art der Musiksendungen im Rundfunk, daß Peter Anders meist in einer Operettenpartie zu hören war. Zwar sendete der Rundfunk auch Opernarien mit ihm – in den dreißiger Jahren häufig auch noch Direktaufnahmen aus dem Studio –, doch die ernste Musik nahm nur einen geringen Teil im Programmschema der Sender ein. Die Unterhaltungsmusik dagegen hatte weitaus mehr Sendezeit, und gerade in den dreißiger, vierziger und fünfziger Jahren erfreuten sich Operettenlieder einer ungewöhnlich hohen Beliebtheit. Als Richard Tauber und Joseph Schmidt für Rundfunk- und Schallplattenaufnahmen nicht mehr zur Verfügung standen, füllte Peter Anders – zusammen mit Herbert Ernst Groh – diese Lücke und wurde mit zahlreichen Operettenübertragungen und -aufnahmen im Reichsrundfunk und bei Telefunken sehr schnell bekannt.

Nach dem Kriege setzte sich dies ungeschmälert fort, Peter Anders konnte seine Popularität sogar noch steigern. Die Schallplattenindustrie, im Neuaufbau, versuchte zunächst mit Unterhaltungsmusik auf dem Markt Fuß zu fassen und produzierte eine Vielzahl von Operettenaufnahmen, die den Ruhm des Opernsängers Peter Anders weiter mehrten. Leider hat es die Schallplattenindustrie verpaßt, in eigenen Produktionen aus Opern oder mit Liedern die Sängerpersönlichkeit Peter Anders nennenswert zu dokumentieren. Dies tat der Rundfunk, dessen Aufnahmen dann später – nach dem Tode des Sängers – auf Schallplatten herausgebracht wurden.

Das erste noch erhaltene Tondokument ist eine Aufnahme der Arie »Wie eiskalt ist dies Händchen«, die an der Berliner Musikhochschule gemacht wurde. Susi Gmeiner begleitete ihren späteren Mann am Klavier.

Dann wurde Peter Anders nach erfolgreichen Rundfunkauftritten beim Südwestfunk von der Schallplattenfirma Telefunken zu Probeaufnahmen eingeladen. Der Schlager »Du bist nicht die Erste«, den er im Telefunkenstudio sang, ist ebenfalls in Privatbesitz erhalten. Bei Telefunken erhielt Anders daraufhin einen Schallplattenvertrag. Die ersten Aufnahmen entstanden im März 1933 in der Singakademie in Berlin. Bis 1943 wurden 107 Titel produziert. Im Vergleich zu heute waren die Verkaufsziffern dieser Schallplatten allerdings gering.

Die Schallplattenaufnahmen von Telefunken – wohl alle noch auf Wachsmatrizen gefertigt – leiden gegenüber den auch schon in den vierziger Jahren entstandenen Rundfunkaufnahmen auf dem Tonband an fehlender Tiefe und Präsenz, die Tonbandaufnahmen sind plastischer.

Die Schallplattenproduktion wurde 1943 eingestellt, die letzten Aufnahmen für den Reichsrundfunk machte Peter Anders im März 1945 mit Michael Raucheisen.

Nach dem Kriege wurden zunächst einige Konzerte der Berliner Staatsoper im Rundfunk übertragen. Das Eröffnungskonzert der Staatsoper im Admiralspalast – Peter Anders sang die Arie des Lenski »Wohin seid ihr entschwunden« – wurde sogar im Film festgehalten.

Dann begann die große Zeit beim Nordwestdeutschen Rundfunk, zunächst in Köln, wo 1948 die »Winterreise« mit Weißenborn aufgenommen wurde, dann aber auch beim Sender in Hamburg, wo Gesamtaufnahmen mit »Fidelio« und »Daphne« entstanden.

1948 unterschrieb Peter Anders einen Schallplattenvertrag bei Electrola (His Master's Voice), und in Berlin nahm er mit Günther Weißenborn Lieder von Schumann und Strauss auf. Die Schallplattenfirma Electrola hat mit Peter Anders bis 1952 neben den obligatorischen Operettentiteln einige bedeutsame Opernaufnahmen mit seinen neuen Partien Max, Florestan, Don José und Othello gemacht.

Parallel zu der Tätigkeit bei Electrola entstanden bis 1951 beim RIAS eine Reihe herausragender Rundfunkaufnahmen, die Peter Anders' Stimme nicht nur in seinen lyrischen Partien als Hans und Alfred, sondern auch als André Chenier und Othello festgehalten haben. Die Opernaufnahmen aus »Othello« und »La Traviata« mit Ferenc Friscay wurden in der Christus-Kirche aufgenommen, die meisten der übrigen Aufnahmen im Studio Lankwitz. Die komplette »Fledermaus« entstand im Titania-Palast, wo 1951 auch ein öffentliches Strauß-Konzert mitgeschnitten wurde.

1952 wechselte Peter Anders zur Schallplattenfirma Deutsche Grammophon-Gesellschaft, die mit ihrer Tochterfirma »Polydor« eine Vielzahl von Operetten-aufnahmen mit ihm produzierte.

Nach dem plötzlichen Tod von Peter Anders räumten die Schallplattenfirmen ihre Archive: es setzte ein regelrechter »Run« auf Peter-Anders-Aufnahmen ein. Aber es sollte noch Jahre dauern, ehe auch die zahlreichen Rundfunkaufnahmen als Schallplatten auf den Markt kamen.

Insgesamt sind von Peter Anders nahezu 500 Tonaufnahmen erhalten geblieben, einschließlich der Gesamtaufnahmen von Opern, Operetten und Liederzyklen.

Eine große Zahl weiterer Aufnahmen mit Peter Anders wurde gelöscht (allein beim Westdeutschen Rundfunk über 60 Titel, beim RIAS »Dichterliebe« und »Schöne Müllerin«) oder sind verschollen.

Die Stimme von Peter Anders ist ferner in fünf Tonfilmen zu hören.

Viele Arien, Lieder und sonstige Gesangsstücke sind von Peter Anders doppelt oder mehrfach aufgenommen worden. Es gibt Aufnahmen des gleichen Musik-stücks aus der Vorkriegs-, Kriegs- und Nachkriegszeit, z.B. »Vater, Mutter, Schwestern, Brüder« aus »Undine«, das bei Telefunken, beim Reichsrundfunk und beim Westdeutschen Rundfunk aufgenommen wurde. Am häufigsten aufgenommen hat Peter Anders das »Ständchen« von Richard Strauss »Mach auf, mach auf, doch leise mein Kind«, das insgesamt siebenmal eingespielt wurde:

1938 mit Orchester, Dirigent Walter Lutze	bei Telefunken
1942 mit Orchester, Dirigent Arthur Grüber	beim Reichsrundfunk
1943 mit Orchester, Dirigent Joseph Keilberth	beim Reichsrundfunk
1943 mit Michael Raucheisen	beim Reichsrundfunk
1949 mit Hubert Giesen	beim Südd. Rundfunk
1949 mit Günther Weißenborn	beim RIAS
1954 mit Günther Weißenborn	beim Westd. Rundfunk

Die neu entwickelte Compact Disc mit ihrer hervorragenden Klangqualität er-möglicht es der Tontechnik, die technisch veralteten Anders-Aufnahmen heutigen Klangverhältnissen anzupassen und der Stimme somit einen Vergleich mit heuti-gen Tenören zu erlauben. Auch auf CD sind bereits weit über hundert Anders-Titel erschienen, darunter die »Winterreise« von 1948 und die komplette »Fle-dermaus« von 1949, ferner »Lohengrin« und »Martha«. Diese Aufnahmen einer neuen Technik-Generation werden auch eine neue Zuhörer- und Sammler-Gene-ration ansprechen.

Die neuen Scheiben werden wie die »alten« Schallplatten, die sich im Tausch- und Raritätenhandel großer Beliebtheit erfreuen, und wie die noch vorhandenen Rundfunkbänder dazu beitragen, daß die Stimme von Peter Anders nie verklingt.

DER UNFALL

»Nein, nicht mir allein gebührt der Dank für das Gelingen dieses Konzertes; der MGV Holthausen hat eine hervorragende Leistung geboten«, sagte Peter Anders nach dem Konzert in Plettenburg vor der Schützenhalle, bevor er sich verabschiedete und mit seinem Begleiter Hans Geisendörfer in seinen Mercedes 300 stieg. »Freude empfangen ist etwas Herrliches, beglückender aber ist es wohl, Freude spenden zu können. Ich bin dankbar, daß ich dies kann.«

Anders fuhr noch am selben Abend nach Hannover weiter, wo er spät in der Nacht ankam und übernachtete. Am anderen Morgen, am 5. September, einem Sonntag, fuhr er zusammen mit Hans Geisendörfer von dort weiter nach Hamburg. Er hatte zuvor noch mit seiner Frau telefoniert und angekündigt, daß er am frühen Nachmittag daheim sein werde. Für den Abend hatte er schon wieder eine Verpflichtung in Neumünster. Er sollte dort in der beliebten Fernsehsendung »1 : 0 für Sie« mit Peter Frankenfeld auftreten.

Eine durchgehende Autobahnverbindung von Hannover nach Hamburg existierte noch nicht. Zu dieser Zeit gab es in der Bundesrepublik Deutschland etwa

Erste Hilfe an der Unfallstelle

Das Unglücksauto

nur 4 Millionen Kraftfahrzeuge. Der größte Teil des Fernverkehrs ging über Bundesstraßen, die teilweise, noch von Bäumen gesäumt, alleeartigen Charakter hatten. Die Straßen hatten keineswegs den heutigen Standard; Randbefestigungen waren selten, es gab häufig neben der Asphaltfahrbahn unbefestigte Randstreifen, sogenannte Sommerwege, auf die Pferdefuhrwerke oder Traktoren mit einem Reifen auswichen, wenn stärkerer Autoverkehr war.

Peter Anders befuhr mit hoher Geschwindigkeit die Bundesstraße 209 in Richtung Soltau. Etwa gegen 13 Uhr, kurz vor Soltau, in einer langgezogenen Kurve am Kilometerstein 21,6, wo eine Seitenstraße in Richtung Willingen abzweigt, sah er plötzlich zwei Motorradfahrer. Er versuchte sie zu überholen, geriet dabei mit den beiden linken Reifen auf den unbefestigten sandigen Randstreifen und kam ins Schleudern. Das Auto schlingerte quer über die Fahrbahn auf den rechten Sommerweg, wo die Vorderräder gestoppt wurden. Das Heck rutschte weiter, der Wagen wurde herumgerissen. Die Fliehkraft riß das Fahrzeug mit unvorstellbarer Gewalt hoch – es überschlug sich und rutschte noch 23 Meter auf dem Dach weiter, prallte dann schließlich gegen einen Telegraphenmast.

Bevor man den beiden Verunglückten helfen konnte, mußte der Wagen erst aufgerichtet und mit Eisenstangen geöffnet werden. Hans Geisendörfer, der erheblich am Kopf verletzt wurde und sich den Oberarm und einige Rippen brach, war bewußtlos. Er wachte erst im Krankenhaus in Soltau wieder auf. Zu der Unfallsituation äußerte er: »Peter tat alles, um den Wagen wieder in die Gewalt zu bekommen. Aber es nutzte alles nichts, die Geschwindigkeit war zu hoch.«

Peter Anders war bei Bewußtsein. So konnte er auch die Frage eines Sanitäters nach Namen und Beruf beantworten: »Peter Anders, Sänger«. Erst jetzt wurde den Helfern und Umstehenden klar, um welch einen bekannten Künstler es sich bei dem Verunglückten handelte.

Fast völlig gelähmt wurde der Sänger sofort in das Hamburger Hafenkrankenhaus überführt. Die erste Diagnose lautete: Bruch des Halswirbels. Der behandelnde Chefarzt, Professor Brütt, tat alles, um das Leben des Sängers zu retten. Nach genauer Untersuchung stellte sich heraus, daß der Halswirbel nicht gebrochen, sondern nur verrenkt war. Professor Brütt gelang es, den Wirbel wieder einzurenken. Ein Sauerstoffzelt mit einem künstlichen Beatmungsgerät, das einzige, das zu dieser Zeit in Hamburg verfügbar war, erlaubte dem Sänger, Luft aus vergleichsweise 2000 Metern Höhe zu atmen.

Frau Susi war ins Krankenhaus geeilt und fand ihren Mann total einbandagiert vor. Blumen über Blumen und viele Briefe und Telegramme aus ganz Deutschland trafen im Krankenzimmer ein; für die vielen Blumen mußte extra ein Zusatzraum zur Verfügung gestellt werden. Jeden Blumengruß ließ Anders sich zeigen, jeden Brief und jedes Telegramm vorlesen. Er selber konnte seine Hände kaum bewegen.

»Ich möchte Sie bitten, nicht verzweifelt und traurig zu sein. Vor Jahren stürzte ich in einen Treppenschacht und brach zwei Halswirbel. Ich habe den Kampf gegen das Unglück aufgenommen und habe gewonnen«, schrieb eine Verehrerin aus Mannheim.

»Verzagen Sie nicht, glauben Sie an das Leben und vertrauen Sie dem, der über uns steht«, tröstete eine Briefschreiberin aus Kiel.

Und ein Verehrer aus Dortmund, der Peter Anders noch nie auf der Bühne erlebt hatte, schrieb: »Ich möchte Ihnen sagen, daß ich gerade jetzt umso mehr Ihren Schallplattenaufnahmen im Rundfunk lauschen werde«.

Das Ensemble der Staatsoper war über den Unfall entsetzt. Es gab nur ein Gesprächsthema: »Was macht Peter, wie geht es Geisi?«

Intendant Dr. Rennert sagte alle Proben ab. Die Vorstellung der Oper »André Chenier«, in der Anders die Titelrolle singen sollte, fiel aus. Besorgt hörte man auf die Nachrichten aus dem Krankenhaus.

Donnerstags, beim Besuch seiner Frau Susi und seiner Tochter Ursula, fühlte Peter Anders Besserung und gewann schon seinen Humor wieder. Er meinte sogar: »Ich glaube, ich bin über den Berg. Jetzt möchte ich wieder Frankfurter Bockwürste essen.«

Aber am Freitagmittag, dem 10. September 1954, griff die Lähmung auf das Atemzentrum über. Alle Kunst der Ärzte war vergeblich, Peter Anders verlor das Bewußtsein und schlief ohne Schmerzen ein.

Sechs Tage später fand in der Großen St. Michaeliskirche die Trauerfeier statt. Zweitausend Menschen waren gekommen, die Mitglieder der Staatsoper, Sängerinnen, Sänger, Musiker, Bühnenarbeiter und Garderobenfrauen. Viele, die kei-

Der Trauerzug vor der St. Michaeliskirche

nen Platz in der Kirche gefunden hatten, harrten draußen in strömendem Regen aus, um einen letzten Blick auf den Sarg des Künstlers werfen zu können.

Der Sarg von Peter Anders war eingehüllt in feuerrote Rosen. Der Vorraum des Altars war mit hunderten von Kränzen geschmückt, darunter auch Kränze der Staatsopern Hamburg, Berlin und München. Neben der tief verschleierten Witwe saßen die drei Kinder und die aus Berlin angereiste Mutter des Sängers, Marie Anders.

Das Philharmonische Staatsorchester unter der Leitung von Wilhelm Brückner-Rüggeberg spielte Georg Friedrich Händels ›Air‹ aus dem Concerto grosso, nach dem Eingangsgebet die Totenklage aus Glucks Oper »Orpheus und Eurydike«.

Oberkirchenrat Drechsler stellte seine Ansprache unter das Wort: »Was ich tu, weißt du nicht, du wirst es aber hernach erfahren, spricht der Herr.«

Er erinnerte daran, daß Peter Anders seinen Weg als Sänger als kleiner Junge im Kirchenchor begann. »Immer hat er seitdem die großen Kirchen geliebt. Auch als sein Weg steil aufwärts ging, blieb er stets der bescheidene und einfache Mensch. Nun nahm Gott ihn zu sich auf der Höhe seines irdischen Glanzes«.

Nach dem »Reigen seliger Geister« von Gluck hielt Intendant Dr. Günter Rennert seine Trauerrede. Ihm folgte der Präsident der Bürgerschaft, Adolf Schönfelder. Er erinnerte an seine letzte Begegnung mit Peter Anders einige Wochen zuvor: »In fröhlicher Runde schenkte er uns ein Lied nach dem anderen. Die neue Staatsoper lag ihm am Herzen, er freute sich auf die Arbeit wie ein Kind. Und

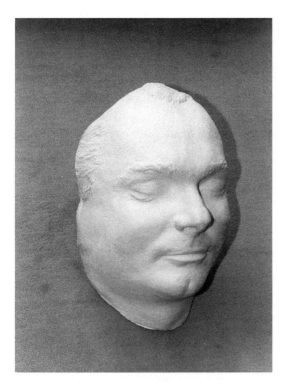

Totenmaske

eines wollen wir ihm nie vergessen: er hat seiner Wahlheimat Hamburg die Treue gehalten, trotz glänzender Angebote von allen Seiten. Ich werde Anders in der Erinnerung behalten als den frohen, fröhlichen Sänger.«

Kammersänger August Seider aus München übermittelte im Auftrag des Hauptvorstandes der Genossenschaft Deutscher Bühnenangehöriger dem Freund und Kollegen letzte Grüße.

Zum Abschluß sang noch einmal der Chor der Hamburgischen Staatsoper: »Wenn ich einmal soll scheiden«.

Draußen säumten im prasselnden Regen Tausende die Straßen, als der Sarg von Peter Anders herausgetragen wurde. In einem Spalier von 50 Wagen, flankiert von der Verkehrspolizei, wurde der Sarg nach Ohlsdorf überführt. Es war das größte Begräbnis, das Hamburg seit dem Kriegsende gesehen hatte.

In Ohlsdorf, auf dem größten Friedhof Europas, im Bereich der Kapelle 1, fand Peter Anders seine letzte Ruhestätte.

Überwältigend war die Anteilnahme, vor allem der Künstler von Bühne und Film, die in zahllosen Briefen an die Familie Anders zum Ausdruck kam. Dabei wurde vor allem immer wieder die Persönlichkeit des Sängers gewürdigt.

Heinrich Hollreiser lobte den prachtvollen Sänger und »feinen Kerl«: »Ich bin froh, daß ich mit Ihrem Gatten, mit dem ich mich besonders gut verstanden habe,

Peter Anders singt mit seinen Kindern Sylvia und Peter-Christian

noch in letzter Zeit die beiden schönen Bajazzoaufnahmen bei der Deutschen Grammophon gemacht habe.

So habe ich doch noch ein schönes Andenken an den prachtvollen Sänger und ›feinen Kerl‹. Ich habe ihn *besonders* gern gehabt, seine lebensfrohe Art und seinen Humor.«

Die Intendanz des Landestheaters Hannover schrieb: »Die hannoversche Oper hat besonderen Anlaß, dieser Trauer Ausdruck zu geben, hat doch der Verstorbene in den Jahren 1935 bis 1937 eine entscheidende Zeit seines Aufstiegs in diesem Institut verlebt. Für die Kollegen und für jene Publikumskreise, die Zeugen dieser erfolgreichen Epoche ›Peter Anders in Hannover‹ waren, stehen die damals hier vollbrachten Leistungen noch frisch und klar in der Erinnerung. Die nach 1948 durchgeführten Gastspiele auf der Behelfsbühne der Oper in Herrenhausen und auch seine gelegentlich in unserer Stadt veranstalteten Liederabende ließen erkennen, daß die zielbewußte Weiterarbeit des Künstlers ihm neue und nicht minder bedeutungsvolle Möglichkeiten eröffnet hatte. Nun gilt es uns als sein Vermächtnis, daß all sein Singen und Gestalten aus der kraftvollen Einheitlichkeit und

Geschlossenheit seines musikbessenen Charakters kam. Nunmehr ein Vollendeter, wird er ein Vorbild bleiben, gerade auch für die jüngere Generation, die ihm nacheifern möchte.«

Boleslaw Barlog, der Intendant des Berliner Schillertheaters, äußerte sich: »Wir wollen den zauberhaften humorbegabten großen Sänger und stets freundlichen lieben Kerl nie vergessen. Er hat unser Theater miteingeweiht!«

Die Schauspielerin Joana Maria Gorvin gab ihre Eindrücke über ihr letztes Zusammentreffen mit Peter Anders wieder: »Mein letztes Zusammentreffen mit ihm in Recklinghausen ist mir noch in lebendigster Erinnerung, er sang Florestan und wir spielten ›Wir sind noch einmal davongekommen,‹ und er brachte uns alle, als er einmal zur Hauptprobe kam, mit seinem herrlichen Temperament dauernd zum Lachen. Es strahlte soviel Wärme von ihm aus, er war so lebendig, so voll ›Dur‹ – in seiner Gegenwart wurde man heiter und entspannt.«

Der große Schauspieler und Theaterregisseur Gustaf Gründgens, mit dem Peter Anders an der Berliner Staatsoper und am Opernhaus in Düsseldorf zusammengearbeitet hatte, sandte Frau Anders ein beeindruckendes Beileidsschreiben:

Sehr verehrte Frau Anders!
Ihr Gatte, dessen tragischen Tod auch ich aufs tiefste bedauere, besaß außer seiner schönen Stimme etwas noch Selteneres: wirkliche Musikalität, und ich glaube, daß neben seiner warmen Menschlichkeit, die selbst in seinen Rollen beglückend transparent wurde, es noch besonders diese war, die ihn seinem bewundernden Publikum so liebenswert machte.

Die gemeinsame Arbeit, die uns beiden so viel Freude gemacht hat, wird mir nun für immer in sehr schmerzlicher Erinnerung mit seinem so frühen Tod verbunden bleiben.

NACHWORT

Friedrich Herzfeld schrieb vor vielen Jahren einmal:

»Welch ein Zauber geht von der menschlichen Stimme aus! In ihr offenbart sich die ganze Seele, das ganze Wesen eines Menschen. Nach der Stimme beurteilen wir ihn schon im Alltag: Das eine Organ spricht uns sympathisch, das andere unsympathisch an, ohne daß wir je sagen könnten, warum das so ist.

Wieviel mehr noch gilt dies alles, wenn sich die menschliche Stimme zum Gesang erhebt! Früher verstummten die Stimmen mit denen, die sie als Geschenk von der gütigen Natur erhalten hatten. Wir können uns gar nicht mehr vorstellen, wie Jenny Lind, Henriette Sontag und Wilhelmine Schröder-Devrient gesungen haben mögen. Aber seit Caruso die erste Schallplatte besang, sind Sänger und Sängerinnen gewissermaßen unsterblich geworden.«

Und trotzdem: Nur wenige große Sänger haben es vermocht, daß eine Gemeinde ihnen über den Tod hinaus treu geblieben ist. Zu diesen wenigen gehört Peter Anders. Und dazu beigetragen hat die sympathische Ansprache seiner Stimme, seine strahlende Erscheinung und die Fröhlichkeit seines Naturells.

»Man glaubt, einem Natursänger zuzuhören, so leicht und so mühelos strömen ihm die Töne von den Lippen«, charakterisierte ebenfalls Friedrich Herzfeld das Besondere an der Stimme von Peter Anders.

Peter Anders hatte nicht nur eine bezaubernde Stimme – er war überhaupt von heiterem, optimistischem Wesen, ansteckend fröhlich. Das machte ihn zu einem sympathischen Sänger. Dies spürt man bei jedem seiner Gesangsvorträge auf der Schallplatte, ohne daß man ihn jemals auf der Bühne gesehen hat. Daß er seinen Gesang schlicht und ohne Pathos vortrug, und doch mit Gefühl und Wärme, machte ihn darüber hinaus zu einem zeitlosen Sänger.

In den Jahren 1968/69, fünfzehn Jahre nach seinem Tode, war er noch immer der große Tenorstar der Deutschen Grammophon-Gesellschaft. Im Jubiläumskatalog zum 70jährigen Bestehen dieser Schallplattenfirma sind die großen Opernarien aus »Aida«, »Bajazzo«, »Liebestrank«, »La Traviata« oder »Martha« in deutscher Sprache nur mit Peter Anders aufgeführt. Bei den Mozartpartien (Hans-Heinz Stuckenschmidt: »Als Mozartsänger war er in seinem Fach auf der deutschen Bühne unerreicht«) aus der »Entführung« und aus der »Zauberflöte« wurden neben Anders-Aufnahmen lediglich Einspielungen seines »Nachfolgers« Fritz Wunderlich angeboten, der zu diesem Zeitpunkt auch schon nicht mehr unter den Lebenden weilte. Dieser Umstand, und das trotz der technisch nicht den neuesten Anforderungen genügenden Aufnahmen, unterstreicht deutlicher als viele Worte, welche Ausnahmestellung Peter Anders unter den Tenorsängern eingenommen hat. Peter Anders hat sich seinen Platz im Olymp des Gesanges gesichert.

Erna Berger hat Peter Anders einmal als »Liebling der Götter« bezeichnet. Bernd W. Wessling berichtete in einer Rundfunksendung über ein Interview, in dem Erna Berger kurz vor ihrem 90. Geburtstag gefragt wurde, was sie sich für den Rest ihres Erdenlebens noch wünsche. Sie überlegte nicht lange und sagte: »Einen sanften Tod. Da ich weiß, daß ich in den Musikerhimmel komme, freue ich mich auf die, die ich bald wiedersehe.« Sie blickte nachdenklich in die Weite und sagte leise und doch voller Rührung: »Peter Anders zum Beispiel.«

Nach dem plötzlichen Tod des Sängers, gerade zu Beginn der neuen Theatersaison, bot sein Kollege Rudolf Schock der Witwe an, alle Verpflichtungen von Peter Anders ohne Gage zu erfüllen. Dies war aber zum Glück nicht nötig, denn die Tantiemen für die Schallplatten flossen so reichlich, daß die Familie keine Not zu leiden brauchte. Hier zeigte sich nicht nur ein seltenes Beispiel von Nächstenliebe eines Kollegen, sondern auch die Beliebtheit, die Peter Anders bei Kollegen und Zuhörergemeinde genoß. Er war nicht nur ein ausgezeichneter, sondern auch ein ungemein beliebter Sänger.

Niemand vermag zu sagen, wohin der Weg des Künstlers noch geführt hätte. Bayreuth mit Parsifal, Lohengrin und Stolzing, New York, Tristan und Don José im Rundfunk, waren angepeilte Ziele. Mit seinen gerade erst 46 Jahren hatte Peter Anders den höchsten Gipfel seiner künstlerischen Laufbahn noch längst nicht erklommen. Wäre es zu Lebzeiten des Sängers zu dem geplanten Parsifal in Mailand und zu Othello in Salzburg gekommen, hätten einige der heutigen Kritiker zur Kenntnis nehmen müssen, daß Peter Anders kein provinzieller, sondern ein Ausnahmesänger gewesen ist. Nicht nur in Festspielaufführungen, von denen Mitschnitte existieren, ist früher großartig gesungen worden. Es war sein Pech, daß fast während seiner gesamten Laufbahn Reisebeschränkungen herrschten und die ganz große Welt-Karriere dadurch nicht möglich war. Hinzu kommt, daß die technischen Möglichkeiten der Ton- und vor allem der Film- und Videoaufnahmen noch nicht diese Perfektheit hatten, wie es erst später nach seinem Tode der Fall war – die Möglichkeit, nach dem Ende der großen Rundfunkzeit, die Peter Anders besonders populär gemacht hatte, im Fernsehzeitalter beliebig oft in den Wohnzimmern von Millionen Zuschauern auftreten zu können, hatte er nicht mehr. Umso erstaunlicher, daß sein Ruhm fortlebt.

Die Städte München und Berlin, wo Peter Anders an den Staatsopern wirkte, haben ihm mit der Benennung von Straßen mit seinem Namen Denkmale gesetzt.

Der Mensch Peter Anders ist schon lange tot. Seine Stimme aber wird weiterleben, so lange es Menschen gibt, die die Musik und den Gesang der menschlichen Stimme, den klingenden Atem Gottes, lieben.

ROLLENVERZEICHNIS

(in der Reihenfolge der Einstudierung)

Oper

Student, Spiegelbild	Hoffmann's Erzählungen
Pedrillo	Die Entführung aus dem Serail
Jaquino	Fidelio
Georg	Der Waffenschmied
Nureddin	Der Barbier von Bagdad
Steuermann	Der fliegende Holländer
König	Don Cesar
Linkerton	Madame Butterfly
Fenton	Die lustigen Weiber von Windsor
Owlur	Fürst Igor
Marquis de Chateauneuf	Zar und Zimmermann
Nando	Tiefland
Arrigo Oldofredi	Mona Lisa
Ernesto	Don Pasquale
Tamino	Die Zauberflöte
Besserwisser, Bürgermeister	Die Legende vom vertauschten Sohn
Christoph	Sein Schatten
Oberon	Oberon
Wenzel Strapinski	Kleider machen Leute
Liederverkäufer	Der Mantel
Junger Kavalier	Das Herz
Kunz Vogelsang	Die Meistersinger von Nürnberg
Sylvain	Das Glöckchen des Eremiten
Baron Kronthal	Der Wildschütz
Rudolf	La Boheme
Rechter Bettler	Der abtrünnige Zar
Herzog	Rigoletto
Don Cesar	Donna Diana
Matteo	Arabella
Alfred	La Traviata
Belfiore	Die Gärtnerin aus Liebe
Ferrando	Cosi fan tutte
Lyonel	Martha
Zorzeto	Der Campiello
Narraboth	Salome
Sänger	Der Rosenkavalier
Roderich	Schwarzer Peter
Lucentio	Der Widerspenstigen Zähmung
Wilhelm Meister	Mignon
Ein junger Seemann	Tristan und Isolde
Piemonteser	Friedenstag
Graf Almaviva	Der Barbier von Sevilla
Lenski	Eugen Onegin

Königssohn	Königskinder
Belmonte	Die Entführung aus dem Serail
Erscheinung eines Jünglings	Frau ohne Schatten
Froh	Das Rheingold
Cavaradossi	Tosca
Leukippos	Daphne
Ero	Ero, der Schelm
Veit	Dalibor
Francesco Barrata	Andreas Wolfius
Hans	Die verkaufte Braut
Renzo	La farsa amorosa
Stewa Buryja	Jenufa
Armand	Das Schloß Dürande
Casanova	Casanova in Murano
Bruder Lustig	Andreasnacht
Turiddu	Cavalleria rusticana
Alvaro	Die Macht des Schicksals
Florestan	Fidelio
Don José	Carmen
Othello	Othello
Radames	Aida
Bacchus	Ariadne auf Naxos
Stolzing	Die Meistersinger von Nürnberg
Max	Der Freischütz
Siegmund	Die Walküre
Canio	Der Bajazzo
Hermann	Pique Dame
Aroldo	Aroldo
André Chenier	André Chenier

nur im Rundfunk

Graf Vaudemont	Die Legende von der blinden Yolantha
Harun	Djamileh
Paolo	Francesca da Rimini
Henri	Der Mantel
Hoffmann	Hoffmann's Erzählungen
Apoll	Daphne
Lohengrin	Lohengrin

Oratorien, sinfonische Werke

Jahreszeiten	Haydn
Faust-Sinfonie	Liszt
Fausts Verdammung	Berlioz
Sinfonie Nr. IX	Beethoven
Messa da Requiem	Verdi
Das Lied von der Erde	Mahler
Der Messias	Händel

Liederzyklen

An die ferne Geliebte	Beethoven
Die Winterreise	Schubert
Die schöne Müllerin	Schubert
Dichterliebe	Schumann

Operette

Ajax II	Die schöne Helena
Lancelot	Die Puppe
Orpheus	Orpheus in der Unterwelt
Tassilo	Gräfin Mariza
Sekretär	Wiener Blut
Sou-Chong	Das Land des Lächelns
Leutnant	Die Geisha
Graf Baranski	Polenblut
Barinkay	Der Zigeunerbaron
Max Haßler	Der Opernball
Klaus Engelberg	Die Dorothee
Alfred	Die Fledermaus

nur im Rundfunk

Gabriel Eisenstein	Die Fledermaus
Artur Bryck	Karneval in Rom
Mucki Nix	Liebe im Dreiklang
Paganini	Paganini

DISKOGRAPHIE

Vorbemerkung

Peter Anders hat nacheinander Schallplattenverträge mit den Firmen Telefunken, Electrola und Deutsche Grammophon-Gesellschaft abgeschlossen. Während dieser Zeit erschienen die von ihm eingespielten Aufnahmen auf Schellackplatten. Nach seinem Tode wurde das vorhandene Tonmaterial, auch unter Hinzuziehung von Rundfunkaufnahmen, auf ungezählten Langspielplatten veröffentlicht, wobei zu den genannten Gesellschaften die Firmen BASF (inzwischen wieder eingestellt) und Fonoteam kamen. Fonoteam brachte die Aufnahmen unter verschiedenen Vertriebsmarken (Acanta, RCA, Sonia) heraus. Im Ausland (USA, Kanada, UdSSR, England, Italien) erschienen ebenfalls Schallplatten mit Peter Anders, meist Rundfunkmitschnitte und z.T. als sogenannte Raubpressungen.

Da die herkömmliche Schallplatte kaum noch im Handel ist, werden nachfolgend nur Aufnahmen auf Compact Disc (CD) aufgeführt.

Lied

Winterreise (Schubert) mit Günther Weißenborn

Acanta CD 43 806

Peter Anders, Lieder
Frühlingsfahrt / Die beiden Grenadiere / Intermezzo / Schöne Fremde (Schumann); Lied eines Schiffers an die Dioskuren / Der Musensohn / Ganymed / Frühlingsglaube / Wohin / Liebesbotschaft / Nacht und Träume (Schubert); An die ferne Geliebte (Beethoven) / Einst zum Narr'n der Weise sprach / Nur wer die Sehnsucht kennt / O singe mir, Mutter, die Weise (Tschaikowsky); Breit über mein Haupt / Die Georgine / Nachtgang / Heimliche Aufforderung / Ständchen / Ich trage meine Minne / Traum durch die Dämmerung (R. Strauss) mit Hubert Giesen, Berliner Philharmoniker/Walter Lutze

Teldec CD 8.44059 ZS

Peter Anders, Schubert-Lieder
Das gestörte Glück / Im Frühling / Ständchen (Horch, horch, die Lerch' im Ätherblau) / Das Geheimnis / Der Einsame / Das Heimweh / Liebesbotschaft / Kriegers Ahnung / Frühlingssehnsucht / Ständchen (Leise flehen meine Lieder) / In der Ferne (Abschied) / Die Taubenpost / Der Liedler mit Michael Raucheisen, Klavier

Berlin Classics 002 1662 BC

Peter Anders, Lieder
Adelaide / Lied aus der Ferne (Beethoven); Stille Tränen / Loreley / Die Sennin / Des Sängers Trost / Familiengemälde mit Tiana Lemnitz (Schumann) / Wir wandelten, wir zwei zusammen / Sehnsucht / Minnelied / Der Kuß / Heimweh (Brahms) / Der Musikant / Heimweh /

Wanderers Nachtlied / An den Schlaf / Nun wandre Maria / Schlafendes Jesuskind (Wolf) / Allerseelen / Heimliche Aufforderung (Strauss) mit Michael Raucheisen, Klavier

Berlin Classics 002 1672 BC

Furtwängler / Richard Strauss
Liebeshymnus / Verführung / Winterliebe / Waldseligkeit (R. Strauss) mit Berliner Philharmoniker / Wilhelm Furtwängler

Arabesque (USA) Z 6082
Music and Arts (USA) 829

Wagner/von Schillings
Wesendonck-Lieder / Glocken-Lieder
Tiana Lemnitz, Peter Anders, Staatskapelle Berlin / Robert Heger

Acanta CD 43 275

Franz Schubert in historischen Aufnahmen
»Die schöne Müllerin«, »Winterreise«, »Schwanengesang« mit Julius Patzak, Hans Hotter, Peter Anders
aus »Schwanengesang«: Liebesbotschaft, Kriegers Ahnung, Frühlingssehnsucht, Ständchen, Aufenthalt, In der Ferne, Abschied, Das Fischermädchen, Die Taubenpost

Acanta 442 115/117

Symphonie Nr. 9 (Beethoven)
Tilla Briem, Elisabeth Höngen, Peter Anders, Rudolf Watzke, Berliner Philharmoniker / Wilhelm Furtwängler

Music and Arts (USA) 653
OBC (USA) D 13256
ARCADIA Production (Italien) CD WFE 357.1

Oper

Peter Anders
Nein, länger trag ich nicht die Qualen (Der Freischütz); Gott, welch Dunkel hier / O, namenlose Freude / Mir ist so wunderbar (Fidelio) mit Walburga Wegener, Trude Eipperle, Marta Fuchs, Georg Hann; In fernem Land (Lohengrin); Dies Bildnis ist bezaubernd schön / Soll ich dich, Teurer, nicht mehr seh'n (Die Zauberflöte) mit Trude Eipperle, Georg Hann; Hier soll ich dich denn sehen, Konstanze / Wenn der Freude Tränen fließen / Welch ein Geschick ... Ha, du solltest für mich sterben (Die Entführung aus dem Serail) mit Erna Berger; Ach, so fromm, ach, so traut (Martha); Vater, Mutter, Schwestern, Brüder (Undine); Horch, die Lerche singt im Hain (Die lustigen Weiber von Windsor); Selig sind, die Verfolgung leiden (Der Evangelimann); Fanget an / Am stillen Herd (Die Meistersinger von Nürnberg) mit Hans Hotter, Benno Kusche

Acanta CD 43 268

Peter Anders – Die unvergessene Stimme
Land so wunderbar (Die Afrikanerin); Komm, mein Söhnchen auf ein Wort / Armer Narr ... Es muß gelingen / So find ich dich, Feinsliebchen, hier ... Mein lieber Schatz, nun aufgepaßt (Verkaufte Braut) mit Fritz Hoppe, Sena Jurinac; Hier an dem Herzen treu geboren / Wie, du kommst von der Mutter ... Ich seh die Mutter dort (Carmen) mit Sena Jurinac; O, wäre

ich erkoren ... Holde Aida (Aida); Nun in der nächt'gen Stille (Othello) mit Sena Jurinac; Den Blick hatt' ich einst erhoben / Gleich einem Frühlingsabend / Du kommst daher (André Chenier) mit Martha Musial; Wo lebte wohl ein Wesen (Manon Lescaut); Heimlich aus ihrem Auge (Der Liebestrank); Sind wir allein (La Boheme) mit Sena Jurinac; Lasset sie glauben, daß ich in die Welt zog (Das Mädchen aus dem goldenen Westen)

Fonoteam CD 74 504

Martha, Gesamtaufnahme (1944)
mit Erna Berger, Else Tegethoff, Eugen Fuchs, Josef Greindl, Franz Sauer, Dirigent Johannes Schüler

Fonoteam CD 74 805/6
Berlin Classics 002 1632 BC (ausgezeichnet mit dem Preis der deutschen Schallplattenkritik 4/1994)

Portrait Trude Eipperle
Brautgemach-Szene (Lohengrin)
mit Peter Anders

Bayer Records 200 029/30

Aulikki Rautawaara – Telefunken Recordings 1934 – 1938
u.a. Nein, nein, Turiddu (Cavalleria rusticana); Mädchen in deinen Augen liegt ein Zauber (Madame Butterfly); Mit deinen Augen, den wundersamen (Tosca); Wie, du kommst von der Mutter – Ich seh die Mutter dort (Carmen) mit Peter Anders

Finlandia 588 152

Peter Anders – Opera arias
Hier soll ich dich denn sehen, Konstanze / Konstanze, dich wiederzusehen / Im Mohrenland gefangen war (Die Entführung aus dem Serail); Dies Bildnis ist bezaubernd schön (Die Zauberflöte); Nein, länger trag ich nicht die Qualen (Der Freischütz); Vater, Mutter, Schwestern, Brüder (Undine); Lebe wohl, mein flandrisch Mädchen (Zar und Zimmermann); Horch, die Lerche singt im Hain (Die lustigen Weiber von Windsor); Ach, so fromm, ach, so traut (Martha); Willst jenes Tages / Mit Gewitter und Sturm (Der fliegende Holländer); Komm, mein Söhnchen, auf ein Wort (Die verkaufte Braut) mit Wilhelm Schirp; Selig sind, die Verfolgung leiden (Der Evangelimann)

Teldec 4509-95512-2

Lohengrin und Arien (Italien)
Lohengrin (Gesamtaufnahme) mit Trude Eipperle, Carl Kronenberg, Helena Braun, Josef Greindl, Dirigent Richard Kraus / Peter Anders singt Verdi und Puccini; Freut euch alle / Jeder Knabe (Othello); O, wäre ich erkoren – Holde Aida (Aida); O, du süssestes Mädchen (La Boheme) mit Trude Eipperle; Dirigenten Ferenc Fricsay, Franz Marszalek, Hanns Steinkopf

Myto 3 MCD 934.85 (Italien)

Oper und Lied

Peter Anders
Hier soll ich dich denn sehen / Konstanze, dich wiederzusehen (Die Entführung aus dem Serail); Dies Bildnis ist bezaubernd schön (Die Zauberflöte); Horch, die Lerche singt im

Hain (Die Lustigen Weiber von Windsor); Es sei – Es war einmal am Hofe von Eisenach / Ich wußt es ja, du liebst mich noch (Hoffmann's Erzählungen) mit Anneliese Müller, Erna Berger; Wer klopft – Entschuldigt – Eine Dame / O, ich Törin, wie vergeßlich / Wie eiskalt ist dies Händchen / Man nennt mich jetzt Mimi / O, du süßestes Mädchen / Leb wohl jetzt (La Boheme) mit Maria Cebotari; Glockenlieder: Die Frühglocke / Die Nachzügler / Ein Bildchen / Mittagskönig und Glockenherzog (von Schillings); Morgen (Strauss) mit Orchester

Berlin Classics 002 1682 BC

Oper und Operette

Peter Anders, Opernarien und Operettenlieder
Gott, welch Dunkel hier – In des Lebens Frühlingstagen (Fidelio); Nein, länger trag ich nicht die Qualen – Durch die Wälder, durch die Auen (Der Freischütz); So find ich dich, Feinsliebchen, hier – Mein lieber Schatz (Die verkaufte Braut) mit Sena Jurinac; Hier an dem Herzen treu geborgen (Carmen); In fernem Land (Lohengrin); Nun, in der nächt'gen Stille (Othello) mit Sena Jurinac; Sind wir allein (La Boheme) mit Sena Jurinac; Mädchen, in deinen Augen liegt ein Zauber (Madame Butterfly) mit Sena Jurinac; Ich trete ins Zimmer – Immer nur lächeln / Dein ist mein ganzes Herz (Das Land des Lächelns); Allein, wieder allein – Es steht ein Soldat am Wolgastrand (Der Zarewitsch); Zorika, Zorika, kehre zurück (Zigeunerliebe); Da draußen im duftenden Garten – Leise, ganz leise klingst's durch den Raum (Ein Walzertraum); Wenn es Abend wird – Grüß mir mein Wien (Gräfin Mariza); Wieder hinaus ins strahlende Licht – Zwei Märchenaugen (Die Zirkusprinzessin)

EMI CDM 7 69682 2

Peter Anders singt Oper und Operette
So find ich dich, Feinsliebchen hier – Mein lieber Schatz nun aufgepaßt (Die verkaufte Braut) mit Sena Jurinac; Hier an dem Herzen treu geborgen (Carmen); Sind wir allein (La Boheme) mit Sena Jurinac; Als flotter Geist – Ja, das alles auf Ehr' (Der Zigeunerbaron); O, daß ich doch ein Räuber wäre (Gasparone); Mein Prinzeßchen – Ein intimes Souper / Stillgestanden! Kerzengerade! – Ich bin dein Untertan (Madame Pompadour) mit Liselotte Losch; Dein ist mein ganzes Herz / Ein Lied, es verfolgt mich Tag und Nacht (Das Land des Lächelns) mit Erna Dietrich; Wo sie war die Müllerin – Sei nicht bös (Der Obersteiger); Küssen ist keine Sünd' (Bruder Straubinger); Wieder hinaus ins strahlende Licht – Zwei Märchenaugen (Die Zirkusprinzessin); Wenn es Abend wird – Grüß mir mein Wien (Gräfin Mariza); Immer und ewig (Liebesgeschichten)

EMI CDP 521 1 59914 2

Operette

Peter Anders, wie wir ihn niemals vergessen
Immer nur lächeln / Dein ist mein ganzes Herz / Wer hat die Liebe uns ins Herz gesenkt / Von Apfelblüten einen Kranz (Das Land des Lächelns) mit Nata Tüscher; Zwei Märchenaugen (Die Zirkusprinzessin); Sag ja, mein Lieb, sag ja / Grüß mir mein Wien / Komm Zigan (Gräfin Mariza) mit Anny Schlemm; Gern hab ich die Frau'n geküßt (Paganini); O, Mädchen, mein Mädchen (Friederike); Wer uns getraut / Als flotter Geist (Der Zigeunerbaron) mit Nata Tüscher; O, daß ich doch ein Räuber wäre (Gasparone); Sei nicht bös (Der Obersteiger); Laß dir Zeit (Der Kellermeister); Treu sein, das liegt mir nicht (Eine Nacht in Venedig); Ich bin dein Untertan (Madame Pompadour) mit Liselotte

Losch; Ihr Mädels, ihr süßen Mädels (Liebe im Dreiklang); Leise erklingen Glocken vom Campanile (Balkanliebe)

Acanta CD 43 812

Paganini, Gesamtaufnahme
mit Anny Schlemm, Liselotte Losch, Willy Schneider, Philip Gehly, Willy Hofmann, Kölner Rundfunkorchester / Franz Marszalek

Acanta CD 43 810

Der Zigeunerbaron, Gesamtaufnahme
mit Sena Jurinac, Ilse Hollweg, Karl Schmitt-Walter, Willy Schneider, Georg Hann, Kölner Rundfunksinfonieorchester / Franz Marszalek

Acanta CD 43 807

Die Fledermaus, Gesamtaufnahme
mit Anny Schlemm, Rita Streich, Helmut Krebs, Hans Wocke, Anneliese Müller, Herbert Brauer, RIAS-Sinfonie-Orchester / Ferenc Fricsay

Melodram (Italien)
MEL 29001

Sammelprogramme

Meistertenöre – Peter Anders, Joseph Schmidt, Richard Tauber
Wieder hinaus ins strahlende Licht – Zwei Märchenaugen (Die Zirkusprinzessin); Dein ist mein ganzes Herz (Das Land des Lächelns); Als flotter Geist – Ja, das alles auf Ehr' (Der Zigeunerbaron); Küssen ist keine Sünd (Bruder Straubinger); O, daß ich doch ein Räuber wäre (Gasparone); Wenn es Abend wird – Grüß mir mein Wien (Gräfin Mariza)

Laserlight 16 040

Stargala der Tenöre – Peter Anders, Fritz Wunderlich, Rudolf Schock
Hier an dem Herzen treu geborgen (Carmen) – Sind wir allein (La Boheme) mit Sena Jurinac – So find ich dich, Feinsliebchen hier (Die verkaufte Braut) mit Sena Jurinac – Ein Lied, es verfolgt mich Tag und Nacht (Das Land des Lächelns) mit Erna Dietrich – Wieder hinaus ins strahlende Licht (Die Zirkusprinzessin) – Immer und ewig (Liebesgeschichten)

Laserlight 16 087

Märchentraum der Liebe
Meines Herzens brennende Sehnsucht

Ariola 260 915-217

Die Kölner Oper von der Jahrhundertwende bis zur Jahrhundertmitte
Cavantine des Faust »Gegrüßt sei mir, o heil'ge Stätte« (Margarethe)

TMK 004 099-2

Dazu kommen Aufnahmen bei diversen Buchclubs, wie Bertelsmann, Das Beste u.ä.

Quellen

a) Literatur

Berger, Erna, Auf Flügeln des Gesangs, Zürich 1988
Die Chronik der Oper, Dortmund 1990
Die Hamburgische Staatsoper 1945 – 1988, Zürich 1989
Hartmann, Rudolf, Das geliebte Haus, Mein Leben mit der Oper, München 1975
Höslinger, Clemens, Vor zwanzig Jahren starb Peter Anders, fonoforum 9/74
Kaut, Josef, Festspiele in Salzburg, München 1970
Kösters, Ferdinand, Peter Anders, Dokumentation, Niederkassel 1976 (Eigenverlag)
Kösters, Ferdinand / Vierrath, Joachim, Peter Anders, Sänger-Diskographie, Niederkassel
    1977/79 (Eigenverlag)
Krause, Ernst, Oper, Ein Opernführer, Leipzig (DDR) 1981
Kutsch / Riemens, Unvergängliche Stimmen, Sängerlexikon, Bern / München 1975/82
v. Naso, Eckart, Heinrich Schlusnus, Hamburg 1982
Pahlen, Kurt, Große Sänger unserer Zeit, Gütersloh / Wien 1971
Pauli, Friedrich W., Peter Anders, Berlin (West) 1963
Ruhrfestspielleitung, Ruhrfestspiele Recklinghausen 1950, Recklinghausen
Ruhrfestspielleitung, Ruhrfestspiele Recklinghausen 1952, Recklinghausen
Schnoor, Hans, Das Leben war lebenswert, phono Jg. 1 / Nr. 2
Seeger, Horst, Opernlexikon, Berlin (DDR) 1978
Walter, Günter / Vierrath, Joachim, Stimmen, die um die Welt gingen: Peter Anders, Mün-
    ster 1987 /1993
Zimmermann, Christoph, Schöne Stimmen von damals: Peter Anders, Opernwelt 1/82

b) Rundfunksendungen

Peter Anders, Eine musikalische Biografie, Deutschlandsender Berlin (DDR), um 1955/56
Unvergessene Stimme Peter Anders, Josef Müller-Marein unterhält sich mit Frau Susanne
    Anders, NDR 1957
RIAS-Sendung zum 60. Geburtstag am 1. Juli 1968
Peter Anders, Der klingende Atem Gottes, von Christoph Zimmermann, WDR 1978
RIAS-Sendung zum 70. Geburtstag am 3. Juli 1978
Vom Geheimnis des Außergewöhnlichen, von Bernd W. Wessling, Radio Bremen, 1994

c) Schallplatte

Die goldene Stimme Peter Anders – Susanne Anders erzählt, Electrola 1962

Der Verfasser verdankt sehr viele Informationen über Peter Anders den persönlichen Gesprächen mit Frau Prof. Susanne Anders (†), der Witwe des Künstlers, mit der Tochter, Frau Sylvia Anders, Hamburg, und dem Sohn, Herrn Peter-Christian Anders, Hamburg.

Zu danken ist insbesondere:

dem Archiv der Deutschen Staatsoper Berlin, vor allem Herrn Axel Schröder,
dem Bayerischen Hauptstaatsarchiv mit Herrn Archivrat Dr. Kurt Malisch,
der Wiener Staatsoper mit Herrn Direktor Prof. Hubert Deutsch,
dem Österreichischen Staatsarchiv mit Herrn Archivdirektor Dr. Manfred Fink,
dem Archiv der Sächsischen Staatsoper Dresden mit Frau Brigitte Euler,
dem Theatermuseum des Instituts für Theaterwissenschaft der Universität Köln mit den charmanten Mitarbeiterinnen,

ferner:

dem Stadtarchiv der Stadt Heidelberg,
dem Theater der Stadt Heidelberg,
dem Hessischen Staatsarchiv Darmstadt,
dem Theaterarchiv der Hessischen Landes- und Hochschulbibliothek Darmstadt,
dem Niedersächsischen Staatstheater Hannover,
dem Theatermuseum der Landeshauptstadt Düsseldorf (Dumont-Lindemann-Museum),
dem Zeitungsmuseum der Universität Bonn,
dem Archiv der Hamburgischen Staatsoper,
dem Märkischen Museum Berlin,
dem Berlin Museum,
Frau Käthe Piotrowski, Berlin,
Frau Anneliese Rothenberger, Salenstein,
Herrn Hermann Prey, München,
Herrn Joachim Vierrath, Wilhelmshaven,
Herrn Fried Walter, Berlin,
Frau Bettina Neunkirchen, Bonn.

PERSONENREGISTER

250

Der "Tenor des Wirtschaftswunders" bei BERLIN Classics

0021662BC

Vol. I - Schubert-Lieder
Michael Raucheisen, Klavier

0021672BC

Vol. II - Lieder von Beethoven, Schumann,
Brahms, Wolf, R. Strauss
Michael Raucheisen, Klavier

0021682BC

Vol. III - Opernarien und -szenen, Orchesterlieder
von Mozart, Nicolai, Offenbach, Puccini, von
Schillings und Richard Strauss
Mit verschiedenen Gesangspartnern, Orchestern
und Dirigenten

A division of "edel" Gesellschaft für Produktmarketing mbH

PETER ANDERS
OPERN-ARIEN

Aufgenommen: 1935-1940 • Werke von Mozart
von Weber/Lortzing/Nicolai/von Flotow/Wagner
Smetana/Kienzl
Chor, Orchester und Kinderchor des Deutschen
Opernhauses, Berlin
Dirigenten: Schmidt-Isserstedt/Schüler/Grüber/Lutze
4509-95512-2

TELDEC

eastwest

Jens Malte Fischer
Große Stimmen
Von Enrico Caruso bis Jessye Norman
1993. XII, 641 Seiten, 54 Abb., gebunden
ISBN 3 - 476 - 00893 - 2

»Große Stimmen« zeichnet die Geschichte des Gesangs
in unserem Jahrhundert nach: die Biographien und
Stimmen von Caruso bis zu Jessye Norman. Das Buch ist
'con amore' geschrieben, mit tiefem Respekt vor der
Musik und ihren Interpreten; es bietet eine Fülle von
Anregungen und Informationen.

»Was an diesem Werk besticht, ist zunächst einmal die
profunde Sachkenntnis des Autors... Fraglos haben wir
es hier mit einem Buch zu tun, das eine gelungene
Mischung aus Biographik, die das Privatleben ebenso
miteinbezieht wie den künstlerischen Werdegang, und
kritischer Beurteilung darstellt, wobei die Sachverhalte in
einem flüssigen, feuilletonistischen Stil dargelegt werden
– der langjährige Umgang des Autors mit den Medien
wird hier deutlich spürbar.« *Neue Musikzeitung*

VERLAG J.B. METZLER

Arnold Feil
Metzler Musik Chronik
Vom frühen Mittelalter
bis zur Gegenwart

1993. XXVI, 836 Seiten, 20 Abb., gebunden
ISBN 3 - 476 - 00929 -7

Die ›Metzler Musik Chronik‹ informiert über rund
1000 musikalische Werke vom frühen Mittelalter bis zur
Gegenwart. Jeder Artikel weist den vollständigen Werk-
oder Drucktitel, Ort und Jahr des Erstdrucks nach; er
enthält eine kurze Werkbeschreibung und Angaben zum
Komponisten sowie zur Wirkungsgeschichte.
Die ›Metzler Musik Chronik‹ ist in 13 Epochen gegliedert,
die jeweils durch einen Essay eingeleitet werden, der die
wesentlichen form- und stilgeschichtlichen Neuerungen
und Besonderheiten erläutert.
Die ›Metzler Musik Chronik‹ verbindet die Vorzüge einer
Musikgeschichte mit denen eines Werklexikons.

»Ein ›Lesebuch zur Musikgeschichte‹, kompetent, gut
lesbar und trotzdem auch praktisch zum Nachschlagen –
das hat es bisher in deutscher Sprache nicht gegeben.«
Hessischer Rundfunk

VERLAG
J.B. METZLER